本书为国家自然科学基金国际合作项目(71661137003)和教育部人文社会科学基金项目(12YJA790150)阶段性研究成果

中央高校基本科研业务经费专项资金和武汉大学经济与管理学院专著出版专项基金资助

董事会治理、CEO职业生涯关注与企业决策行为研究

谢　珺◎著

中国社会科学出版社

图书在版编目（CIP）数据

董事会治理、CEO职业生涯关注与企业决策行为研究/谢珺著.
—北京：中国社会科学出版社，2017.2
ISBN 978 - 7 - 5161 - 9844 - 5

Ⅰ.①董…　Ⅱ.①谢…　Ⅲ.①上市公司—企业管理—研究—中国　Ⅳ.①F279.246

中国版本图书馆 CIP 数据核字（2017）第 031423 号

出　版　人	赵剑英
责任编辑	卢小生
责任校对	周晓东
责任印制	王　超

出　　版	中国社会科学出版社
社　　址	北京鼓楼西大街甲 158 号
邮　　编	100720
网　　址	http://www.csspw.cn
发 行 部	010 - 84083685
门 市 部	010 - 84029450
经　　销	新华书店及其他书店
印　　刷	北京明恒达印务有限公司
装　　订	廊坊市广阳区广增装订厂
版　　次	2017 年 2 月第 1 版
印　　次	2017 年 2 月第 1 次印刷
开　　本	710 × 1000　1/16
印　　张	15
插　　页	2
字　　数	223 千字
定　　价	60.00 元

目　录

第一章　绪论

现代企业创造出巨大的财富，对于就业安排、技术发展和社会稳定极其重要。中央电视台的纪录片《公司的力量》就曾经指出：在2009年，公司为全球81%的人口提供了工作机会，构成了全球经济力量的90%，创造了全球生产总值的94%（中央电视台，2010）。世界上最早的现代企业可以追溯到1600年成立的英国东印度公司。① 虽然现代企业已经存在了400多年，但对于现代企业的质疑声却从未消失。20世纪70年代以来，学术界越来越关心"公司治理"（Corporate governance）问题。在现代企业中，由于所有权和控制权发生分离（Separation of ownership and control），公司的管理者获得实际控制权，公司股东的利益可能会受到损失。因此，狭义的公司治理问题在公司股东和管理者利益冲突发生时产生。而广义的公司治理问题则包括大股东与小股东、债权人与股东、股东与员工等公司利益相关者之间的冲突。施莱弗和维施尼（Shleifer and Vishny，1997）将公司治理定义为"保证外部投资者回收其投资的资金和收益的机制"，而这种机制包括法律手段、制度手段以及市场手段。

规范的公司治理研究可以回溯到伯利和米恩斯（Berle and Means，1932）。伯利和米恩斯（1932）基于普通股的所有权结构，将美国的200个大企业进行分类，研究发现，将近一半大企业的所有权结构非常分散。因此，伯利和米恩斯（1932）指出，企业的实际控制权被管理者所掌握，如果股东能够更好地监督管理者，企业绩效将能得到改

---

① 另一种说法认为，最早的现代公司是荷兰东印度公司。不过，荷兰东印度公司建立于1602年。

善。但是，从第二次世界大战到 20 世纪 70 年代初，美国在世界保持着经济上的霸主地位，伯利和米恩斯（1932）的建议并没有得到重视。一部分美国人甚至认为，美国的公司治理机制运转正常，没有改善的必要。① 但是，进入 70 年代以后，随着日本和欧洲经济的崛起，美国企业渐渐丧失国际上的竞争力，管理者权力的滥用与公司治理的重要性渐渐被实务界和学术界所认识。于是，公司治理的经济分析开始蓬勃发展，这段时期的代表性研究成果如詹森和梅克林（Jensen and Meckling，1976）、法马（Fama）（1980）、法马和詹森（1983a）、法马和詹森（1983b）。

公司治理研究最初以美国企业为对象，近年来扩展到了世界范围。在今天，公司治理研究关注的对象从美国到欧洲再到亚洲，从发达国家到发展中国家，从上市公司到非上市公司。贝希特等（Becht et al.，2003）将这种现象背后的原因归纳为六点：①过去 20 年来世界范围内的国有企业民营化的浪潮；②养老金制度改革与个人储蓄的增长；③20 世纪 80 年代的敌对收购浪潮；④市场管制缓和与资本市场一体化；⑤1998 年东南亚金融危机导致的对于新兴市场公司治理的普遍关注；⑥20 世纪 90 年代后期的股市暴涨与新世纪初爆发的美国上市公司丑闻。在安然公司、世通公司的财务报表粉饰丑闻曝光后，投资者蒙受巨大的损失，而美国国会在 2002 年通过了《萨班斯—奥克斯利法案》（Sarbanes‐Oxley Act），希望能够通过严格立法来规范上市公司的公司治理结构。《萨班斯—奥克斯利法案》也深深地影响了其他国家（如中国）对于上市公司治理结构的立法。

比起金融市场的相关研究，对于企业的经济学研究相对滞后。除经济整体面的原因以外，这种滞后也与经济学的研究方法的进化过程相关。新古典经济学一直将企业作为一个整体看待，企业从市场购买生产要素，并向市场提供产成品。但是，这种研究方法忽略的重要事实是，企业被处理成了一个黑匣子，我们无法观察企业内部的状况。

① 另一部分美国人主张，第二次世界大战摧毁了世界大部分国家的经济基础，而美国却从经济中获得丰厚利益，因此，这段时期美国企业的良好绩效只是来源于战争而已。

显然，企业并不能简单地被处理为一个整体，企业内部存在阶层制度和权威，企业是一个契约集合，是多个群体利益冲突的角斗场，企业的绩效必然会受到内部结构的影响。因此，当我们研究企业时，我们需要像医生一样解剖企业的内部结构，分析各个群体的利益诉求，研究他们之间的相互影响。

阿罗—德布鲁（Arrow – Debreu）的一般均衡理论以完全市场①为重要假设，能够很好地对金融资产进行定价，因此也促进了微观金融学的资产定价理论的发展。但是，阿罗—德布鲁的一般均衡理论却无法解释企业的现实问题，例如，企业的资本结构和公司治理问题。莫迪利亚尼和米勒（Modigliani and Miller，1958），莫顿和莫迪利亚尼（Merton and Modigliani，1961）在完美市场的假设下，得出了企业价值与资本结构、股利政策不相关的结论。梯罗尔（Tirole）（2006）指出，由于莫迪利亚尼和米勒（1958，1961）并没有离开阿罗—德布鲁的理论框架，因此才会得到"馅饼的大小与切法不相关"的结论。

在新古典经济学中，作为消费者或者投资者的个人是完全理性的。但是，现实世界的个人却是非完全理性的，他们会犯错，他们会被自己主观的情感所引导。另外，信息在市场中的各个主体之间也存在非对称性的分布。由于存在个体的非完全理性和信息的不对称，各个主体为了最大化自身的效用，会拥有机会主义（Opportunism）的动机。这样一来，新古典经济学受到了冲击，而信息经济学、企业理论以及新制度经济学作为弥补新古典经济学的理论工具，越来越受到关注。通过利用这些新的理论工具，经济学者开始深度解剖企业，能够渐渐地解释以前无法分析的问题和现象。

由于企业的所有权和控制权的分离，企业所有者与管理者之间产生代理成本，而代理成本会降低企业价值。詹森和梅克林（1976）将代理成本分为三类：（1）监督成本（Monitoring costs），也就是所有者

---

①　完全市场的假设包含三个部分：（1）无交易成本，能够自由进入或退出金融市场；（2）有关借贷机会的信息是可获得的；（3）存在大量的交易者，没有哪一个交易者对市场价格具有举足轻重的影响。

为了监督管理者的行为而付出的成本，例如，雇用独立董事；（2）捆绑成本（Bonding costs），也就是管理者为了让所有者相信自己不会损害所有者的利益而付出的成本，例如，聘请知名的会计师事务所进行审计；（3）残余损失（Residual loss），也就是除去前两类成本，由于所有者与管理者之间信息不对称所导致的额外企业价值损失，例如，听到谣言的股东会抛售股票，从而导致企业价值降低。作为降低代理成本的解，法马（1980）指出，由于企业管理者关注自己未来的职业生涯，会在意自己的名声，因此劳动市场能够规范高层管理者行为。换句话说，劳动市场能够给予企业管理者有效的隐性契约激励。然而，由于法马（1980）没有给出理论模型并进行严格的推导，霍姆斯特龙（Holmstrom，1999）将法马的描述性分析用数学语言进行了重新论证。霍姆斯特龙（1999）发现，经理人的风险回避度以及折现因子等参数会影响法马结论的成立。法马和詹森（1983a）指出，外部治理机制的资本市场收购与内部治理机制的董事会能够有效地降低代理成本。来自资本市场的收购，特别是敌对收购能够越过管理者获得控制权，因此可以有效地规范管理者的行为。但是，当市场充满敌对收购威胁时，企业会过多地关注那些短期的财务性目标，而不能聚焦于长远的、可能带来较高收益的经营性目标。而一部分学者甚至认为，敌对收购不过是利益相关者之间的利益再分配而已。因此，由于敌对收购的成本偏高，对被收购企业的破坏性较大，并且收购企业的动机往往不纯，20 世纪 90 年代以后，随着法律限制和企业反收购措施的采用，美国市场的敌对收购的次数骤然减少。

因此，董事会治理的经济分析显得非常重要和必要。作为企业的最终决策组织，董事会决定职业经理人的雇用与薪酬，监督企业的运转，并给企业提供宝贵的经营建议。然而，由于数据缺乏和模型复杂等原因，与公司治理的其他领域相比，董事会治理的经济学研究仍然显得较为缺乏。与大多领域的经济学研究不同，董事会治理领域的实证研究一直指导着理论研究的方向。即便是今天，在董事会治理的研究中，大量的实证研究仍然缺乏相关理论研究强有力的支持。董事会治理的经济学研究最早出现于 20 世纪 80 年代。[①] 进入 90 年代后，越来越多的学者开始关注董事会治理，并在国际顶尖刊物上发表了大量的优秀学术论文 [如魏斯巴赫（Weisbach，1988）、罗森斯坦和怀亚特（Rosenstein and Wyatt，1990）、利普顿和洛尔施（Lipton and Lorsch，1992）、赫舒拉发和撒克（Hirshleifer and Thakor，1994）、耶马克（Yermack，1996）、茅格（Maug，1997）、罗森斯坦和怀亚特（Rosenstein and Wyatt，1997）、艾森伯格等（Eisenberg et al.，1998）、赫马林和魏斯巴赫（Hermalin and Weisbach，1998）、瓦尔泰（Warther，1998）、Shivdasani 和耶马克（1999）、瓦费斯（Vafeas，1999）]。

近年来，越来越多的董事会治理研究将焦点放在 CEO 个人特征上。CEO 作为企业日常决策的最高行政官员，是企业战略决策的核心人物，在整个企业的决策制定和执行过程中发挥着极为重要的作用。大量研究表明，CEO 对董事会成员的选拔、董事会的信息获取以及企业决策的制定等过程都有很大的影响力 [帕帕达基斯和巴维斯（Papadakis and Barwise，2002）；亚当斯等（Adams et al.，2005）；阿里纳和巴尔加－阿尔维斯（Arena and Barga－Alves，2013）；明尼克和罗森索尔（Minnick and Rosenthal，2014）]。但是，由于 CEO 是有限理性的个体，在进行决策时，无疑会受到自身的信念和偏好的影响，因而最终会导致企业决策出现系统性偏差。例如，马尔门迪尔和内格尔（Malmendier and Nagel，2011）发现，经历过经济大萧条的 CEO 对未来有着更加悲观的预期，在进行企业决策时会更加保守。施兰德和泽克曼（Schrand and Zechman，2012）指出，过度自信的 CEO 更倾向于发布乐观的盈余预测。Ho 等（2015）发现，与男性 CEO 相比，女性 CEO 更加厌恶风险，倾向于采取保守的财务政策。而伯尼尔等（Bernile，2016）的研究结果显示，经历过严重自然灾难的 CEO 会更为回避风险。

---

① 董事会治理的研究可以追溯到麦卡沃伊等（MacAvoy，1983），而麦卡沃伊等（1983）是一篇实证研究。与其他的经济学领域不同，在董事会治理研究中，理论研究比实证研究出现得要晚。进入 20 世纪 90 年代以后，董事会治理的理论研究才开始慢慢出现。

　　本书将集中研究 CEO 职业生涯关注对企业决策的影响。CEO 职业生涯关注指的是 CEO 在今天会考虑今天做出的行为对明天产生的后果。事实上，只要行为主体的行为选择是基于多期效用的最大化问题，职业生涯关注问题就会产生。也就是说，我们会在一个长的时间范畴中，去考虑我们的行为对明天会有什么影响。比如，中国古典文化中的"未雨绸缪"就是一个典型的例子。在这个例子中，我们需要考虑一个两期问题：如果今天不把房子修好，明天下雨就麻烦了；或者，如果今天把房子修好了，明天下雨就不怕了。CEO 职业生涯关注的动机在于：（1）董事会监督 CEO，CEO 的利益与企业绩效相关；（2）经理人市场对 CEO 的评价会影响他们未来的职业发展；（3）来自企业内部和外部的 CEO 候选人的竞争使 CEO 不得不努力提高企业绩效，从而使自己变得不可代替。

　　和绝大多数研究一致，本书也以股东价值最大化为根基。近年来，最大化利益相关者（Stakeholder）价值的公司治理的呼声也越来越大。这里的利益相关者指的是行为可能会影响其利益的各个群体，包括股东、债权人、员工、供货商、消费者甚至企业所在社区的居民等。最大化利益相关者价值的目标是符合企业社会价值实现这一远景的。但是，在现实操作中，它仍然面临两个难以解决的问题：（1）股东以外的利益相关者往往会与企业保持某种交易关系，利益相关者最大化的目标会导致这些交易陷入不明朗的状态；（2）当企业过多考虑利益相关者的利益时，企业经营目标会变得不明确，企业高层管理者会获得更多权力与托词。从法律的权利关系来看，股权是剩余索取权，所以股东是最容易受到伤害的利益群体。而且，由于股票价值是一个能够充分反映企业整体的长期经济价值的有效指标，因此考虑长期的股东利益，也能最大化公司整体绩效。至于如何在各个利益相关者之间分配公司利润这个"馅饼"，我们可以事后通过法律手段来解决，而不必事前以最大化利益相关者价值为企业经营目标。

　　本书的结构如下：第一章为绪论；第二章为董事会治理、CEO 职业生涯关注与企业投资行为；第三章为 CEO 职业生涯关注与企业重组行为；第四章为 CEO 职业生涯关注与企业投资效率；第五章为

CEO 职业生涯关注与企业财务报告质量；第六章为 CEO 职业生涯关注与企业风险；第七章为财务报告质量与企业特质风险；第八章为 CEO 职业生涯关注与企业业绩波动性；第九章为结语，总结全书，给出最新的文献导读，并且提供本书作者对于中国上市公司董事会治理研究的一些看法。

第二章　董事会治理、CEO 职业生涯关注与企业投资行为

第一节　问题意识

董事会治理是现代公司治理机制中最为核心的部分。近年来，世界各国都对上市公司董事会加强监管，很多国家通过法律形式强制上市企业在董事会结构（如董事会人数和外部董事比例）上进行改革。[①] 然而，随着董事会治理的相关理论与实证研究的发展，我们发现，董事会结构与企业绩效之间的关系非常复杂。对于董事会人数，虽然耶马克（1996）和艾森伯格等（1998）得出董事会人数与企业绩效之间存在显著的负向关系，但巴贾特和布莱克（Bhagat and Black，2001）没有发现董事会规模与企业绩效之间的负向关系。科尔等（Cole et al.，2008）利用美国上市企业数据得出董事会规模与

[①] 在安然公司、世通公司的财务粉饰事件爆发后，美国国会于 2002 年通过了《萨班斯—奥克斯利法案》，强制要求在美国证券交易所上市的公司的审计委员会必须包含超过 50% 的独立董事。受到美国的影响，日本也积极推动外部董事改革。在 2002 年的日本商法修正案中，商法第一次定义了日本公司的外部董事：外部董事是那些过去和现在都没有承担该公司或者子公司业务的董事。通过聘任外部董事，日本的大公司（资本金在 5 亿日元以上或者负债总额在 200 亿日元以上）可以选择设置重要财产委员会或者美国式的各类委员会。在我国，中国证监会于 2001 年 8 月 16 日颁布《关于上市公司建立独立董事制度的指导意见》，要求上市公司的董事会在 2002 年 6 月 30 日前至少设立 2 名独立董事，在 2003 年 6 月 30 日前，董事会成员中的独立董事占比不少于 1/3，该文件标志着我国上市公司中强制性引入独立董事制度的开始。2002 年 1 月 9 日，中国证监会和国家经贸委联合颁布实施了《上市公司治理准则》，明确要求上市公司按照有关规定建立独立董事制度。

企业绩效呈现一个 U 形的非线性关系，而谢和福本（Xie and Fukumo-to，2013）利用日本上市企业数据得出董事会规模与企业绩效呈现一个倒 U 形的非线性关系。对于董事会构成（通常用外部董事比例表示）① 与企业绩效，赫马林和魏斯巴赫（Hermalin and Weisbach，1991）、巴贾特和布莱克（2001）、温托基等（Wintoki et al.，2012）没有发现显著的正向关系（相反，部分实证结果显示出显著的负向关系），而科尔等（2008）发现，在那些 R&D 集中的企业中，由于内部董事的专业知识相对重要，随着内部董事比例的增加，企业绩效也随之增加。

　　基于中国上市企业数据的实证研究，同样没有达成共识。王跃堂等（2006）发现，独立董事比例与企业绩效之间存在正向关系，而魏刚等（2007）发现，拥有政府背景和银行背景的独立董事比例与公司绩效存在正向关系。但是，李常青和赖建清（2004）却发现，中国上市公司的独立董事比例与公司绩效负相关。另外，李常青和赖建清还发现，董事会规模与公司 EPS 负相关，与 ROA 正相关。

　　大部分研究假设经理人是理性的最大化自身效用的经济人，他们对外部经济环境、内部治理机制与契约激励做出积极反应并做出类似的选择，因此经理人的个人特征与其决策行为无关［如利伯森和奥康诺（Lieberson and O'Connor，1972）、希特和泰勒（Hitt and Tyler，1991）、伯特兰和肖亚尔（Bertrand and Schoar，2003）、汉布里克（Hambrick，2007）］。然而，近年来，国外越来越多的实证研究发现，经理人的个人特质影响着企业决策。例如，CEO 的过度自信与企业投融资决策［马尔门迪尔和泰特（Malmendier and Tate，2005）、马尔门迪尔等（2011）］、CEO 特征（影响力、乐观度和风险容忍度）与企业绩效指标［亚当斯等（2005）、格雷厄姆等（Graham et al.，2013）］、CEO 个人财务杠杆与企业财务杠杆［克龙奎斯特等（Cron-

————————

① 虽然严格意义上说，外部董事并不等同于独立董事（如赫马林和魏斯巴赫，1988；耶马克，1996；Shivdasani 和耶马克，1999），但在很多文献中，学者们并没有将两者进行区分。因此，在本书中，除非有特别说明，外部董事可以被理解为独立董事。

qvist et al.，2012）]、CEO 的特征与企业财务披露［德默斯和王（Demers and Wang，2010）、班伯等（Bamber et al.，2010）]、CEO 年龄与企业投资决策等［李等（Li et al.，2011）；宜姆（Yim，2013）；瑟夫林（Serfling，2014）]。

因此，对经理人特征、经理人职业生涯关注的研究会进一步深化我们对于董事会治理研究的理解。由于董事会治理影响企业绩效需要通过"中间桥梁"来实现，即公司治理首先会影响企业行为，这些行为继而会对企业绩效产生影响。在企业行为中，投资行为显然是最为重要的。对董事会治理、经理人职业生涯关注与企业投资行为的关系进行分析，能够给我们提供一些关于董事会治理与企业绩效关系的论题的答案。

第二节　文献综述

由于 CEO 存在职业生涯关注，他们有非常强的动机去影响企业的投资行为，从而推动企业短期绩效的迅速上升，即便这样做会牺牲该企业长远利益。对于 CEO 来说，较高的当期企业绩效不仅能保证今天的自己获得较高的回报，而且会正面影响自己未来的职业生涯。而从股东的角度来说，只有企业投资于 NPV 最大的项目，才能够最大化股东价值。因此，CEO 与股东之间存在利益目标上的冲突。

关于 CEO 职业生涯关注与企业投资行为的理论研究在 20 世纪 80 年代已经产生，有代表性的如纳拉亚南（Narayanan，1985）、赫舒莱弗和撒克（Hirshleifer and Thakor，1992）、别布丘克和斯托尔（Bebchuk Stole，1993）、Zwiebel（1995）、普伦德加斯特和斯托尔（Prendergast and Stole，1996）、霍姆斯特龙（1999）。纳拉亚南（1985）指出，CEO 在意自己的名声，有时牺牲股东的长远利益，选择那些短期收益高、长期回报低的项目。斯坦（Stein，1989）则指出，随着来自资本市场压力的上升，CEO 会更为关心股票的短期绩效，最终采取近视行为（Myopic behavior）。例如，CEO 会降低那些如员工培训类的测定困难的项目上的投资，从而提高短期会计指标，推升股价，即便这样会损害企业的长远绩效。别布丘克和斯托尔（1993）则进一步补充了纳拉亚南（1985）的观点：CEO 的职业生涯关注同样会导致 CEO 对长期项目的过度投资，而 CEO 的过度投资抑或过低投资则取决于 CEO 和投资者之间信息不对称的类型。

　　值得称道的是，进入 2000 年以后，几位学者在董事会治理理论研究上做出了突破贡献。他们在均衡框架下推导出了最优的董事会结构（董事会规模和外部董事比例）。这些研究将董事会结构在模型中内生化，从而指出，最优的董事会结构会受到其他外生变量的影响，因此，对于不同结构的企业，最优的董事会结构也会存在一定差异。Raheja（2005）指出，最优的外部董事比例会受到外部董事的信息确认成本与内部董事的私人收益的影响。而哈里斯和拉维夫（Harris and Raviv，2006）认为，最优的董事会控制机制（由外部董事控制董事会还是由内部董事来控制董事会）取决于内部董事和外部董事各自的信息价值，以及他们之间的代理成本。最后，亚当斯和费雷拉（Adams and Ferreira，2007）指出，当董事会承担监督和建言的双重作用时，有时友好的、独立度低的董事会会有利于股东价值。

　　由于纳拉亚南（1985）并没有考虑董事会治理的元素，受到亚当斯和费雷拉（2007）的启发，本章将以纳拉亚南（1985）为基础，研究董事会治理对于 CEO 职业生涯关注与企业投资行为之间的关系的影响。分析结果显示，无论董事会独立性多高，CEO 职业生涯关注所导致的企业投资行为偏差无法被消除，唯一的解决办法是消除董事会与 CEO 之间的信息不对称。而在企业投资行为偏差值一定的前提下，随着企业特征的变化，董事会独立性也会随之变化。换句话说，当企业特征有差异时，一个独立性较低的董事会可能比一个独立性较高的董事会更能降低 CEO 职业生涯关注所导致的企业投资行为的偏差。

第三节　模型设定

我们这里假设企业的融资来源为 100% 的股权，企业由一个 CEO 经营。企业可以一直存续下去，但 CEO 只能在有限期间 T 期存在。企业的产出量依赖 CEO 的真实能力 n 与不确定性要素 e。在 t 期的产出量表示如下：

$$y_t = n + e_t \qquad\qquad (2-1)$$

其中，e_t 服从于均值为 0，精度为 r 的独立同分布（Independent and identically distributed, i. i. d. ）的正态分布。e_t 的实现值无法观察到，唯一可以观察的指标是产出量 y_t。因此，产出量 y_1，y_2，…，y_t，…，服从于均值为 n，精度为 r 的正态分布。

董事会代表股东的利益，为最大化股东价值而监督 CEO 并设定 CEO 的薪酬。假设董事会自身的薪酬为 0（因此不形成企业的成本），董事会对企业的产出量没有影响。换句话说，董事会只有通过调整对 CEO 的监督和 CEO 的薪酬间接地影响企业产出。董事会的独立度为 v。由于外部董事相对于内部董事更为独立于 CEO，独立度 v 可以理解为外部董事在董事会中的比例。

假定董事会和 CEO 都为风险中立。而且，CEO 和董事会从跨期消费 $c^t \equiv (c_1，c_2，…，c_t，…，c_T)$ 中获得效用函数为：

$$u(c^T) = \sum_{t=1}^{T} \rho^t c_t, \rho = 1 \qquad\qquad (2-2)$$

在式（2-2）中，我们叠加 $t = 1$，2，3，…，$T-1$，T 的值；ρ 为折现率，我们这里假设为 1。

CEO 的真实能力 n 在 CEO 的在职期间保持一定。CEO 和董事会并不知道 CEO 真实能力 n 的具体值，只知道 n 的事前分布。假设 CEO 的真实能力 n 的事前分布均值为 m_0，精度为 h_0 的正态分布。当 CEO 来到该企业后，CEO 的真实能力的事前推定可以基于 CEO 的学历和以前的经历被推测。[①]

当 CEO 开始经营企业后，CEO 的真实能力的事前推定被企业的产出量所修正。假设 CEO 的真实能力 n 在 t 期时的事后推定均值为 m_t，精度为 h_t 的正态分布。根据德格鲁特（De Groot）（1970）的证明，m_t 和 h_t 与事前分布的 m_0 和 h_0 的关系如下：

$$m_t = [h_0 m_0 + r(y_1 + y_2 + \cdots + y_t)]/(h_0 + tr) \qquad (2-3)$$

$$h_t = h_0 + tr \qquad (2-4)$$

式（2-3）和式（2-4）也可以改写如下：

$$m_{t+1} = (h_t m_t + r y_{t+1})/(h_t + r) \qquad (2-5)$$

$$h_{t+1} = h_t + r \qquad (2-6)$$

CEO 在每一期开始时被雇用。董事会在每一期开始时，基于上一期的产出和 CEO 能力的事后推定支付给 CEO 薪酬。例如，CEO 在第 2 期开始时得到薪酬 w_1，在第 3 期开始时得到薪酬 w_2。董事会设定的 CEO 薪酬如下：

$$w_t = (1-b) m_t + b y_t, \ 0 \leqslant b < 1 \qquad (2-7)$$

其中，$b y_t$ 是 CEO 的薪酬中依赖企业产出 y_t 的一部分，$(1-b) m_t$ 是 CEO 薪酬中依赖 CEO 的真实能力 n 的一部分。假定 b 是董事会独立性 v 的单调增加函数（$\partial b/\partial v > 0$）。换句话说，随着董事会的独立度上升，CEO 薪酬会对实际实现的产出 y_t（而不是被期待实现的产出 m_t）更为敏感。很多实证研究表明，CEO 的薪酬—绩效敏感性（Pay-performance sensitivity）会随着公司治理的加强而上升［例如，纽曼和莫泽斯（Newman and Mozes, 1999）；科尔等（Core et al., 1999）；墨菲（Murphy, 1999）］。因此，我们可以用 b 作为董事会独立度 v 的代理变量。

经营者为了最大化 $\sum_{t=1}^{T-1} w_t$ 而行动，因此存在最大化每一期产出量的激励。CEO 通过最大化 y_t，能够提高 $b y_t$，同时能提高以后的 $(1-b) m_s$，

[①] 这些假设体现的现实是，CEO 本人的经验（知识）与任职企业的工作之间的匹配存在不确定性，而董事会和 CEO 都无法完全知道这种匹配的程度。可是，基于 CEO 以前的工作经验，双方可以把握 CEO 能力的分布。

$s = (t + 1, t + 2, \cdots, T)$。在这种情况下，CEO 会最大化以后的每期现金流，CEO 的利益与股东一致。

第四节 董事会治理的影响

本节将会显示，由于 CEO 和董事会之间存在信息不对称，CEO 存在职业生涯关注的动机。在这里，我们加入 CEO 的项目选择因素 D_t (Z) $(Z \rightarrow R^1)$。这样一来，每一期的企业产出函数如下：

$$y_t = n + e_t + D_t(z), \quad t = 1, 2, \cdots, T - 1 \qquad (2-8)$$

其中，z $(z \in Z)$ 是 CEO 的项目选择集合 Z 中的元素。$D_t(Z)$ 在第 1 期的开始时被决定。在这里，我们考虑一个最简单的 $D_t(Z)$ $(Z = \{A, B\})$。也就是说，CEO 从项目 A 和项目 B 中选择一个。项目 A 和项目 B 的现金流如下：

$$D_t(A) = \begin{cases} K, & t = 1 \\ 0, & t > 1 \end{cases}$$

$$D_t(B) = \begin{cases} 0, & t = 1 \\ 1, & t = 2 \\ 0, & t > 2 \end{cases} \qquad (2-9)$$

项目 A 在第 1 期产生 k 单位的现金流，而项目 B 在第 2 期产生 1 单位的现金流。在第 2 期以后，项目 A 和项目 B 产生相同的现金流（为 0）。由于我们假设折现因子 $\rho = 1$，如果 k < 1，则项目 A 短期内可以产生更高的现金流，但在长期产生的总现金流却低于项目 B。

一 信息对称的情况

首先，我们考虑董事会和 CEO 之间的信息保持对称时的 CEO 的项目选择。在这种情况下，经营者和董事会双方都可以在不支付成本的前提下获得相关的项目信息。因此，董事会知道 CEO 选择的是项目 A 还是项目 B，并基于 CEO 的项目选择来决定 CEO 的薪酬。

当 CEO 选择的项目为 A 时，董事会将给 CEO 如下薪酬：

$$w_1^A = (1-b)\frac{h_0 m_0 + (y_1^A - k)r}{h_0 + r} + by_1^A$$

$$w_2^A = (1-b)\frac{h_0 m_0 + (y_1^A + y_2^A - k)r}{h_0 + 2r} + by_2^A$$

$$w_t^A = (1-b)\frac{h_0 m_0 + (\sum_{s=1}^t y_s^A - k)r}{h_0 + tr} + by_t^A, t = 3,4,\cdots,T-1$$

$$(2-10)$$

如果 CEO 选择的项目为 B 时，董事会将给 CEO 如下薪酬：

$$w_1^B = (1-b)\frac{h_0 m_0 + (y_1^B)r}{h_0 + r} + by_1^B$$

$$w_2^B = (1-b)\frac{h_0 m_0 + (y_1^B + y_2^B - 1)r}{h_0 + 2r} + by_2^B$$

$$w_t^B = (1-b)\frac{h_0 m_0 + (\sum_{s=1}^t y_s^B - 1)r}{h_0 + tr} + by_t^B, t = 3,4,\cdots,T-1$$

$$(2-11)$$

基于式（2-8）和式（2-9），我们可以得到 y^A 和 y^B：

$$y_1^A - k = n + e_1$$
$$y_t^A = n + e_t, \ t = 2,3,\cdots,T-1 \qquad\qquad (2-12)$$
$$y_t^B = n + e_t, \ t = 1,3,\cdots,T-1$$
$$y_2^B - 1 = n + e_2 \qquad\qquad (2-13)$$

从式（2-12）和式（2-13），我们可以得到如下公式：

$$y_1^A - k = y_1^B$$
$$y_2^A = y_2^B - 1$$
$$y_t^A = y_t^B, \ t = 3,4,\cdots,T-1 \qquad\qquad (2-14)$$

CEO 为最大化 $\sum_{t=1}^{T-1} w_t$ 来决定选择项目 A 还是项目 B。基于项目 A 和项目 B 选择的薪酬差值如下：

$$\sum_{s=1}^t w_t^A - \sum_{s=1}^t w_t^B = b(k-1), t = 3,4,\cdots,T-1 \qquad (2-15)$$

从式（2-15）可以看出，CEO 在 k > 1 时会选择项目 A，在 k < 1 时会选择项目 B。代表股东利益的董事会更偏好总现金流多、NPV 值大的项目，同样会在 k > 1 时选择项目 A，在 k < 1 时选择项目 B。因此，CEO 与董事会的利益一致，而这种一致性会随着 b 的上升而增强。换句话说，在信息对称的前提下，董事会的独立度越高，CEO 的薪酬—绩效敏感性越高，CEO 与董事会之间的利益一致性会加强。在这种情况下，CEO 并不存在损害股东价值的动机。

二 信息不对称的情况

接下来，我们来看看董事会与 CEO 之间存在信息不对称的情况。在这种情况下，董事会并不知道 CEO 选择了哪个项目，因此不得不推测 CEO 的项目选择。此时，董事会与 CEO 之间展开博弈。CEO 的行动为项目 A 或者项目 B 的选择，而董事会的行动为基于对 CEO 项目选择的猜测，决定 CEO 的薪酬。在分析该博弈的均衡状态时，我们考虑纳什均衡的特殊情况"占优策略均衡"（Dominant strategy equilibrium）。

CEO 的战略集合为 S_m，而董事会的战略结合为 S_b。CEO 有两个战略 A 和 B，因此 $S_m = \{A, B\}$。而董事会基于对 CEO 项目选择 A 或 B 的猜测决定 CEO 的薪酬，因此 $S_b = \{A, B\}$。CEO 的行动为 $s_m (s_m \in S_m)$，而且董事会的行动为 $s_b (s_b \in S_b)$ 时，经营者的薪酬为 $W(s_m, s_b)$，董事会（股东）的期待收益为 $V(s_m, s_b)$。如果 $W(s_m, s_b) > W(S_m - s_m, s_b)$，$s_b = A, B$，$s_m$ 是 CEO 的占优策略。如果 $V(s_m, s_b) > V(s_m, S_b - s_b)$，$s_b = A, B$，$s_b$ 是董事会的占优策略。在这里，$(S_i - s_i) \cup s_i = S_i$，$i = m, b$。当 s_m 和 s_b 各自为 CEO 和董事会的占优策略时，s_m，s_b 是一个占优策略均衡。在下面的分析中，我们会发现，随着 k 值的变化，$\{A, A\}$ 或者 $\{B, B\}$ 会是占优策略均衡。

首先，我们将会看到，CEO 的项目选择依赖 k 值，与董事会的行动无关。当董事会的战略为 A 时，如果 CEO 选择项目 A，则 CEO 的薪酬集合如下：

$$w_1^A = (1 - b) \frac{h_0 m_0 + (y_1^A - k) r}{h_0 + r} + b y_1^A$$

$$w_2^A = (1 - b)\frac{h_0 m_0 + (y_1^A + y_2^A - k)r}{h_0 + 2r} + by_2^A$$

$$w_t^A = (1 - b)\frac{h_0 m_0 + (\sum_{s=1}^{t} y_s^A - k)r}{h_0 + tr} + by_t^A, t = 3, 4, \cdots, T - 1$$

$$(2 - 16)$$

如果 CEO 选择项目 B, 则 CEO 的薪酬集合如下:

$$w_1^B = (1 - b)\frac{h_0 m_0 + (y_1^B - k)r}{h_0 + r} + by_1^B$$

$$w_2^B = (1 - b)\frac{h_0 m_0 + (y_1^B + y_2^B - k)r}{h_0 + 2r} + by_2^B$$

$$w_t^B = (1 - b)\frac{h_0 m_0 + (\sum_{s=1}^{t} y_s^B - k)r}{h_0 + tr} + by_t^B, t = 3, 4, \cdots, T - 1$$

$$(2 - 17)$$

利用式 (2-14), 可以计算出两种薪酬集合的差值。

$$\sum_{s=1}^{t} w_t^A - \sum_{s=1}^{t} w_t^B = \frac{(1 - b)kr}{h_0 + r} + \sum_{s=2}^{t} \frac{(1 - b)(k - 1)r}{h_0 + sr} + bk - b, t = 2,$$

$$3, \cdots, T - 1$$

$$(2 - 18)$$

当董事会的战略为 B 时, 如果 CEO 选择项目 A, 则 CEO 的薪酬集合如下:

$$w_1^A = (1 - b)\frac{h_0 m_0 + (y_1^A)r}{h_0 + r} + by_1^A$$

$$w_2^A = (1 - b)\frac{h_0 m_0 + (y_1^A + y_2^A - 1)r}{h_0 + 2r} + by_2^A$$

$$w_t^A = (1 - b)\frac{h_0 m_0 + (\sum_{s=1}^{t} y_s^A - 1)r}{h_0 + tr} + by_t^A, t = 3, 4, \cdots, T - 1$$

$$(2 - 19)$$

如果 CEO 选择项目 B, 则 CEO 的薪酬集合如下:

$$w_1^B = (1 - b)\frac{h_0 m_0 + (y_1^B)r}{h_0 + r} + by_1^B$$

$$w_2^B = (1-b)\frac{h_0 m_0 + (y_1^B + y_2^B - 1)r}{h_0 + 2r} + by_2^B$$

$$w_t^B = (1-b)\frac{h_0 m_0 + (\sum_{s=1}^{t} y_s^B - 1)r}{h_0 + tr} + by_t^B, t = 3,4,\cdots,T-1$$

$$(2-20)$$

利用式（2-14）计算出这两种薪酬集合的差值，我们会发现再次得到式（2-18）。因此，无论董事会的战略为何，CEO 的薪酬集合的差值是一定的。我们将薪酬集合的差值设定为 θ_k：

$$\theta_k = W(A,s_b) - W(B,s_b)$$

$$= \frac{(1-b)kr}{h_0+r} + \sum_{t=2}^{T-1}\frac{(1-b)(k-1)r}{h_0+tr} + bk - b \qquad (2-21)$$

在式（2-21）中，$s_b \in \{A, B\}$。当 $\theta_k > 0$ 时，CEO 的占优策略为 A；当 $\theta_k < 0$ 时，CEO 的占优策略为 B。当董事会的策略与 CEO 的策略一致时（$s_b = s_m$），我们回到了信息对称的情况。在信息对称的情况下，假定 CEO 的薪酬集合为 W_0，可以知道：

$$W(A, A) = W(B, B) = W_0 \qquad (2-22)$$

从式（2-21）和式（2-22）可以得到 $W(A, B) = W_0 + \theta_k$ 和 $W(B, A) = W_0 - \theta_k$。于是有：

$$\theta_k = W(A, A) - W(B, A) = W(A, B) - W(B, B)$$

由于董事会的期待收益和 CEO 的薪酬构成了总现金流，CEO 的薪酬增加（减少）会造成董事会的期待收益减少（增加），以下公式成立：

$$V(A,A) + W(A,A) = \sum_{t=1}^{T-1} y_t + k = V(A,B) + W(A,B)$$

$$V(B,B) + W(B,B) = \sum_{t=1}^{T-1} y_t + k = V(B,A) + W(B,A) \qquad (2-23)$$

因此，董事会的期待收益的差值如下：

$$V(A, A) - V(A, B) = W(A, B) - W(A, A) = \theta_k$$

$$V(B, A) - V(B, B) = W(B, B) - W(B, A) = \theta_k \qquad (2-24)$$

从上面的分析可以知道，董事会同样存在占优策略。当 $\theta_k > 0$

时，董事会选择 A；当 $\theta_k < 0$ 时，董事会选择 B。因此，当 $\theta_k > 0$ 时，CEO 与董事会的占优策略均衡为 $\{A, A\}$；当 $\theta_k < 0$ 时，CEO 与董事会的占优策略均衡为 $\{B, B\}$。

我们将 θ_k 等于 0，也就是 CEO 从战略 A 和战略 B 中获得的薪酬相等时的 k 设定为 k^*。k^* 的表达式如下：

$$k^* = \frac{b(h_0 + r) + (1 - b)(h_0 + r)r\sum_{t=2}^{T-1}\dfrac{1}{h_0 + tr}}{(1 - b)r + b(h_0 + r) + (1 - b)(h_0 + r)r\sum_{t=2}^{T-1}\dfrac{1}{h_0 + tr}}$$

$$(2 - 25)$$

CEO 对所有的 $k \geqslant k^*$，都会采用战略 A；而对所有的 $k < k^*$，都会采用策略 B。式（2 - 25）可以看到，$k^* < 1$。$k^* < 1$ 的原因在于，对于 CEO 来说，第 1 期的 1 单位现金流总是比第 2 期的 1 单位现金流具有更高的价值（即便我们这里没有考虑折现的问题）。CEO 薪酬中的 $(1 - b)m_t$ 依赖过去的所有产出，而从式（2 - 3）中也可以看到，m_t 的分子 $h_0 + tr$ 会随着 t 的增加而增加，因此，第 1 期的 1 单位现金流会比第 2 期的 1 单位现金流对薪酬的追加效果更好。由于两个项目在第 3 期所产生的现金流是相同的，而第 1 期的现金流价值更高，因此，为了弥补第 2 期的 1 单位现金流，只需要第 1 期的不足 1 单位的现金流即可。由于 CEO 薪酬中的 $(1 - b)m_t$ 会依赖 CEO 过去的绩效，我们可以将来自 $(1 - b)m_t$ 的影响称为"名声效果"。名声效果会随着董事会独立度的降低而上升。

当 $k \geqslant 1$ 时，CEO 会选择项目 A，此时并不会损害股东价值。同样，当 $k < k^*$ 时，CEO 会选择项目 B，此时也不会损害股东价值。因此，只有当 $1 > k \geqslant k^*$ 时，CEO 会存在选择项目 A 的动机，从而损害股东利益。因此，当 k 落在区域 $[k^*, 1)$ 以外时，CEO 的项目选择对 CEO 和股东都是有利的。换句话说，当 k^* 越大时，区域 $[k^*, 1)$ 会越窄，k 落在该区域的概率会越低。

从式（2 - 25）可以看到，k^* 是 b 的函数。我们用 b 对 k^* 进行微分，可以得到下面的公式：

$$\frac{\partial k^*}{\partial b} = \frac{\left[(h_0 + r) - (h_0 + r)\sum_{t=2}^{T-1}\frac{1}{h_0 + tr}\right]\left[(1-b)r + b(h_0 + r) + (1-b)(h_0 + r)r\sum_{t=2}^{T-1}\frac{1}{h_0 + tr}\right]}{\left[(1-b)r + b(h_0 + r) + (1-b)(h_0 + r)r\sum_{t=2}^{T-1}\frac{1}{h_0 + tr}\right]^2}$$

$$- \frac{\left[b(h_0 + r) + (1-b)(h_0 + r)r\sum_{t=2}^{T-1}\frac{1}{h_0 + tr}\right]\left[h_0 - (h_0 + r)r\sum_{t=2}^{T-1}\frac{1}{h_0 + tr}\right]}{\left[(1-b)r + b(h_0 + r) + (1-b)(h_0 + r)r\sum_{t=2}^{T-1}\frac{1}{h_0 + tr}\right]^2}$$

$$= \frac{\left[b(h_0 + r) + (1-b)(h_0 + r)r\sum_{t=2}^{T-1}\frac{1}{h_0 + tr}\right]r + (1-b)r\left[(h_0 + r) - (h_0 + r)r\sum_{t=2}^{T-1}\frac{1}{h_0 + tr}\right]}{\left[(1-b)r + b(h_0 + r) + (1-b)(h_0 + r)r\sum_{t=2}^{T-1}\frac{1}{h_0 + tr}\right]^2}$$

$$= \frac{b(h_0 + r)r + (1-b)r(h_0 + r)}{\left[(1-b)r + b(h_0 + r) + (1-b)(h_0 + r)r\sum_{t=2}^{T-1}\frac{1}{h_0 + tr}\right]^2} \qquad (2-26)$$

因此，随着 b 的上升，k^* 会上升，提高董事会的独立性，能够降低 CEO 的投资行为偏差。这是因为，提高董事会独立性，能够使 CEO 的薪酬与企业绩效之间的敏感性加强。独立度高的董事会一方面会降低 CEO 薪酬中 $(1-b)m_t$ 的部分，另一方面会提高 by_t 的部分，因此，以前的企业绩效对于现在的 CEO 的影响弱化，导致名声效果降低。这样一来，董事会更为关心 CEO 的当期绩效（刚刚干了什么），而不是 CEO 的能力估计（能够干什么）。我们将 by_t 的影响称为"绩效效果"。

k^* 是 b 的单调增加函数，但无论 b 多么接近于 1，k^* 仍然会比 1 小。因此，独立的董事会会无限缩小区域 [k^*, 1)，但名声效果一定存在，董事会无法消除掉 CEO 的投资行为偏差。为了完全解决 CEO 的投资行为偏差问题，只有消除掉董事会与 CEO 之间的信息不对称。

第五节　比较静态分析

本节将在企业投资行为偏差值一定的前提下，利用比较静态对

k^* 进行分析,研究董事会独立度与企业特征之间的关系。我们会看到,由于企业特征的变化,董事会对 CEO 的能力推测会发生变化,有时一个独立度较低的董事会就能够有效地降低 CEO 的投资行为偏差。

一 企业风险

根据第三节的设定,变量可以以 $1/r$ 作为企业风险的代理变量。随着 r 的降低,企业风险会随着上升。我们用 r 对 k^* 进行微分,可以得到下面的公式:

$$\frac{\partial k^*}{\partial r} = \frac{\left[(1-b)r^2\frac{\partial\delta}{\partial r} - bh_0\right](1-b)}{\left[(1-b)r + b(h_0+r) + (1-b)r\delta\right]^2} < 0 \qquad (2-27)$$

在上面的公式中,

$$\delta = (h_0+r)\sum_{t=2}^{T-1}\frac{1}{h_0+tr}, \frac{\partial\delta}{\partial r} < 0$$

对 k^* 进行全微分,可得下面的公式:

$$dk^* = 0 = \frac{\partial k^*}{\partial r}dr + \frac{\partial k^*}{\partial b}db \qquad (2-28)$$

因此,

$$\frac{db}{dr} > 0 \qquad (2-29)$$

随着企业风险的上升,企业绩效与 CEO 能力的推测更加依赖无法控制的不确定因素,结果导致 CEO 的名声效果下降。因此,在风险高的企业中,即便董事会的独立度相对较低,CEO 的投资行为偏差也相对较小。

二 CEO 能力的事前表现

h_0 是 CEO 能力的事前分布的精度,而 CEO 的学历和在以前工作中积累的经历能够提高事前分布的精度。我们用 h_0 对 k^* 进行微分,可以得到下面的公式:

$$\frac{\partial k^*}{\partial h_0} = \frac{\left[b + (1-b)r\frac{\partial\delta}{\partial h_0}\right]\left[(1-b)r\right]}{\left[(1-b)r + b(h_0+r) + (1-b)r\delta\right]^2} > 0 \qquad (2-30)$$

$$\frac{\partial^2 k^*}{\partial h_0^2} = \frac{(1-b)^2 r^2 \frac{\partial^2 \delta}{\partial h_0^2} \big[(1-b)r + b(h_0 + r) + (1-b)r\delta \big]^2}{\big[(1-b)r + b(h_0 + r) + (1-b)r\delta \big]^4}$$

$$- \frac{2(1-b)^2 r^2 \frac{\partial \delta}{\partial h_0} \Big[b + (1-b)r \frac{\partial \delta}{\partial h_0} \Big] \big[(1-b)r + b(h_0 + r) + (1-b)r\delta \big]}{\big[(1-b)r + b(h_0 + r) + (1-b)r\delta \big]^4} < 0$$

$$(2-31)$$

在上面的公式中，

$$\frac{\partial \delta}{\partial h_0} > 0, \ \frac{\partial^2 \delta}{\partial h_0^2} < 0 \tag{2-32}$$

对 k^* 进行全微分，可得下面的公式：

$$dk^* = 0 = \frac{\partial k^*}{\partial h_0} dh_0 + \frac{\partial k^*}{\partial b} db \tag{2-33}$$

因此，

$$\frac{db}{dh_0} < 0 \tag{2-34}$$

随着 h_0 的上升，CEO 的薪酬对过去绩效的依赖程度降低（进入企业时已经表明了自己的能力，不需要通过前期的高现金流去证明自己），名声效果下降，而当期的绩效效果会上升。因此，对于那些有能力的 CEO，即便董事会的独立度相对较低，CEO 的投资行为偏差也相对较小。从式（2-30）和式（2-31）可以看到，h_0 可以使 k^* 无限接近于 1。当 b = 1 时，式（2-30）等于 0，此时 k^* 变为 1 [见式（2-25）]。但是，由于 b 不可能为 1（完全独立的董事会是不存在的），因此，无论 CEO 的 h_0 如何高，他仍然要面对区域 [k^*, 1)，仍然有动机去选择损害股东价值的项目。

三　CEO 的合同期

由于 CEO 的合同期 T 的长短会影响 CEO 的投资行为，有必要研究 T 与 b 之间的关系。为了简化式（2-25），我们设定下面的函数：

$$J(T) = b(h_0 + r) + (1-b)r\delta, \delta$$

$$= (h_0 + r) \sum_{t=2}^{T-1} \frac{1}{h_0 + tr} \tag{2-35}$$

$J(T)$ 是 T 的上升凹函数。因此，

$$k^* = \frac{J(T)}{(1-b)r + J(T)} \qquad (2-36)$$

我们用 $J(T)$ 对 k^* 进行微分，可以得到下面的公式：

$$\frac{k^*}{J(T)} = \frac{(1-b)r}{[(1-b)r + J(T)]^2} > 0 \qquad (2-37)$$

对 k^* 进行全微分，可得下面的公式：

$$dk^* = 0 = \frac{\partial k^*}{\partial J(T)}dJ(T) + \frac{\partial k^*}{\partial b}db \qquad (2-38)$$

因此，

$$\frac{\partial b}{\partial J(T)} < 0, \quad \frac{\partial b}{\partial T} < 0 \qquad (2-39)$$

由于 CEO 为了最大化薪酬集合，所以，当合同期变长时，名声效果会变低（CEO 没有必要牺牲长期利益，去选择那些短期收益高的项目）。因此，对于合同期较长的 CEO，即便董事会的独立性较低，CEO 的投资行为偏差也相对较小。

第六节　结论

独立度高的董事会可以通过提高绩效效果对 CEO 薪酬的影响，降低 CEO 的投资行为偏差，但并不能完全消除 CEO 的这种动机。消除董事会和 CEO 之间的信息不对称是最为根本的解决办法。但是，由于 CEO 的收益（损失）构成了董事会的损失（收益），CEO 为了保护自身利益，并没有完全公开信息的动机。因此，法律的强制性信息披露制度显得非常重要。

在分析过程中，模型中并没有加入 CEO 的私人收益（如从项目选择中获取贿赂）。当 CEO 可以从项目选择中获取私人收益时，CEO 无疑会最大化薪酬集合并加上这一部分私人收益而行动。这时，薪酬集合中的绩效效果会降低，CEO 的投资行为偏差会扩大。当然，如果 CEO 薪酬集合中的绩效效果越强，来自私人收益的影响也会越低。

　　独立度低的董事会会导致 CEO 薪酬中的绩效效果降低，从而恶化企业绩效。这时，对于该董事会的改革无疑非常必要，比如，降低该董事会的规模，提高独立董事的比例，将总经理与董事会主席两权分离。近年来，在 CEO 的薪酬体系中，加入股票和股票期权类的高能激励，使 CEO 的薪酬更加与企业的长期绩效相关。但是，由于 CEO 可以操作公司的会计指标，从而控制股票价格，能够通过股票和股票期权获得超额报酬。因此，只有董事会保持独立和严格，通过事前与 CEO 的薪酬交涉、期间的严格监督、事后评估来使 CEO 的薪酬与企业绩效密切关联，才能最终解决 CEO 的投资行为偏差。

第三章　CEO职业生涯关注与企业重组行为

第一节　问题意识

随着我国国有企业改革的不断深化，企业资产重组受到了越来越多的关注。然而，资产重组在为企业迅速扩张、提高资产质量提供捷径的同时，也带来了巨大的风险。国内外学者对并购重组绩效的研究表明，并购重组并不会给收购公司的股东带来价值的增加，有时甚至会给股东造成损失，即目前公司的并购重组大多为低效率的［如洛克伦（Loughran）和 Vijh，1997；默勒（Moeller）等，2004；冯根福和吴林江，2001；叶璋礼，2013］。伯杰和奥菲克（Berger and Ofek，1995）通过实证研究，证明了多元化公司的运营能力明显低于非多元化公司。而郎和斯图尔斯（Lang and Stulz，1994）、瑟瓦斯（Servaes，1996）比较了多元化公司与非多元化公司的托宾 Q 值，结果显示，多元化战略往往并没有达到预期的效果。因此，一些论文也尝试研究造成收购非效率的原因。詹森（1986）和哈福德（Harford）（1999）认为，由于委托—代理问题，现金流充足的公司更有可能进行多元化收购，但也往往伴随着较低的股价收益。马苏利斯等（Masulis et al.，2007）与达钦和施密德（Duchin and Schmid，2013）都曾提出收购的非效率可能是由不完善的公司治理机制造成的。此外，资产重组的另一种形式——资产剥离也受到了学术界的广泛关注。例如，魏斯巴赫（1995）认为，企业对回报率差的资产进行剥离，更可能发生在公司管理层变更之时。施林格曼等（Schlingemann et al.，2002）则指出了市场的流动性对资产剥离行为有显著的影响。

对于企业重组的研究，从层面和行业层面的分析几乎已经达到了饱和状态。然而，从微观层面看，在企业中最终决策的是人而非其他实体。CEO 作为企业决策的信息提供者以及最终方案的执行者，是企业战略决策的核心人物，其识别、定义、解释和披露信息的方式都对企业决策有着决定性影响。第一，CEO 可以通过决定董事会会议的行程安排和提交给他们的材料而控制董事会的信息获取［宋和撒克（Song and Thakor，2006）、亚当斯和费雷拉（2007）］。第二，CEO 可以直接影响新董事会成员的选取和公司政策［Shivdasani 和耶马克（1999）；阿里纳和布拉加－阿尔维斯（Arena and Braga - Alves，2013）］。第三，CEO 有能力利用他们的权限影响其薪酬合同的安排［别布丘克和弗里德（Bebchuk and Fried，2003）、明尼克和罗森索尔（Minnick and Rosenthal，2014）］。

CEO 职业生涯关注会对 CEO 的个人行为产生重大影响。首先，在标准的委托—代理理论中，董事会负责监督 CEO，CEO 的利益与企业效益乃至股东利益紧密相关［詹森和梅克林（1976）、詹森和墨菲（1990）］。其次，经理人市场对 CEO 的评价直接决定了 CEO 未来的职业发展与声誉［法马（1980）；阿西莫格鲁等（2006）］。最后，锦标赛理论认为，劳动力市场对 CEO 职业群体的排名会促使 CEO 不断追求自我提升并变得不可替代［布朗等（Brown et al.，1996）；基尼和威廉斯（Kini and Williams，2012）］。以上三点共同推动了 CEO 职业生涯关注的形成，进而影响了 CEO 对公司决策的制定和执行。

本章选取 2003—2012 年中国沪深两市 A 股上市公司为研究样本，采用 CEO 年龄和任期状态代理 CEO 职业生涯关注，实证检验了 CEO 职业生涯关注与企业重组行为（包括资产并购和资产剥离）之间的关系。中国作为发展中国家，正处于经济转型的重要阶段，呈现出与西方国家完全不同的劳动力市场特色。一方面，中国的职业经理人市场发展相比国外仍不成熟。另一方面，大部分中国上市公司为国有控股企业。而国有企业的管理者多为政府任命，并被要求完成一定的政治任务或者社会责任［加藤和朗（Kato and Long，2006a，2006b）；陈等（Chen et al.，2011b）］。相比国外职业经理人，中国职业经理人拥有完全不同的激励政策。因此，本章选择以中国经理人的背景特征为切入口，将企业的决策主体和企业重组行为相结合，从管理者个人动机出发，寻求对企业重组研究的补充和完善。

第二节　文献综述与研究假设

目前，国内外学者针对管理者职业生涯关注和企业重组行为关系的研究主要基于两种相反的观点。

一种观点认为，职业生涯关注高的，即年轻的或者新任的管理者更加激进，为了展示个人能力以提高自己的职业声誉，他们更愿意承担风险，更倾向于选择冒进的重组行为。而职业生涯关注低的，即年老的或者任职期限较长的管理者面对职业生涯的逐步缩短，为了不毁坏先前积累的声誉和名望，决策行为开始趋于保守。普伦德加斯特和斯托尔（Prendergast and Stole，1996）从管理者学习能力的角度研究其投资决策行为，年轻的管理者变通能力更强，对新信息的敏感度更高，因此，在做决策时也更加自信，甚至夸大他的私有信息，但是，随着年龄的增加，其进取心开始降低，知识结构也开始老化，接受变化的能力和承受风险的能力均趋于下降。伯特兰和肖亚尔（Bertrand and Schoar，2003）的研究结果表明，以CEO的年龄为自变量，每增加十年，企业的资本支出也会随之减少，即年老的CEO倾向于不断降低投资水平。姜付秀等（2009）认为，在国有企业中，管理者随着年龄的增大，开始面临着政治升迁或者退休的压力，"善始善终"的思想促使他们选择越来越保守的投资行为。李等（Li et al.，2011）则通过对企业工厂的建造及关闭等行为进行实证研究，实证结果显示，年轻的CEO更喜欢进入或退出新的生产线。宜姆（Yim，2013）则从薪酬的角度考察CEO对企业风险决策的影响，随着CEO年龄的增加，未来所获得的薪酬总额不断降低，因此也降低了风险决策对

CEO 的激励。而瑟夫林（Serfling，2014）的实证检验表明，CEO 的年龄与企业风险之间呈著负相关，即年老的 CEO 为降低企业风险，会选择低风险的投资决策。因此，根据以上研究，我们可以推导出假设 1。

假设 1：年轻的 CEO 或者新任 CEO 更倾向于企业重组行为。

另一种观点认为，年轻的或者新任的管理者缺乏工作经验，并可能因为任职期限较短，物质资源和社会关系资源匮乏，因此，基于职业生涯的考虑，他们倾向于风险厌恶，选择保守消极的企业决策，以规避承担较高风险而失败所导致的惩罚。而年老的管理者或任职期限较长的管理者因拥有丰富的管理经验、物质及关系资源，承受风险的能力更强，更倾向于进行企业规模的扩张等重组活动。法马（1980）在对委托—代理问题研究后指出，劳动力市场会约束管理者，使他们时刻注意自己的言行举止。而谢瓦利埃和埃利逊（Chevalier and Ellison，1999）在对共同基金经理进行实证研究中发现，年轻的基金经理更倾向于规避非系统性风险。艾弗里和谢瓦利埃（Avery and Chevalier，1999）则指出，在企业决策中，信息扮演着非常重要的角色。因为年轻的决策者无法准确地判断个人能力，因此，他们选择随波逐流，存在"羊群效应"。而随着年龄的增长，管理者将会掌握更多的私有信息，当他对个人能力有了深入了解后，他将会选择更加激进的高风险决策。洪等（Hong et al.，2000）探讨了证券分析师的职业生涯关注和羊群行为之间的关系，研究表明，经验较少的证券分析师更易发生羊群效应。拉蒙特（Lamont，2002）研究了宏观经济预测者的异质性，研究结果显示，年轻的预测者更加保守，虽然随着年龄的增长，他们将会变得激进和大胆，但预测却会变得不准确。李培功和肖珉（2012）的实证结果表明，CEO 在位时间越长，其扩张企业规模的动机越明显，即企业的投资水平越高，CEO 越临近退休，投资行为反而趋于保守。因此，根据以上研究，我们可以推导出假设 2。

假设 2：年轻的 CEO 或者新任 CEO 不倾向于企业重组行为。

第三节　研究设计

一　样本选择与数据来源

本章选取 2003—2012 年沪深两市 A 股上市公司为初始样本，并按如下标准进行样本筛选：（1）剔除金融机构及公用事业单位；（2）剔除 ST 及 PT 公司；（3）剔除数据缺失的企业。样本数据主要来自国泰君安中国上市公司治理数据库和色诺芬中国上市公司财务年报数据库，并以中国证监会网站刊登的上市公司相关信息为补充。

二　模型构建及变量定义

为了研究 CEO 职业生涯关注对企业重组行为的影响，本章构建如下回归模型：

$$
\begin{aligned}
Restructuring\ Decision_t =\ & \alpha_0 + \alpha_1 CEOindicator_{t-1} + \alpha_2 Size_{t-1} + \\
& \alpha_3 Tobin's\ Q_{t-1} + \alpha_4 ROA_{t-1} + \alpha_5 Leverage_{t-1} + \\
& \alpha_6 Cash_{t-1} + \alpha_7 Listage_{t-1} + \sum Yeardummy + \\
& \sum Industrydummy + \varepsilon_{it} \qquad\qquad (3-1)
\end{aligned}
$$

各变量的定义如表 3 - 1 所示。

表 3 - 1　　　　　　　　　　　变量定义

变量	定义
Nochange	哑变量，公司当年没有公告任何一起重组行为，为 1；反之为 0
Increase	哑变量，企业当年至少公告一起资产收购，为 1；反之为 0
Decrease	哑变量，企业当年至少公告一起资产剥离，为 1；反之为 0
CEOage	CEO 年龄
Younger CEO	哑变量，CEO 年龄小于 45 岁，为 1；反之为 0
Middle - aged CEO	哑变量，CEO 年龄在 45—50 岁，为 1；反之为 0
Older CEO	哑变量，CEO 年龄大于 50 岁，为 1；反之为 0
Newappointment	哑变量，CEO 是当年新任的，为 1；反之为 0
Size	企业总资产的自然对数
Tobin's Q	托宾 Q，（股权市值 + 净债务市值）/ 总资产

变量	定义
ROA	资产收益率，企业息税前利润/总资产
Leverage	总负债/总资产
Cash	（企业现金 + 现金等价物）/总资产
Listage	企业上市年限
Increase2	哑变量，企业当年至少公告两起资产收购的为 1；反之为 0
Decrease2	哑变量，企业当年至少公告两起资产剥离的为 1；反之为 0

表 3 - 1 中变量设计的考虑如下：

（1）企业重组行为的分类。借鉴李（Li）等（2011）对公司投资行为的分类，本章将企业重组行为主要分为两大类型：资产收购与资产剥离。由此，本章构造三个哑变量，分别为 Nochange、Increase 和 Decrease。若企业当年没有公告任何一起重组行为，即企业的基础资产未发生任何变化，哑变量 Nochange 为 1；反之为 0；当企业至少公告一起资产收购，哑变量 Increase 为 1；反之为 0；当企业至少公告一起资产剥离，哑变量 Decrease 为 1；反之为 0。

（2）CEO 职业生涯关注。根据已有的文献 ［如吉本斯和墨菲（Gibbons and Murphy，1992）；谢瓦利埃和埃利森（1999）；李等（Li et al.，2011）］，我们选取 CEO 年龄作为 CEO 职业生涯关注的第一个代理变量，并采用两种表现方式。第一种为 CEO 年龄原始值，第二种根据样本中的 CEO 年龄的平均数与中位数，将 CEO 年龄分为三段，并构造了三个哑变量。具体而言，当 CEO 年龄小于 45 岁时，Younger CEO 为 1；反之为 0；当 CEO 年龄在 45—50 岁时，Middle - aged CEO 为 1；反之为 0；当 CEO 年龄大于 50 岁时，Older CEO 为 1；反之为 0。

虽然在相关文献中，CEO 的任期是一个非常重要的变量 ［如李等（2011）；宜姆（2013）；瑟夫林（2014）］，但是，由于我国上市公司并未直接公布其 CEO 任期数据，因此，我们无法直接从公开的数据中获得。虽然可以从已公开的财务报告中一一查阅计算得到相关数据，但这样的办法仍存在两个缺陷：第一，由于上海证券交易所网站和深圳证券交易所网站所公布的财务报告仅从 1999 年和 2000 年开始，因此，我们无法获得 CEO 在此之前的任期数据。第二，由于我们仅可以获得企业上市后的财务报告，因此，我们无法获取 CEO 在其企业上市前的相关任期数据。为了弥补 CEO 任期数据的缺失，本章选取新任 CEO 的哑变量作为 CEO 职业生涯关注的代理变量。具体而言，本章构造哑变量 Newappointment，当上市公司聘任或更换新的 CEO 时，Newappointment 为 1；反之为 0。

（3）控制变量。根据研究需要，参照国内外学者的相关文献，本章选取了以下一系列控制变量：企业规模（以企业总资产的自然对数衡量）、企业未来发展前景（以托宾 Q 衡量）、企业表现（以 ROA 衡量）、企业偿债能力（以企业财务杠杆衡量）、企业现金持有量和企业年龄（以企业的上市期限衡量）。

第四节　实证检验

一　描述性统计

我们首先对变量进行描述性统计分析，结果如表 3 - 2 所示。表 3 - 2 中的企业重组行为变量 Nochange、Increase 和 Decrease 的均值分别为 0.56、0.32 和 0.20，说明在所选取的样本中，进行资产重组的企业多于不进行资产重组的企业，而在进行资产重组的企业中，进行资产收购的企业要多于进行资产剥离的企业。此外，CEO 的年龄处在 24—76 岁，而从不同年龄层的统计可以发现，小于 45 岁的 CEO 占比是最大的，而年龄在 40—45 岁的 CEO 占比略低，年龄大于 45 岁的 CEO 的占比最少。其他控制变量的描述性统计结果如表 3 - 2 所示，在此不赘述。

表 3 - 2　　　　　　　　　　描述性统计

变量	样本量	均值	中位数	标准差	最小值	最大值
Nochange	12710	0.56	1.00	0.50	0.00	1.00

续表

变量	样本量	均值	中位数	标准差	最小值	最大值
Increase	12710	0.32	0.00	0.47	0.00	1.00
Decrease	12710	0.20	0.00	0.40	0.00	1.00
CEOage	11711	46.78	46.00	6.53	24.00	76.00
Younger CEO	11711	0.38	0.00	0.48	0.00	1.00
Middle – aged CEO	11711	0.36	0.00	0.48	0.00	1.00
Older CEO	11711	0.26	0.00	0.44	0.00	1.00
Newappointment	11754	0.26	0.00	0.44	0.00	1.00
Size	12639	21.57	21.41	0.39	19.55	25.18
Tobin's Q	12252	1.58	1.31	0.83	0.65	5.54
ROA	12614	0.04	0.04	0.04	− 0.09	0.19
Leverage	12639	0.44	0.45	0.20	0.04	0.82
Cash	12189	0.20	0.15	0.16	0.01	0.75
Listage	12710	7.77	7.00	5.11	1.00	22.00
Increase2	12710	0.13	0.00	0.34	0.00	1.00
Decrease2	12710	0.07	0.00	0.25	0.00	1.00

二　多元回归结果

表 3 – 3 展示了 CEO 年龄对企业重组行为的影响。首先，在以 $Nochange_t$ 作为因变量时，以 CEO 年龄原始值 $CEOage_{t-1}$ 为自变量进行回归，结果显示，在加入其他控制变量的情况下，$CEOage_{t-1}$ 的系数在 1% 的水平上显著为正。然后仍然以 $Nochange_t$ 作为因变量，我们运用 CEO 年龄的分段哑变量作为自变量，结果显示，虽然 Middle – aged CEO_{t-1} 的系数不显著，但是，Older CEO_{t-1} 的系数显著为正，而这恰与第一列的回归结果相同。最后，我们分别用 $Increase_t$ 和 $Decrease_t$ 代替 $Nochange_t$ 进行同样的回归，从结果可以看到，代表 CEO 年龄的自变量系数是显著为负的。以上结果意味着越年轻的 CEO，越倾向于激进大胆的资产收购与资产剥离。

接下来，我们研究新任 CEO 对企业重组行为的影响，结果如表 3 – 4 所示。以 $Nochange_t$ 作为因变量时，$Newappointment_{t-1}$ 的系数显著为负。当以 Increase$_t$ 作为因变量时，Newappointment$_{t-1}$ 的系数显著为正，而当以 Decrease$_t$ 作为因变量时，Newappointment$_{t-1}$ 的系数不显著。上述结果表明，新任 CEO 更倾向于进行重组，尤其是进行资产

表 3 – 3　　　　　　　　CEO 年龄对企业重组行为的影响

变量	Nochange$_t$		Increase$_t$		Decrease$_t$	
	(1)	(2)	(3)	(4)	(5)	(6)
CEOage$_{t-1}$	0.002***		-0.002**		-0.002**	
	(3.16)		(-2.32)		(-2.39)	
Middle – aged CEO$_{t-1}$		0.011		-0.018		-0.006
		(0.94)		(-1.59)		(-0.62)
Older CEO$_{t-1}$		0.029**		-0.023*		-0.19*
		(2.27)		(-1.86)		(-1.80)
Size$_{t-1}$	-0.020***	-0.020***	0.030***	0.030***	-0.001	-0.000
	(-3.20)	(-3.09)	(4.95)	(4.90)	(-0.11)	(-0.03)
Tobin's Q$_{t-1}$	0.001	0.001	-0.015*	-0.015*	0.018***	0.018***
	(0.16)	(0.17)	(-1.94)	(-1.92)	(2.68)	(2.67)
ROA$_{t-1}$	0.382**	0.386**	0.565***	0.562***	-1.266***	-1.268***
	(2.51)	(2.53)	(3.90)	(3.87)	(-10.06)	(-10.08)
Leverage$_{t-1}$	-0.128***	-0.128***	0.106***	0.107***	0.052*	0.052*
	(-3.34)	(-3.35)	(2.93)	(2.95)	(1.65)	(1.65)
Cash$_{t-1}$	-0.078*	-0.078*	0.149***	0.150***	-0.086**	-0.086**
	(-1.85)	(-1.86)	(3.74)	(3.75)	(-2.49)	(-2.48)
Listage$_{t-1}$	-0.003**	-0.003**	-0.005***	-0.005***	0.011***	0.011***
	(-2.16)	(-2.12)	(-3.80)	(-3.84)	(9.97)	(9.94)
Intercept$_{t-1}$	0.908***	0.997***	-0.291**	-0.352***	0.256**	0.200*
	(6.57)	(7.30)	(-2.21)	(-2.70)	(2.24)	(1.77)
Year and industry control	是	是	是	是	是	是
Adjusted R^2	0.033	0.032	0.036	0.035	0.064	0.064
Sample size	9721	9721	9721	9721	9721	9721

注：括号内的数字为 t 检验值。***、** 和 * 分别表示在1%、5%、10%的水平上显著。

表 3 – 4　　　　　　　　　新任 CEO 对企业重组行为的影响

	Nochange$_t$	Increase$_t$	Decrease$_t$
Newappointment$_{t-1}$	− 0. 042 ***	0. 0394 ***	0. 011
	(− 3. 55)	(3. 48)	(1. 12)
Sizet$_{t-1}$	− 0. 019 ***	0. 029 ***	− 0. 001
	(− 2. 92)	(4. 81)	(− 0. 18)
Tobin's Q$_{t-1}$	− 0. 000	− 0. 014 *	0. 018 ***
	(− 0. 02)	(− 1. 76)	(2. 72)
ROA$_{t-1}$	0. 362 **	0. 584 ***	− 1. 264 ***
	(2. 38)	(4. 04)	(− 10. 07)
Leveraget$_{t-1}$	− 0. 138 ***	0. 115 ***	0. 056 *
	(− 3. 62)	(3. 18)	(1. 79)
Cash$_{t-1}$	− 0. 055	0. 129 ***	− 0. 091 ***
	(− 1. 31)	(3. 20)	(− 2. 61)
Listage$_{t-1}$	− 0. 003 **	− 0. 004 ***	0. 011 ***
	(− 2. 50)	(− 3. 44)	(10. 02)
Intercept	0. 888 ***	− 0. 220	0. 157
	(6. 03)	(− 1. 56)	(1. 29)
Year and industry control	是	是	是
Adjusted R^2	0. 033	0. 036	0. 064
Sample size	9762	9762	9762

注：括号内的数字为 t 检验值。***、** 和 * 分别表示在 1%、5% 和 10% 的水平上显著。

收购。究其原因，可能是新任 CEO 虽然缺乏一定的工作经验，但是，为了向劳动力市场展示其卓越的能力并树立良好的声誉，则倾向于选择重组活动。然而，为了保持稳定，避免大规模的职员解雇，刚刚上任的 CEO 并不愿意进行资产剥离。相反，资产收购一般并不会造成收购企业的人员流失，因此 CEO 更愿意进行资产收购。

三　国有企业和非国有企业

前面我们研究了 CEO 年龄以及新任 CEO 对企业重组行为的影响，接下来；进一步研究企业的最终控制权，即企业是否为国有企业对上述结果的影响。首先需要对国有企业和非国有企业作一个明确的界定，根据陈等（2011a）中的定义，国有企业是指由中央政府、地方政府或者其他政府机构投资或者参与控制的企业，非国有企业是指由个人或者非国有机构投资或者参与控制的企业，一般指民营企业，主要包括有限公司、股份公司、独资公司、外资公司、个体工商户等形式。

表 3 - 5 和表 3 - 6 分别展示了最终控制权影响下的 CEO 年龄效应及 CEO 新任效应。从结果可以看出，当以 Nochange$_t$ 和 Decrease$_t$ 为因变量时，回归结果与之前相同，即 CEOage$_{t-1}$ 和 Newappointment$_{t-1}$ 的系数都显著为正；而当以 Increase$_t$ 作为因变量时，在企业为非国有的情形下，CEOage$_{t-1}$ 和 Newappointment$_{t-1}$ 系数依然显著为负，而在企业为国有的情形下，CEOage$_{t-1}$ 和 Newappointment$_{t-1}$ 的系数虽然仍为负，但是不再显著。这说明无论是国有企业还是非国有企业，职业生涯关注高的 CEO 更倾向于进行企业重组活动，具体而言，非国有企业的 CEO 更倾向于进行资产收购。国有企业和非国有企业的 CEO 均不倾向于资产剥离。

表 3 - 5　产权性质对 CEO 年龄和企业重组行为之间关系的影响

	Nochange$_t$		Increase$_t$		Decrease$_t$	
	SOE	Non - SOE	SOE	Non - SOE	SOE	Non - SOE
CEOage$_{t-1}$	0.002 *	0.002 **	- 0.001	- 0.002 *	- 0.002	- 0.001
	(1.78)	(2.06)	(- 0.93)	(- 1.82)	(- 1.59)	(- 1.20)
· Size$_{t-1}$	- 0.018 **	- 0.047 ***	0.027 ***	0.052 ***	0.002	0.012
	(- 2.15)	(- 4.14)	(3.45)	(4.83)	(0.23)	(1.38)
Tobin's Q$_{t-1}$	- 0.016	0.007	0.002	- 0.023 **	0.024 **	0.016 *
	(- 1.29)	(0.63)	(0.15)	(- 2.12)	(2.29)	(1.76)
ROA$_{t-1}$	0.543 ***	0.305	0.343 *	0.755 ***	- 1.331 ***	- 1.290 ***
	(2.63)	(1.33)	(1.75)	(3.44)	(- 7.58)	(- 7.03)
Leverage$_{t-1}$	- 0.134 ***	- 0.113 *	0.119 **	0.102 *	0.048	0.034
	(- 2.64)	(- 1.90)	(2.48)	(1.78)	(1.12)	(0.71)

续表

	Nochange$_t$		Increase$_t$		Decrease$_t$	
	SOE	Non − SOE	SOE	Non − SOE	SOE	Non − SOE
Cash$_{t-1}$	−0.034	−0.087	0.099	0.171***	−0.050	−0.119***
	(−0.52)	(−1.53)	(1.59)	(3.14)	(−0.91)	(−2.63)
Listage$_{t-1}$	−0.007***	0.000	−0.002	−0.007***	0.013***	0.010***
	(−3.70)	(0.02)	(−1.43)	(−3.26)	(8.41)	(6.00)
Intercept$_{t-1}$	0.795***	1.535***	−0.152	−0.823**	0.165	−0.007
	(4.12)	(5.79)	(−0.83)	(−3.24)	(1.00)	(−0.03)
Year and industry control	Yes	Yes	Yes	Yes	Yes	Yes
Adjusted R^2	0.036	0.035	0.032	0.041	0.053	0.080
Sample size	5202	4491	5202	4491	5202	4491

注：括号内的数字为 t 检验值。***、** 和 * 分别表示在 1%、5% 和 10% 的水平上显著。

表 3 − 6　产权性质对新任 CEO 和企业重组行为之间关系的影响

	Nochange$_t$		Increase$_t$		Decrease$_t$	
	SOE	Non − SOE	SOE	Non − SOE	SOE	Non − SOE
Newappointment$_{t-1}$	−0.030*	−0.052***	0.022	0.053***	0.004	0.020
	(−1.81)	(−3.02)	(1.37)	(3.24)	(0.23)	(1.46)
Size$_{t-1}$	−0.015*	−0.048***	0.025***	0.054***	−0.000	0.012
	(−1.80)	(−4.29)	(3.24)	(5.04)	(−0.04)	(1.38)
Tobin's Q$_{t-1}$	−0.015	0.003	0.001	−0.019*	0.023**	0.018*
	(−1.21)	(0.29)	(0.05)	(−1.73)	(2.26)	(1.93)
ROA$_{t-1}$	0.537***	0.284	0.353*	0.767***	−1.343***	−1.279***
	(2.61)	(1.25)	(1.80)	(3.50)	(−7.66)	(−6.99)
Leverage$_{t-1}$	−0.144***	−0.118**	0.128***	0.105*	0.049	0.040
	(−2.85)	(−2.00)	(2.67)	(1.84)	(1.15)	(0.84)
Cash$_{t-1}$	−0.021	−0.058	0.090	0.141***	−0.053	−0.128***
	(−0.32)	(−1.01)	(1.45)	(2.56)	(−0.96)	(−2.79)

续表

	Nochange$_t$		Increase$_t$		Decrease$_t$	
	SOE	Non - SOE	SOE	Non - SOE	SOE	Non - SOE
Listage$_{t-1}$	-0.007 ***	-0.001	-0.002	-0.006 ***	0.013 ***	0.010 ***
	(-3.81)	(-0.42)	(-1.33)	(-2.76)	(8.45)	(6.13)
Intercept$_{t-1}$	0.885 ***	1.472 ***	-0.2556	-0.773 ***	0.184	-0.007
	(5.02)	(5.66)	(-1.53)	(-3.11)	(1.23)	(-0.04)
Year and industry control	是	是	是	是	是	是
Adjusted R^2	0.036	0.037	0.033	0.043	0.054	0.080
Sample size	5228	4505	5228	4505	5228	4505

注：括号内的数字为 t 检验值。 ***、**和 *分别表示在1%、5%、10%的水平上显著。

四　频繁的重组活动

为了更深入地研究企业的重组行为，我们构造了 Increase2 和 Decrease2 代表企业频繁的重组行为。Increase2 为 1 时表示企业当年至少公告两起资产收购，Decrease2 为 1 时表示企业当年至少公告两起资产剥离。

表 3 - 7 的回归结果显示，当我们选择 CEO 年龄作为自变量时，若以 Increase2$_t$ 为因变量，CEOage$_{t-1}$ 的系数是显著为负的，若以 Decrease2$_t$ 为因变量，CEOage$_{t-1}$ 的系数是不显著的。即年轻的 CEO 更倾向于进行频繁的收购活动。当选择 Newappointment$_{t-1}$ 作为自变量时，无论是以 Increase2$_t$ 作为因变量还是以 Decrease2$_t$ 作为因变量，Newappointment$_{t-1}$ 的系数都是显著为正的，即新上任的 CEO 更加激进，倾向于选择资产收购和资产剥离。

我们认为，不同于前面的其他回归结果的原因在于，新任 CEO 愿意选择资产剥离是因为新任 CEO 一般是在企业陷入财务困境时接手企业，施行大刀阔斧的改革有利于提高企业现有的业绩。

表 3 - 7　　　　　　　　　　　　频繁的重组行为

	Age		Newappointment$_{t-1}$	
	Increase2$_t$	Decrease2$_t$	Increase2$_t$	Decrease2$_t$
CEOage$_{t-1}$	- 0. 002 ***	- 0. 001		
	(- 2. 84)	(0. 02)		
Newappointment$_{t-1}$			0. 020 **	0. 014 **
			(2. 38)	(2. 21)
Size$_{t-1}$	0. 032 ***	0. 004	0. 031 ***	0. 005
	(7. 13)	(1. 30)	(6. 99)	(1. 36)
Tobin's Q$_{t-1}$	- 0. 006	0. 008 *	- 0. 005	0. 009 **
	(- 1. 03)	(1. 83)	(- 0. 89)	(2. 01)
ROA$_{t-1}$	0. 400 ***	- 0. 456 ***	0. 408 ***	- 0. 457 ***
	(3. 68)	(- 5. 61)	(3. 80)	(- 5. 61)
Leverage$_{t-1}$	0. 067 **	0. 022	0. 069 **	0. 024
	(2. 46)	(1. 07)	(2. 56)	(1. 18)
Cash$_{t-1}$	0. 074 **	- 0. 039 *	0. 063 **	- 0. 046 **
	(2. 49)	(- 1. 74)	(2. 12)	(- 2. 03)
Listage$_{t-1}$	- 0. 005 ***	0. 005 ***	- 0. 005 ***	0. 006 **
	(- 5. 44)	(7. 64)	(- 5. 42)	(7. 89)
Intercept$_{t-1}$	- 0. 549 ***	- 0. 036	- 0. 505 ***	- 0. 105
	(- 5. 62)	(- 0. 48)	(- 4. 86)	(- 1. 33)
Year and industry control	是	是	是	是
Adjusted R^2	0. 040	0. 032	0. 039	0. 033
Sample size	9721	9721	9762	9762

注：括号内的数字为 t 检验值。***、** 和 * 分别表示在 1%、5% 和 10% 水平上
显著。

五　非线性控制

借鉴宜姆（2013），我们选择了和 CEO 个人背景高度相关的两个
变量——企业规模和企业上市年限进行非线性控制的研究。首先，我
们考虑 CEO 年龄效应，在模型中加入企业规模和企业上市年限的二

次方、三次方与四次方，其回归结果（见表 3 – 8）与表 3 – 3 的结果基本相一致。其次，表 3 – 9 展示了非线性控制下的 CEO 新任效应，其回归结果与表 3 – 4 的结果基本相一致。以上非线性控制模型说明非线性控制对 CEO 职业生涯关注和企业重组行为之间的关联关系并没有影响，我们的结果是稳健的。

表 3 – 8　　　　　　　　　　年龄效应的非线性控制

	Nochange$_t$		Increase$_t$		Decrease$_t$	
	(1)	(2)	(3)	(4)	(5)	(6)
CEOage$_{t-1}$	0.002 *** (3.04)		– 0.002 ** (– 2.24)		– 0.001 ** (– 2.30)	
Middle – aged CEO$_{t-1}$		0.010 (0.84)		– 0.016 (– 1.46)		– 0.007 (– 0.67)
Older CEO$_{t-1}$		0.028 ** (2.19)		– 0.022 * (– 1.81)		– 0.018 * (– 1.72)
Control for Listage Size	Size Size2 Size3 Size4 Listage Listage2 Listage3 Listage4	Size Size2 Size3 Size4 Listage Listage2 Listage3 Listage4	Size Size2 Size3 Size4 Listage Listage2 Listage3 Listage4	Size Size2 Size3 Size4 Listage Listage2 Listage3 Listage4	Size Size2 Size3 Size4 Listage Listage2 Listage3 Listage4	Size Size2 Size3 Size4 Listage Listage2 Listage3 Listage4
Other controls	是	是	是	是	是	是
Year and industry control	是	是	是	是	是	是
Adjusted R^2	0.035	0.034	0.037	0.037	0.066	0.066
Sample size	9721	9721	9721	9721	9721	9721

注：括号内的数字为 t 检验值。***、** 和 * 分别表示在 1%、5%、10% 的水平上显著。

表 3 – 9   新任效应的非线性控制

	Nochange$_t$	Increase$_t$	Decrease$_t$
Newappointment$_{t-1}$	− 0. 038 ***	0. 031 **	0. 018 *
	(− 2. 97)	(2. 57)	(1. 69)
Control for Listage Size	Size	Size	Size
	Size2	Size2	Size2
	Size3	Size3	Size3
	Size4	Size4	Size4
	Listage	Listage	Listage
	Listage2	Listage2	Listage2
	Listage3	Listage3	Listage3
	Listage4	Listage4	Listage4
Other controls	是	是	是
Year and industry control	是	是	是
Adjusted R^2	0. 035	0. 037	0. 067
Sample size	9762	9762	9762

注: 括号内的数字为 t 检验值。 ***、**和*分别表示在 1%、5% 和 10% 的水平上显著。

第五节 结论

本章以 2003—2012 年的沪深两市 A 股上市公司作为研究对象,实证检验了 CEO 职业生涯关注是否会影响企业的重组行为。研究结果表明,CEO 职业生涯关注与中国上市公司重组行为之间显著正相关。为了提高劳动力市场对其的评价,并建立起自己的职业声誉,职业生涯关注更高的 CEO 具有很强的动机去利用自己的管理层权力来影响企业决策以展示自己优秀的能力。实证结果支持了第二节中的假设 1,即年轻的 CEO 或者新任 CEO 更倾向于企业重组活动。我们认为,主要有以下两个方面的原因:

　　首先，劳动力市场的外部监管是影响 CEO 职业生涯关注最基础的因素。由于信息不对称，劳动力市场只能基于企业现有的表现来评价 CEO 的能力，而这个评价却会直接影响 CEO 未来的职业发展。因此，拥有更长职业生涯的 CEO 会更加关注自己现在的表现，并且在事业发展的早期努力工作，以便快速树立起自己的职业声誉。在这种情况下，企业重组行为成为一条捷径，有利于 CEO 向劳动力市场展示自己管理企业的优秀能力。

　　其次，CEO 的生理及心理因素会影响他们如何做出重大决策。一方面，从生理因素来说，个人的精力及决策能力会随着年龄的增长而不断下降。另一方面，从心理因素来说，福布斯（Forbes，2005）认为，那些缺乏工作经验的年轻的 CEO 往往会高估自己的能力。这些过度自信的 CEO 倾向于夸大收购所能获得的利润，导致他们会为目标企业支付过高的价格，从而造成收购利益的折价 [马尔门迪尔和泰特（2008）]。

第四章　CEO职业生涯关注与企业投资效率

第一节　问题意识

CEO职业生涯关注一直被学术界所重视。首先，在一个标准的委托—代理模型中，董事会监督CEO，因此，CEO的薪酬和激励都被捆绑于股东利益，CEO不得不最大化股东价值[詹森和墨菲（1990）、科尔等（2003）、拜尔等（Beyer et al.，2014）、Misangyi和阿齐亚（Acharya，2014）]。其次，因为CEO当前的工作表现与未来的就业机会息息相关，CEO关心自己在劳动力市场的声誉[法马（1980）；布里克利等（1999）；奥耶（Oyer，2004）；Bizjak等（2008）；刘（Liu，2014）]。最后，锦标赛激励营造了一个竞争环境，CEO为了获得一个较高的职位并成为企业无可替代的人而努力[拉齐尔和罗森（Lazear and Rosen，1981）；阿格拉沃尔等（Agrawal et al.，2006）；沃尔德曼（Waldman，2013）；马里诺维奇（Marinovic，2015）]。

由于职业生涯关注，CEO拥有很强烈的动机来影响他们所在的企业经营决策，进而提高整个企业的绩效。关于CEO职业生涯关注和企业投资效率之间的理论研究已经持续了很长一段时间[纳拉亚南（1985）、赫舒拉发和撒克（1992）、别布丘克和斯托尔（1993）、Zwiebel（1995）、普伦德加斯特和斯托尔（1996）、霍姆斯特龙（1999）]，但相关的实证研究却非常有限。现有实证研究大多使用CEO的年龄作为职业生涯关注的代理变量，这是因为较年轻的CEO拥有较长的职业路径，因而更加关心自己未来的职业发展前景。李等

（2011）指出，年轻的 CEO 更有可能建立全新的业务或者关闭现有的前景不明朗的业务。宜姆（2013）的实证结果表明，年轻的 CEO 更有可能宣布收购。而瑟夫林（2014）则研究发现，年长的 CEO 通过选择风险较小的投资来减小企业的风险。最后，张等（Zhang et al.，2015）指出，在英国，年轻的 CEO 更可能收购在他们公司主营业务之外的企业。然而，这些研究只是着眼于企业的投资决策的一些具体项目，并没有分析企业的投资效率是否受到 CEO 职业生涯关注的影响。

在公司金融中，企业投资效率一直是一个重要的问题。股东期望合理地分配企业的金融资源到最有利可图的项目中。然而，各种外来的摩擦和力量都可能影响企业的投资效率。工作经历是个体工作能力的体现，而具有较少工作经历的年轻的或者新上任的 CEO 为了在短期内显示自己的能力，可能会损害企业的投资效率（而这正是企业最终的长期经营目标）来追求短期的利益。另外，被任命的具有长期职业发展路径的年轻的或者新上任的 CEO 也可能倾向于考虑长期利益并且更加高效地投资。由于对商业帝国的建立或者人力资本多元化的考虑而不是对职业发展的担忧，年长的或者任期时间较长的 CEO 的投资效率可能会低一些，这是因为，他们的工作经历可以缓冲他们做出的错误决定。因此，CEO 职业生涯关注和企业投资效率之间的关系并不是特别明确。

本章基于中国上市公司的数据，研究 CEO 的职业生涯关注和企业投资效率之间的关系。基于中国上市公司数据的研究有以下两个重要特点：首先，中国职业经理人的劳动力市场没有美国那样发达，而发达的劳动力市场是很多基于美国上市公司数据的相关研究的重要理论基础 [如法马，1980]。其次，国有企业的 CEO 由各级政府任命，因此，他们必须实现各自的政治和社会目标 [加藤和朗（2006a，2006b）；陈等（2011b）]。而非国有企业往往被创始人家族所控制，这些 CEO 是创始人、创始人的孩子或者他们的亲属 [陈等，2011b]。因此，与美国同行相比，中国的 CEO 拥有不同的激励动机。不同类型的激励方式引发了以下问题：CEO 的职业生涯关注在中国企业存在吗？中国上市公司中年轻的或新任命的 CEO 是会提高还是会恶化企业的投资效率？

第二节　文献综述与研究假设

因为 CEO 过去和现在的绩效可以显示 CEO 自身的能力，因此，在投资者短视的前提下，CEO 不得不抬高现在的短期绩效。纳拉亚南（1985）指出，当 CEO 和投资者之间存在信息不对称时，CEO 可能会采取次优投资决策来追求短期利益。① 纳拉亚南（1985）通过进一步分析发现，随着 CEO 的工作经验或者契约期限增加，他们追求短期利益的动机会下降。因此，纳拉亚南（1985）的发现为我们提供了两个相互竞争的假设。

第一个假设，我们称为短期职业生涯关注。拥有较少工作经历的年轻的或者新上任的 CEO 更容易损害企业的投资效率来追求自身的短期利益。因为投资者或者董事会不了解年轻的或者新上任的 CEO 的能力，因此，这些 CEO 必须要展现出优异的短期绩效。普伦德加斯特和斯托尔（1996）指出，年轻的 CEO 对新信息更加敏感，并且会做出更为激进的投资决策来展现自身的才华。其他的相关研究发现，年轻的 CEO 更有可能宣布收购（宜姆，2013；张等，2015），开创新的业务或者关闭现存的业务（李等，2011），采取冒险性的投资政策（瑟夫林，2014）。

第二个假设，我们称为长期职业生涯关注。拥有长期的明确的或者不明确的契约期限的年轻的或者新上任的 CEO 将会更偏好追求长期的经济利益。他们想通过提高企业的投资效率来增强企业长期的绩效，以便在未来建立更好的声望。法马（1980）认为，由于经理人劳

---

① 纳拉亚南（1985）指出，CEO 将会在长期项目中投资不足。而别布丘克和斯托尔（1993）补充并完善了纳拉亚南（1985）的模型。别布丘克和斯托尔（1993）发现，经理层的职业生涯关注也可能会导致长期项目的过度投资。

动力市场可以通过对 CEO 过去的一系列绩效分析，调整对 CEO 能力的认知，所以，CEO 可以实现自我约束。表现很差或者有坏名声的 CEO 将会经历较早的离职、较低的薪酬以及较少的再被雇用的机会。古德尔（Gudell，2011）发现，拥有担任 CEO 经历的 CEO 在过去表现越好，越有可能再次被雇用，而 CEO 过去的绩效表现与他们未来的薪酬之间呈显著的正相关关系。

从现有文献来看，CEO 的职业生涯关注如何影响企业的投资效率。换句话说，两种假设是否被现实数据所支持并没有被研究。因此，我们的零假设是，CEO 的职业生涯关注并不影响企业的投资效率。

零假设：CEO 的年龄和新 CEO 的任命与企业的投资效率无关。

短期职业生涯关注的假设认为，CEO 短期职业生涯关注会导致年轻的或者新上任的 CEO 选择次优的投资项目来提高他们当前的声望。因此：

假设 1：CEO 的年龄和新 CEO 的任命与企业的投资效率负相关。

长期职业生涯关注的假设认为，CEO 长期职业生涯关注会导致年轻的或者新上任的 CEO 在长期的生命周期中充分考虑他们的声望，因此会提高企业的投资效率，进而在未来建立一个更好的声望。因此：

假设 2：CEO 的年龄和新 CEO 的任命与企业的投资效率正相关。

第三节　研究设计

一　样本选择与数据来源

本部分选取 2002—2009 年中国上市公司的数据。我们从 CSMAR 数据库中收集了与 CEO 相关的信息和托宾 Q 的数据。其他财务信息都是从 SinoFin 数据库中得出的。我们剔除了金融行业和公用事业企业，同时也剔除了交易状态为 ST 和 PT 的企业，ST 企业连续两个财年亏损而被特别对待，而 PT 企业是 ST 企业中连续三年为亏损状态并且被暂停交易的企业。因为这些企业有财务和经营问题，因此会存在强烈的动机去控制盈余和其他财务指标，他们的存在会污染我们的研究结果。

我们参照 SinoFin 数据库中的企业最终控制人类型来定义国有企业和非国有企业。根据陈等（2011a）的研究，如果企业最终是被中央政府、地方政府、县级政府和其他政府机构控制的，我们将其划分为国有企业；如果企业最终的控股股东是个人或者非国家实体比如乡镇企业、外资企业或者其他的非国有企业，我们将其划分为非国有企业。

尽管在很多文献中 CEO 任期是一个很重要的变量 [例如，李等（2011）；宜姆（2013）；瑟夫林（2014）]，但是，它不能够从中国的上市公司财报中直接得出，也没有被明确地定义。大多数企业并没有明确地披露 CEO 开始他们工作的年份。因此，大多数情况下，我们只能参考现存的企业年报来找寻相关信息。然而，这种方法有两个缺陷：（1）如果 CEO 是在 2000 年前后被任命的，我们是不能够确定 CEO 是在什么时候开始他们的工作的，这是因为，我们只能从上海证券交易所网站和深圳证券交易所网站分别下载 1999 年和 2000 年以来的年报。（2）如果该 CEO 在企业上市之前就被任命，我们同样无法确定他们是从什么时候开始工作的，这是因为，企业年报仅包括当年的信息而没有包括企业上市之前的信息。因此，我们仅能收集新 CEO 的任命（也就是 CEO 的任期是 0）的数据来考虑 CEO 任期的影响。

为了控制总的经济和行业环境，我们在模型中加入了年度和行业哑变量。我们利用中国证券监督管理委员会的行业设计分类方案来划分行业，中国证券监督管理委员会的行业代码包括从 A 到 M 的 13 个代码。我们剔除了金融行业（行业代码为 I）和公用事业（行业代码为 D 和 F），最终得到 10 个行业哑变量。

由于我们的实证模型与陈等（2011a）相似，我们采取他们的变量设计方法。另外，除 CEO 年龄的变量之外，我们也采取了年龄的三个哑变量来进一步检验年龄的影响。表 4-1 提供了具体的变量定义。

表 4 – 1 变量定义

变量	定义
Inv	（购买固定资产，无形资产和其他长期资产的现金支付 – 出售这些资产的现金收入）/期初总资产
ΔPPE	（固定资产的期末总值 + 在建工程的期末总值 – 它们的期初总值）/它们的期初总值
Buyratio	（购买固定资产，无形资产和其他长期资产的现金支付）/期初总资产
Sellratio	（出售固定资产，无形资产和其他长期资产的现金收入）/期初总资产
CEOage	CEO 的年龄
Age40dummy	若 CEO 年龄大于 40 岁取 1，否则取 0
Age45dummy	若 CEO 年龄大于 45 岁取 1，否则取 0
Age50dummy	若 CEO 年龄大于 50 岁取 1，否则取 0
Newappoint	若 CEO 刚上任取 1，否则取 0
Ultimateownership	若国有企业取 1，否则取 0
Tobin's Q	（流通股市场价值 + 非流通股的账面价值 + 长期债务 + 短期债务）/期初总资产
CFO	经营性净现金流/期初总资产
Lev	总负债/总资产
Size	资产的自然对数
Firmage	企业自上市以来的年数

　　为了避免极端观测值的影响，我们对所有财务数据在 1% 和 99% 的水平上进行了 Winsorize 处理。表 4 – 2 是变量的描述性统计。

表 4 – 2 变量的描述性统计

变量	样本量	平均数	中位数	标准差	最小值	最大值
Inv	6937	0.08	0.05	0.08	– 0.03	0.41
ΔPPE	6937	0.14	0.08	0.42	– 0.67	2.52

续表

变量	样本量	平均数	中位数	标准差	最小值	最大值
Buyratio	6937	0.08	0.05	0.08	0.00	0.41
Sellratio	6937	0	0.00	0.01	0.00	0.07
CEOage	5406	45.77	45.00	6.50	26.00	71.00
Age50dummy	5406	0.76	1.00	0.43	0.00	1.00
Newappoint	5559	0.18	0.00	0.39	0.00	1.00
Ultimateownership	7330	0.32	0.00	0.47	0.00	1.00
Tobin's Q	7330	1.51	1.25	0.73	0.86	4.84
CFO	7330	0.06	0.06	0.08	-0.19	0.27
Lev	7330	0.47	0.49	0.17	0.09	0.81
Size	7330	21.46	21.36	0.99	19.56	24.43
Firmage	7330	6.8	7.00	4.14	0.00	19.00

表 4-2 表明，我们样本中的 CEO 年龄在 26—71 岁，它的中位数是 45，平均数是 45.77。国有企业和非国有企业中，CEO 的年龄的平均数分别是 46.39 和 44.33。[①] CEO 年龄的中位数和平均数要比李等 (2011)、宜姆 (2013) 和瑟夫林 (2014) 提到的美国上市公司 CEO 年龄的中位数和平均数 (约为 55) 小很多。表 4-2 也表明，样本中有 18% 是新上任的 CEO。

表 4-3 提供了变量之间的相关系数。

二　模型构建

和陈等 (2011a) 一致，我们使用投资支出对投资机会 (托宾 Q) 的敏感性来衡量企业的投资效率。我们的实证模型如下：

$$Inv_{it} = \alpha_0 + \alpha_1 Tobin's\ Q_{it-1} + \alpha_2 Tobin's\ Q_{it-1} \times CEOindicator_{it-1} +$$
$$\alpha_3 CEOindicator_{it-1} + \alpha_4 CFO_{it-1} + \alpha_5 Lev_{it-1} + \alpha_6 Size_{it-1} +$$
$$\alpha_7 Listage_{it-1} + \sum Yeardummy + \sum Industrydummy + \varepsilon_{it}$$

$$(4-1)$$

---

① 我们没有在表 4-2 中报告这两个比率。

表 4-3

相关系数矩阵

变量		(1)	(2)	(3)	(4)	(5)	(6)	(7)	(8)	(9)	(10)	(11)	(12)
Inv	(1)	1.000											
ΔPPE	(2)	0.418***	1.000										
Buyratio	(3)	0.988***	0.414***	1.000									
Sellratio	(4)	-0.142***	-0.066***	0.002	1.000								
CEOage	(5)	0.033**	-0.038***	0.030**	-0.015	1.000							
Age50dummy	(6)	0.027**	-0.017	0.023*	-0.019	0.774***	1.000						
Newappoint	(7)	-0.050***	-0.033**	-0.045***	0.029**	-0.127***	-0.087***	1.000					
Tobin's Q	(8)	-0.061***	-0.016	-0.062***	0.001	-0.029**	-0.02	-0.019	1.000				
CFO	(9)	0.189***	0.002	0.183***	-0.064***	0.076***	0.065***	-0.024*	0.168***	1.000			
Lev	(10)	-0.003	0.057***	0.002	0.028**	0.008	-0.01	0.009	-0.176***	-0.130***	1.000		
Size	(11)	0.127***	0.076***	0.119***	-0.065***	0.139***	0.096***	-0.021	-0.155***	0.089***	0.381***	1.000	
Firmage	(12)	-0.256***	-0.204***	-0.243***	0.111***	0.087***	0.065***	0.054***	0.118***	0.014	0.213***	0.316***	1.000

注：变量的定义在表 4-1 中。***、** 和 * 分别表示在 1%、5% 和 10% 的水平上显著。

在式（4-1）中，所有变量都采取滞后 1 期。因为托宾 Q 代表企业的投资机会，拥有更多投资机会的企业会更多地投资，所以，我们预测托宾 Q 和 Inv 企业投资之间呈正相关关系。因为拥有较多经营活动现金流的企业有较少的财产约束，会投资得更多，所以，我们预测 CFO 与 Inv 之间呈正相关关系。因为财务杠杆较高的企业将会面临更为严重的债务负担从而较少投资，因此我们认为，Lev（财务杠杆）和 Inv 呈负相关关系。我们预测 Size（企业规模）和 Inv 之间呈正相关关系，因为较大规模的企业有机会和能力去承担更大规模的投资项目。最后，拥有较长的 Listage（企业上市年龄）的企业可能进入了生命周期的成熟期或者衰退期，没有太多的机会去投资，因此，我们预测 Listage 和 Inv 之间呈负相关关系。

第四节　实证检验

一　CEO 年龄和投资效率

表 4-4 显示了 CEO 年龄对企业投资决策的影响。首先，我们使用 Inv_t 作为被解释变量。实证结果表明，在总样本和国有企业的子样本中，$Tobin's\ Q_{t-1}$ 和交互项 $Tobin's\ Q_{t-1} \times CEO\ age_{t-1}$ 的相关系数在 1% 的水平上都显著为负。这个结果显示，如果企业雇用了一个比较年轻的 CEO，企业投资效率将会高一些。同时我们也发现，在总样本和国有企业子样本中，变量 $CEO\ age_{t-1}$ 都是显著为负的，因此较年轻的 CEO 会更少地投资。然而，这些结果在非国有企业子样本中并不显著。除了 Lev_{t-1}，控制变量的符号都和上面的预测一样，显著成立。

接着，和陈等（2011a）一致，我们用 ΔPPE_t 作为企业投资决策的替代变量。我们发现，在总样本和国有企业的子样本中，$Tobin's\ Q_{t-1}$ 和交互项 $Tobin's\ Q_{t-1} \times CEOage_{t-1}$ 的相关系数在 1% 的水平下仍然显著为负。然而，$CEOage_{t-1}$ 的相关系数不再显著。

表 4 - 4　　　　　　　　　CEO 年龄对企业投资决策的影响

	被解释变量：Inv_t			被解释变量：ΔPPE_t		
	总样本	国有企业	非国有企业	总样本	国有企业	非国有企业
Tobin's Q_{t-1}	0.042 ***	0.056 ***	0.028	0.221 ***	0.253 ***	0.187 *
	(3.36)	(3.30)	(1.42)	(3.41)	(3.02)	(1.73)
Tobin's $Q_{t-1} \times$ CEO age $_{t-1}$	− 0.001 ***	− 0.001 ***	− 0.001	− 0.003 **	− 0.004 **	− 0.003
	(− 2.61)	(− 2.68)	(− 1.00)	(− 2.36)	(− 1.99)	(− 1.36)
CEO age$_{t-1}$	0.001 **	0.001 **	0.001	0.002	0.002	0.003
	(2.44)	(2.43)	(1.15)	(1.08)	(0.91)	(0.69)
CFO_{t-1}	0.181 ***	0.178 ***	0.184 ***	− 0.034	− 0.147 *	0.203
	(12.83)	(10.30)	(7.54)	(− 0.46)	(− 1.72)	(1.49)
Lev_{t-1}	− 0.010	− 0.007	− 0.014	− 0.036	0.001	− 0.090
	(− 1.51)	(− 0.83)	(− 1.12)	(− 1.02)	(0.03)	(− 1.28)
$Size_{t-1}$	0.010 ***	0.011 ***	0.007 **	0.029 ***	0.034 ***	0.021
	(7.60)	(7.63)	(2.46)	(4.41)	(4.59)	(1.44)
$Listage_{t-1}$	− 0.005 ***	− 0.004 ***	− 0.007 ***	− 0.025 ***	− 0.021 ***	− 0.033 ***
	(− 17.88)	(− 11.80)	(− 12.34)	(− 16.53)	(− 11.22)	(− 10.78)
Intercept	− 0.100 ***	− 0.245 ***	0.119	− 0.375 **	− 1.022 ***	− 0.108
	(− 3.04)	(− 6.19)	(1.51)	(− 2.21)	(− 5.22)	(− 0.25)
Year and industry Control	是	是	是	是	是	是
Adjusted R^2	0.18	0.17	0.21	0.16	0.17	0.17
Sample size	5391	3695	1696	5391	3695	1696

注：括号内的数字为 t 检验值。*** 、** 和 * 分别表示在 1%、5% 和 10% 的水平上显著。

李等 （2011） 基于美国上市公司的数据，分析了 CEO 年龄和企业进入或者退出商业领域的可能性之间的关系。因此，我们将 Inv 分为 Buyratio 和 Sellratio 两个部分。因为 Buyratio 是固定资产、无形资产和其他无形资产的现金支付与期初总资产的比例，它可以作为企业进入新业务决策的一种衡量。而 Sellratio 是出售这些资产的现金收入与期初总资产的比例，可以作为企业退出现存业务决策的一个代理变量。CEO 年龄对这两个变量的影响结果见表 4 - 5。

表 4 – 5　　　　　　　CEO 年龄对企业购买和出售决策的影响

	被解释变量：Buyratio$_t$			被解释变量：Sellratio$_t$		
	总样本	国有企业	非国有企业	总样本	国有企业	非国有企业
Tobin's Q$_{t-1}$	0.042 ***	0.056 ***	0.027	0.001	0.001	– 0.001
	(3.35)	(3.32)	(1.38)	(0.08)	(0.11)	(– 0.09)
Tobin's Q$_{t-1}$ × CEO age$_{t-1}$	– 0.001 ***	– 0.001 ***	– 0.001	– 0.001	– 0.001	0.001
	(– 2.60)	(– 2.70)	(– 0.95)	(– 0.10)	(– 0.13)	(0.09)
CEO age$_{t-1}$	0.001 **	0.001 **	0.001	– 0.001	– 0.001	0.001
	(2.37)	(2.37)	(1.16)	(– 0.18)	(– 0.29)	(0.23)
CFO$_{t-1}$	0.176 ***	0.174 ***	0.178 ***	– 0.006 ***	– 0.005 **	– 0.006
	(12.48)	(10.08)	(7.30)	(– 2.64)	(– 2.01)	(– 1.58)
Lev$_{t-1}$	– 0.007	– 0.004	– 0.011	0.003 ***	0.003 **	0.003 *
	(– 1.02)	(– 0.47)	(– 0.84)	(2.85)	(2.04)	(1.71)
Size$_{t-1}$	0.009 ***	0.010 ***	0.006 **	– 0.001 ***	– 0.001 ***	– 0.001 **
	(6.66)	(6.84)	(2.16)	(– 6.38)	(– 5.33)	(– 2.22)
Listage$_{t-1}$	– 0.005 ***	– 0.004 ***	– 0.006 ***	0.001 ***	0.001 ***	0.001 ***
	(– 16.61)	(– 10.67)	(– 11.74)	(9.71)	(8.69)	(4.65)
Intercept	– 0.073 **	– 0.215 ***	0.142 *	0.028 ***	0.028 ***	0.024 *
	(– 2.21)	(– 5.44)	(1.80)	(5.52)	(4.66)	(1.95)
Year and industry control	是	是	是	是	是	是
Adjusted R^2	0.17	0.16	0.2	0.03	0.03	0.02
Sample size	5391	3695	1696	5391	3695	1696

注：括号内的数字为 t 检验值。***、** 和 * 分别表示在 1%、5% 和 10% 的水平上显著。

表 4 – 4 显示的 Buyratio$_t$ 的回归结果和 Inv$_t$ 非常相似。根据表 4 – 2，我们可以看到，对于大多数观测值来说，Sellratio$_t$ 数值非常小。从这个结果来看，当进行投资决策时，尽管购买和出售都会被企业考虑，但是，企业更加关注购买决策而不是出售决策。年轻的 CEO 会表现得更加谨慎，他们会购买较少却更有效率。

为了进一步检测 CEO 年龄的影响，我们采用其他三个 CEO 年龄的代理变量。因为 CEO 年龄的中位数是 45，我们设定了三个年龄的哑变量为 Age40dummy、Age45dummy 和 Age50dummy。这些变量的定义在表 4 - 1 中。Age50dummy 的实证结果呈现在表 4 - 6 中。①

表 4 - 6　　　　　　CEO Age50dummy 对企业投资决策的影响

	被解释变量：Inv_t			被解释变量：ΔPPE_t		
	总样本	国有企业	非国有企业	总样本	国有企业	非国有企业
Tobin's Q_{t-1}	0.002 *	0.003 *	- 0.007	0.029	0.046 *	0.01
	(1.81)	(1.85)	(- 1.03)	(1.46)	(1.89)	(0.28)
Tobin's Q_{t-1} × Age50dummy$_{t-1}$	- 0.015 ***	- 0.012 **	- 0.019 ***	- 0.051 **	- 0.053 **	- 0.041
	(- 3.67)	(- 2.43)	(- 2.77)	(- 2.46)	(- 2.13)	(- 1.08)
Age50dummy$_{t-1}$	0.021 ***	0.018 **	0.028 ***	0.04	0.044	0.026
	(3.54)	(2.42)	(2.65)	(1.29)	(1.20)	(0.43)
CFO$_{t-1}$	0.181 ***	0.178 ***	0.186 ***	- 0.035	- 0.148 *	0.195
	(12.84)	(10.29)	(7.64)	(- 0.48)	(- 1.73)	(1.44)
Lev$_{t-1}$	- 0.01	- 0.006	- 0.013	- 0.035	0.004	- 0.091
	(- 1.44)	(- 0.74)	(- 1.05)	(- 0.98)	(0.09)	(- 1.30)
Size$_{t-1}$	0.010 ***	0.011 ***	0.006 **	0.028 ***	0.033 ***	0.022
	(7.57)	(7.59)	(2.43)	(4.32)	(4.50)	(1.47)
Listage$_{t-1}$	- 0.005 ***	- 0.004 ***	- 0.007 ***	- 0.025 ***	- 0.021 ***	- 0.033 ***
	(- 17.95)	(- 11.83)	(- 12.37)	(- 16.60)	(- 11.26)	(- 10.78)
Intercept	- 0.038	- 0.171 ***	- 0.082	- 0.232	- 0.863 ***	- 0.424
	(- 1.30)	(- 5.11)	(- 1.06)	(- 1.54)	(- 5.19)	(- 0.98)
Year and industry control	是	是	是	是	是	是
Adjusted R^2	0.18	0.17	0.21	0.16	0.17	0.17
Sample size	5391	3695	1696	5391	3695	1696

注：括号内的数字为 t 检验值。***、** 和 * 分别表示在 1%、5% 和 10% 的水平上显著。

———————————

① 这里我们没有报告 Age40dummy 和 Age45dummy 的实证结果。这两个变量的回归方程与 Age50dummy 一致。然而，除了在 Inv_t 被用来衡量企业投资决策的模型，Tobin's Q_{t-1} × Age45dummy$_{t-1}$ 是显著为负的，两个变量和交互项的系数在所有模型中并不显著。

在总样本和国有企业的子样本中，当 Inv_t 作为投资决策的代理变量以及在国有企业的子样本中，ΔPPE_t 作为投资决策的代理变量时，$Tobin's\ Q_{t-1}$ 和 $Tobin's\ Q_{t-1} \times Age50dummy_{t-1}$ 的相关系数都是非常显著的。当 Inv_t 作为投资决策的代理变量时，$Age50dummy_{t-1}$ 的系数在三个模型中都显著为正。这些结果与前面的 CEO 年龄作为解释变量的模型非常一致，这意味着年龄在 50 岁或者 50 岁以下的 CEO 将会投资更少，但更有效率。

二　CEO 的新上任和投资效率

新上任的 CEO 有着非常强烈的职业生涯关注，因为他们的能力并不被企业清楚地了解。因此，我们用 CEO 的新上任哑变量来研究 CEO 的职业生涯关注如何影响企业的投资效率。实证结果见表 4 – 7。

表 4 – 7　　　　　　　CEO 的新上任对企业投资决策的影响

	被解释变量：Inv_t			被解释变量：ΔPPE_t		
	总样本	国有企业	非国有企业	总样本	国有企业	非国有企业
$Tobin's\ Q_{t-1}$	0.010 ***	0.012 ***	0.006 *	0.070 ***	0.088 ***	0.044 **
	(4.54)	(4.37)	(1.83)	(6.19)	(6.28)	(2.30)
$Tobin's\ Q_{t-1} \times$ Newappointment$_{t-1}$	0.011 ***	0.007	0.017 **	0.045 **	0.032	0.062
	(2.59)	(1.39)	(2.46)	(2.01)	(1.22)	(1.50)
Newappointment$_{t-1}$	– 0.023 ***	– 0.017 **	– 0.034 ***	– 0.070 **	– 0.049	– 0.096
	(– 3.64)	(– 2.19)	(– 3.13)	(– 2.07)	(– 1.24)	(– 1.49)
CFO_{t-1}	0.177 ***	0.177 ***	0.178 ***	– 0.025	– 0.092	0.120
	(13.05)	(10.44)	(7.82)	(– 0.34)	(– 1.05)	(0.90)
Lev_{t-1}	– 0.014 **	– 0.009	– 0.019	– 0.044	– 0.005	– 0.106
	(– 2.11)	(– 1.16)	(– 1.55)	(– 1.20)	(– 0.11)	(– 1.51)
$Size_{t-1}$	0.011 ***	0.013 ***	0.007 ***	0.035 ***	0.038 ***	0.034 **
	(9.26)	(9.13)	(2.73)	(5.38)	(5.16)	(2.40)
$Listage_{t-1}$	– 0.005 ***	– 0.004 ***	– 0.006 ***	– 0.024 ***	– 0.019 ***	– 0.031 ***
	(– 17.97)	(– 12.17)	(– 12.17)	(– 15.62)	(– 10.37)	(– 10.69)
Intercept	– 0.145 ***	– 0.202 ***	– 0.089	– 0.454 ***	– 0.577 ***	– 0.731 *
	(– 5.10)	(– 6.14)	(– 1.24)	(– 2.96)	(– 3.39)	(– 1.75)

续表

	被解释变量：Inv_t			被解释变量：ΔPPE_t		
	总样本	国有企业	非国有企业	总样本	国有企业	非国有企业
Year and industry control	是	是	是	是	是	是
Adjusted R^2	0.18	0.18	0.20	0.17	0.17	0.16
Sample size	5538	3699	1839	5538	3699	1839

注：括号内的数字为 t 检验值。***、** 和 * 分别表示在 1%、5% 和 10% 的水平上显著。

在总样本和非国有企业子样本中，当 Inv_t 作为企业投资的代理变量时以及在总样本中 ΔPPE_t 作为企业投资的代理变量时，Tobin's Q_{t-1} 和 Tobin's $Q_{t-1} \times Newappointment_{t-1}$ 的系数都是显著为正的。在 Inv_t 作为投资决策代理变量的三个模型以及采用 ΔPPE_t 的总样本模型中，$Newappointment_{t-1}$ 的系数都是显著为负的。因此，新上任的 CEO 将会投资得更少，但更有效率。

表 4-8　　CEO 的新上任对企业购买和售出决策的影响

	被解释变量：$Buyratio_t$			被解释变量：$Sellratio_t$		
	总样本	国有企业	非国有企业	总样本	国有企业	非国有企业
Tobin's Q_{t-1}	0.009***	0.012***	0.006*	−0.000	0.000	0.000
	(4.49)	(4.33)	(1.83)	(−0.14)	(−0.12)	(−0.02)
Tobin's $Q_{t-1} \times$ $Newappointment_{t-1}$	0.010**	0.007	0.016**	−0.001	−0.000	−0.001
	(2.50)	(1.39)	(2.29)	(−0.97)	(−0.37)	(−1.22)
$Newappointment_{t-1}$	−0.022***	−0.016**	−0.032**	0.002*	0.001	0.002
	(−3.48)	(−2.10)	(−2.95)	(1.71)	(1.15)	(1.42)
CFO_{t-1}	0.173***	0.174***	0.171***	−0.005**	−0.004	−0.007**
	(12.73)	(10.26)	(7.56)	(−2.55)	(−1.51)	(−2.05)
Lev_{t-1}	−0.01	−0.005	−0.016	0.003***	0.004***	0.003
	(−1.55)	(−0.64)	(−1.36)	(3.35)	(2.82)	(1.63)

续表

	被解释变量：Buyratio$_t$			被解释变量：Sellratio$_t$		
	总样本	国有企业	非国有企业	总样本	国有企业	非国有企业
Size$_{t-1}$	0.010***	0.011***	0.006**	−0.001***	−0.001***	−0.001**
	(8.23)	(8.13)	(2.46)	(−6.88)	(−6.16)	(−2.28)
Listage$_{t-1}$	−0.005***	−0.004***	−0.006***	0.000***	0.000***	0.000***
	(−16.75)	(−11.11)	(−11.65)	(9.09)	(7.91)	(4.38)
Intercept	−0.120***	−0.174***	−0.073	0.025***	0.026***	0.019*
	(−4.22)	(−5.30)	(−1.03)	(5.86)	(5.16)	(1.71)
Year and industry control	是	是	是	是	是	是
Adjusted R^2	0.17	0.17	0.20	0.03	0.03	0.02
Sample size	5538	3699	1839	5538	3699	1839

注：括号内的数字为 t 检验值。***、** 和 * 分别表示在1%、5%和10%的水平上显著。

与表4-5中的模型类似，我们将 Inv 分为两个部分，其实证结果呈现在表4-8中。这些结果与表4-7中的结果非常相近。因此，新上任的 CEO 购买较少，但更有效率。Sellratio 只在总样本的模型中，在10%的水平上显著为正，因此，Sellratio 似乎并不受 CEO 的新上任的影响。

三　实证结果的分析

上面的实证结果支持了长期职业生涯关注的假设。年轻的或者新上任的 CEO 会较为谨慎地选择投资决策。他们投资更少，但更有效率，即便这些投资决策并不能在短期内显示他们的能力。如果年轻的或者新上任的 CEO 更为关心他们的短期绩效，那么，他们会理性地基于自己的效用函数而不是企业的成长机会来做出投资决策。

那么，为什么中国上市公司的 CEO 会有长期的职业生涯关注？这是因为，他们希望建立一个好声望。在国有企业，大多数企业的 CEO 都是官员，因此提高企业的长期绩效会对他们的政治生涯有帮助。与之后从政治生涯中获得的好处相比，当前的收益则比较小，因此，他们宁愿表现得谨慎一些也不会做出一些冒险的投资决策。非国有企业被创始人家族控制，因此，不论这些企业的 CEO 是家族成员还是职业经理人，企业的投资决策都将会被用来满足家族的长期利益。中国上市企业的特点增强了 CEO 的长期职业生涯关注。

无论是在国有企业还是在非国有企业，年轻的 CEO 投资都比较少。然而，从表 4-4 到表 4-6 的结果来看，在国有企业中的 CEO 年龄效应会更加明显。CEO 年龄哑变量的实证结果表明，当 CEO 年龄处于 45 岁以下，CEO 年龄影响因素可能不是处于主导地位；但是，当 CEO 年龄在 50 岁以上，年龄的影响因素变强。表 4-7 和表 4-8 表明，不论国有企业还是非国有企业，新上任的 CEO 都会投资比较少，而非国有企业的 CEO 新上任对企业的投资效率有着更为显著的影响。

因为国有企业中年轻的 CEO 往往会更加关注于他们未来的政治生涯，因此，国有企业中 CEO 的年龄影响效果更为强烈。这些 CEO 大多数是不受企业财务目标约束的政府官员，他们会为了实现长期的政治和社会目标而管理企业 [白和许（Bai and Xu, 2005）；加藤和朗 (2006a, 2006b)；陈等（2011b）]。另外，由于非国有企业中的 CEO 是创始人、他们的孩子或者亲戚 [陈等（2011b）]，血缘关系往往是他们晋升的主要因素。其结果是，这些 CEO 与股东之间的代理冲突并不严重，因此他们不需要急于表现出卓越的能力。

在非国有企业中，由于新上任的 CEO 被寄予厚望来提高企业的绩效，因此 CEO 新上任的影响效果会更加强烈。因为在非国有企业中血缘关系是主要的晋升因素，因此 CEO 不会被轻易地替换掉。只有当企业业绩不好的时候，CEO 才会被替换掉，而新的领导者需要改善企业的绩效。另外，国有企业的 CEO 更替并不一定和企业的绩效相关联。例如，国有企业的 CEO 更替可能源于原有 CEO 获得政治上的晋升，或者调往其他工作岗位，甚至于因为腐败而入狱。

第五节　结论

　　本章提供了 CEO 拥有长期职业生涯关注的证据，而这种动机能够提高企业的投资效率。在中国上市公司中，年轻的或者新上任的 CEO 会投资更少和更有效率。在国有企业中，CEO 年龄因素的影响更为强烈；而在非国有企业中，CEO 新上任因素的影响更为强烈。基于 CEO 年龄的哑变量的实证结果显示，当 CEO 年龄在 45 岁以下的时候，CEO 年龄的影响效果并不明显；但是，当 CEO 年龄超过 50 岁时，年龄的影响效果渐渐变得显著。

　　同时，本章也发现，职业生涯关注通过企业的购买决策，而不是出售决策来影响企业的投资决策。在我们的样本中，出售比例的代理变量非常小，而且没有受到 CEO 职业生涯关注的显著影响。年轻的 CEO 会表现得更加谨慎，他们会购买较少，但更有效率。

　　虽然本章得到了 CEO 拥有长期职业生涯关注的现实证据，但对 CEO 长期职业生涯关注的动机进行综合的理论研究仍然显得非常必要。因为各个国家的社会文化、激励机制和其他影响因素都有很大的区别，CEO 职业生涯关注的动机也会有很大的不同。例如，宜姆（2013）发现，在美国企业中，收购往往会伴随着 CEO 薪酬的永久性增加，但张等（2015）却没有在英国企业中发现类似的结果。

第五章　CEO 职业生涯关注与
企业财务报告质量

第一节　问题意识

　　财务报告是上市公司传递其信息的重要途径之一，高质量的财务信息在提高财务报告使用者的决策效率的同时，也能有效地降低企业代理成本与资本成本，因此，财务报告质量的影响因素一直是学者们研究的热点问题。对现有文献的总结发现，学者们主要是从企业层面和外部制度环境层面对财务报告质量的影响因素进行了研究。企业层面的影响因素如企业规模、财务杠杆、经营绩效、股权结构、董事会结构和高层管理者激励与变更等［德秋和迪切夫（Dechow and Dichev，2002）、阿金卡亚等（Ajinkya et al.，2005）、高雷和宋顺林（2007）、拉丰和罗伊乔德伯里（LaFond and Roychowdhury，2008）、王亚平等（2009）、杨海燕等（2012）、阿姆斯壮等（Armstrong et al.，2014）］。外部制度环境层面的影响因素如会计师事务所审计质量、法律起源、《萨班斯—奥克斯利法案》的实施和新会计准则的采用等［弗兰克尔等（Frankel et al.，2002）、弗朗西斯和王（Francis and Wang，2008）、Ashbaugh‐Skaife 等（2008）、毛新述和戴德明（2009）、Pelucio‐Grecco 等（2014）］。

　　虽然现有文献从企业层面和外部制度环境层面为财务报告质量影响因素的研究提供了充足的证据，但是，国内现有基于 CEO 个人特征的研究较少。从微观层面看，CEO 作为高层管理者团队中最具影响力的成员，其个人决策倾向会对上市公司财务报告质量产生重要影响。

第一，从财务报告的受托责任观来看，CEO 作为企业财务报告的最终责任人，应当确保企业会计信息的真实和完整。

第二，随着行为金融学的发展，我们逐渐认识到，经理人的决策并非总是理性的，他们的行为会受到个人信念与情绪等心理因素的影响。相关研究显示，不同的背景特征会影响 CEO 的财务决策。例如，与男性 CEO 相比，女性 CEO 更加厌恶风险，倾向于采取保守的财务决策（Ho 等，2015）；过度自信的 CEO 更倾向于发布乐观的盈余预测［施兰德和泽克曼（2012）］；声誉高的 CEO 为了维持自己的声誉而进行财务粉饰［马尔门迪尔和泰特（2009）］。此外，班伯等（Bamber et al.，2010）指出，有战争经历的高层管理者会表现出一定的保守性，披露的财务信息更加精确；马尔门迪尔和内格尔（2011）研究得出，经历过经济大萧条的 CEO 对未来有着更加悲观的预期，在进行企业决策时会更加保守；卡斯尔等（Cassell et al.，2013）发现，CEO 在临近退休时机会主义更严重，更加频繁地发布乐观的盈余预测；库斯托迪奥和梅茨格（Custodio and Metzger，2014）认为，有财务经历的 CEO 倾向于采用复杂的会计方法。

第三，虽然 CEO 不直接编制财务报告，但是，其决策倾向对 CFO 的行为有支配作用，CFO 会因为受到来自企业 CEO 的压力而卷入财务欺诈［冯（Feng）等，2011；李小荣和刘行（2012）］。

现有研究表明，职业生涯关注会影响 CEO 的决策行为。首先，在标准的委托—代理模型中，董事会以股东价值最大化为目标制定 CEO 的考核制度以及薪酬契约，以期将 CEO 的利益与股东的利益协调一致。其次，经理人市场依据企业业绩不断修正对 CEO 能力的评价，而这种评价会影响 CEO 的未来薪酬和晋升机会［法马（1980）；霍姆斯特龙（1999）；吉本斯和墨菲（1992）；奥耶（Oyer，2004）］。此时，职业生涯关注作为一种隐性激励可能使 CEO 做出偏离股东长期价值最大化的决策。最后，近年来的调查结果进一步显示，职业生涯关注会影响高层管理者的财务决策。例如，格雷厄姆等（2005）对

400 多位高层管理者进行的问卷调查发现，一旦企业盈余达不到分析师或投资者的预期，高层管理者就会被判定为管理失败，连续多次达不到预期目标就会影响他们的职业前景。因此，高层管理者会通过操纵盈余来避免业绩下滑对他们职业生涯的影响。基于上述分析，我们尝试从 CEO 职业生涯关注角度来研究财务报告质量。

本章以 2003—2013 年沪深两市上市公司为研究对象，选择 CEO 年龄作为职业生涯关注的主要代理变量。另外，由于新上任 CEO 较高的职业生涯关注程度以及我国典型的"59 岁现象"（饶育蕾等，2012），我们还选择了新上任哑变量和临退休哑变量作为职业生涯关注的辅助代理变量。

第二节　文献综述与研究假设

现有分析经理人职业生涯关注与财务报告质量关系的研究较少，而这些有限的研究形成了两种截然不同的观点。

一种观点认为，职业生涯关注程度高的年轻的 CEO 处于声誉的建立期，为了美好的职业前景，他们有强烈的动机通过盈余管理来提高市场对自己的评价。由于经理人市场存在信息不对称，缺乏经验的 CEO 为了尽快建立良好的声誉，有强烈的动机选择短期收益高而长期收益低的项目来影响市场的判断 [纳拉亚南（1985）]。职业生涯关注导致的短期提高声誉的渴望会影响 CEO 的风险偏好，使年轻的 CEO 变得更加积极、大胆。何威风等（2011）认为，管理团队的年龄越小，越容易过度自信，就越可能进行盈余管理。此外，Dai 等（2013）也发现，职业生涯关注使年轻的 CEO 急于建立良好的声誉，当获得关于企业的私有信息时，比年老的 CEO 更愿意发布盈余预测。然而，随着 CEO 年龄的增长，他们的能力逐渐得到经理人市场的认可，出于职业生涯关注而冒险的动机会逐渐减弱。例如，伯特兰和肖亚尔（2003）研究表明，随着 CEO 年龄的增长，他们的风险厌恶程度逐渐增加（CEO 年龄每增加 10 岁，上市公司的财务杠杆就降低

2.5%）；姜付秀等（2009）认为，管理层年龄越大，越厌恶风险，越不容易出现过度投资行为；瑟夫林（2014）指出，与年轻的 CEO 相比，年老的 CEO 行为更加保守，他们会通过减少研发支出、进行多样化收购等措施来降低风险。随着年龄的增加，职业生涯关注程度逐渐减弱，使年老的 CEO 更倾向于安稳度过职业生涯的最后时期，在进行企业财务决策时也会更加谨慎。何威风和刘启亮（2010）发现，高层管理者团队平均年龄越大，上市公司发生财务风险的概率越低。陈德球等（2011）研究也得出，既有任期较长的 CEO 已经积累了一定的声誉，他们的行为一旦有任何闪失，将蒙受比年轻的 CEO 更大的损失，因此在进行财务决策时会更加保守。据此，我们提出如下假设：

假设 1：CEO 的职业生涯关注程度越高，上市公司财务报告质量越低。

另一种相反的观点认为，处于职业生涯初级阶段的 CEO，由于缺乏声誉的积累，决策错误时没有良好的声誉作为保护，因此，他们操纵财务信息的动机较弱。通常来说，年轻的 CEO 尚未拥有较好的名声，为了避免因决策错误而受到经理人市场的惩罚，他们会表现得更加保守、从众。例如，沙夫斯泰因和斯坦（Scharfstein and Stein，1990）研究发现，年轻的管理者更加保守，他们更倾向于模仿他人的投资决策来实现稳健经营。谢瓦利埃和埃利森（1999）指出，年轻的基金经理的任职对业绩更加敏感，为了确保能够连任，他们更加容易出现"羊群行为"，倾向于持有传统的投资组合。然而，对于职业生涯末期的 CEO 而言，他们的能力已经被经理人市场认可，为了持续得到良好的声誉给他们带来的好处，他们会更多地关注既有良好声誉的维持 [马尔门迪尔和泰特（2009）]。弗朗西斯等（2008）认为，声誉高的 CEO 会利用自己的声誉进行"寻租"，倾向于通过操纵盈余来维持自己的声誉，从而不断提高自己的收入。这种"寻租"行为在 CEO 临近退休时达到巅峰，为了提高离职补偿和退休金等，临近退休的 CEO 有较强的动机在离任前操纵盈余。在中国有一种典型的"59 岁现象"，当管理层临近退休年龄时，考虑到退休会使自己即将因为失去控制权而失去控制权所带来的好处，他们会选择在退休前铤而走险，操纵公司业绩（饶育蕾等，2012）。卡斯尔等（Cassell et al.，2013）指出，临近退休的 CEO，更加频繁地发布乐观的盈余预测，并且倾向于削减任意支出。随着 CEO 年龄的逐渐增大，职业生涯关注对 CEO 行为的正向约束也逐渐消失，短期内提高个人收入的动机占据主导地位，所以，年老或即将退休的 CEO 更倾向于操纵公司盈余。据此，我们提出如下假设：

假设 2：CEO 的职业生涯关注程度越高，上市公司财务报告质量越高。

第三节　研究设计

一　样本选择与数据来源

本章以 2003—2013 年沪深两市上市公司为初始研究样本，数据来源于 CSMAR 和 CCER 数据库。我们对初始数据做了如下处理：（1）剔除金融行业企业和公用事业企业；（2）剔除交易状态为 ST 和 PT 的公司；（3）为减少异常值的影响，我们利用 Winsorize 方法对财务数据在 1% 水平上的极端值进行了处理；[①]（4）基于不同上市公司对 CEO 概念定义的差异，并且考虑到部分公司没有明确设立 CEO 一职，我们参考 CSMAR 数据库中的定义，将未明确定义 CEO 的公司中的"总裁"或"总经理"视为该公司的 CEO。

二　模型构建及变量定义

（一）财务报告质量的度量

实证研究中，学者多选取盈余质量作为财务报告质量的替代变

---

①　虽然我们利用 Winsorize 方法对财务数据在 1% 水平上的极端值进行了处理，但仍然有观测值的财务杠杆大于 1。考虑到这类企业的盈余管理动机更强，我们将这类企业的数据剔除掉了。不过，样本中仍然有 164 个观测值的财务杠杆大于 0.90（大于 0.90 的 Leverage 仍然较高）。我们也尝试将这 164 个观测值删除后再进行回归，但实证结论保持不变。因此，我们保留了这 164 个观测值。

量。参照曾颖和陆正飞（2006）、胡奕明和唐松莲（2008）、李青原
（2009）的做法，我们使用修正的 DD 模型、业绩匹配琼斯模型以及
盈余平滑度来计算盈余质量。此外，参照李青原（2009）的处理方
法，我们还构造了衡量财务报告质量的两个综合指标。为了消除指标
在量纲上的差异，我们对求得的数值用百分位数赋值法进行赋值，使
我们的指标评价体系更加具有可比性。

（1）应计质量。德秋和迪切夫（2002）通过对流动性应计项目
的研究分析，建立了衡量流动性应计项目与经营性现金流匹配的 DD
模型。弗朗西斯等（2005）对 DD 模型进行了修正，得到如下模型：

$$\frac{TCA_{i,t}}{A_{i,t-1}} = \beta_0 + \beta_1 \frac{CFO_{i,t-1}}{A_{i,t-1}} + \beta_2 \frac{CFO_{i,t}}{A_{i,t-1}} + \beta_3 \frac{CFO_{i,t+1}}{A_{i,t-1}} +$$

$$\beta_4 \frac{\Delta REV_{i,t}}{A_{i,t-1}} + \beta_5 \frac{PPE_{i,t}}{A_{i,t-1}} + \xi_{i,t} \qquad (5-1)$$

在式（5 - 1）中，TCA = ΔCA - ΔCL - ΔCASH + ΔSTD，CFO =
IBEX - TCA + DEPN。TCA 和 CFO 分别为应计项目总额和营运现金流
量，其中，ΔCA、ΔCL、ΔCASH 和 ΔSTD 分别代表为流动资产、流动
负债、现金及其等价物和短期借款的变动额，而 IBEX、DEPN 分别为
扣除特殊项目前的净收入、折旧和摊销。此外，ΔREV 和 PPE 分别为
销售收入的变化量和固定资产总额。为了消除异方差，我们用期初总
资产对模型中的变量进行标准化。我们对该模型进行线性回归得到残
差 DA_1，然后用（t - 2，t）期 DA_1 的标准差衡量 t 年应计质量，记
为 FRQ_1。

（2）会计稳健性。科塔里等（Kothari et al.，2005）认为，应收
账款变动是应计利润操纵行为导致的，因此，他们通过在修正琼斯模
型的基础上加入企业业绩变量来反映应计利润和企业经营业绩之间的
关系。模型形式如下所示：

$$\frac{TA_{i,t}}{A_{i,t-1}} = \beta_0 + \beta_1 \frac{\Delta REV_{i,t} - \Delta AR_{i,t}}{A_{i,t-1}} + \beta_2 \frac{PPE_{i,t}}{A_{i,t-1}} + \beta_3 ROA_{i,t} + \xi_{i,t}$$

$$(5-2)$$

在式（5 - 2）中，与 $ROA_{i,t}$ 分别为应收账款的变动额和资产收益

率。和对 FRQ_1 的设计一样，我们对该模型进行线性回归求出残差 DA_2，用（t－2，t）期 DA_2 的标准差衡量 t 年的会计稳健性，记为 FRQ_2。

（3）盈余平滑度。盈余平滑度反映了账面盈余与现金流之间的关系，即账面盈余偏离真实盈余的程度。越高的盈余平滑度意味着管理层越有可能为了向投资者传递经营状况稳定的假象而故意隐藏经营绩效的波动。我们用 t－2 年至 t 年间净利润标准差与经营性现金流标准差之比来衡量盈余平滑度，记为 FRQ_3。

$$FRQ_3 = \frac{DEV\left(\sum_{k=t-2}^{t} \frac{EARN_k}{A_{k-1}}\right)}{DEV\left(\sum_{k=t-2}^{t} \frac{CFO_k}{A_{k-1}}\right)} \tag{5-3}$$

（4）财务报告质量综合指标。我们采用两种方法构造财务报告质量综合指标。首先，我们用上述三个指标的简单加权平均值作为财务报告质量综合指标，记为 FRQ_a。其次，为了克服简单加权平均法的主观性，我们还运用主成分分析法确定三个指标的权重，再根据各自权重构造出度量财务报告质量的另一个综合指标，记为 FRQ_b。

需要说明的是，FRQ_1、FRQ_2、FRQ_3、FRQ_a 和 FRQ_b 的数值越高，财务报告质量越低。

（二）CEO 职业生涯关注的度量

参考德默斯和王（2010）、李等（2011）和瑟夫林（2014）的做法，我们使用 CEO 年龄（CEOage）作为职业生涯关注的主要代理变量。此外，考虑到 CEO 新上任和即将退休这两个阶段在整个职业生涯中的特殊性，我们还用 CEO 新上任哑变量（New appointment）和临退休哑变量（Pre－retirement）两个指标作为职业生涯关注的代理变量进行辅助验证。

（三）控制变量的设定

为了控制其他因素对财务报告质量的影响，我们参考国内外相关研究的做法，从企业财务和公司治理两个方面设定相关控制变量。企业财务方面的控制变量为上市公司是否亏损（Loss）、盈利能力（ROA）、财务杠杆（Lev）、成长能力（MB）和企业规模（Size）。公司治理方面的控制变量为外部审计（Big4 和 Audit）、股权结构（Statecontrol 和 First5）、董事会治理（Board 和 Boardind）和企业年龄（Firmage）。

各变量的符号和具体定义见表 5 - 1。

表 5 - 1　　　　　　　　　变量定义

类别	符号	变量定义
被解释变量	FRQ_1	应计质量
	FRQ_2	会计稳健性
	FRQ_3	盈余平滑度
	FRQ_a	财务报告质量综合指标 a
	FRQ_b	财务报告质量综合指标 b
解释变量	CEOage	CEO 年龄
	Young	当 CEO 年龄小于或等于中位数 47 岁时，为 1；否则为 0
	Newappointment	当 CEO 为新任时，为 1；否则为 0
	Pre - retirement	当男性 CEO 大于或等于 59 岁（女性 CEO 大于或等于 54 岁）时，为 1；否则为 0
控制变量	Loss	当上市公司当年净利润为负值时，为 1；否则为 0
	ROA	资产收益率，为公司息税前利润与总资产之比
	Lev	资产负债率，为总负债与总资产之比
	MB	企业资产市场价值与账面价值之比
	Size	当期总资产的自然对数
	Big4	当上市公司被国际四大会计师事务所审计时，为 1；否则为 0
	Audit	当会计师事务所的审计意见是标准无保留时，为 1；否则为 0
	First5	前五大股东持股比例之和
	Statecontrol	当该企业为国有企业时，为 1；否则为 0
	Board	董事会人数
	Boardind	董事会中独立董事的比例
	Firmage	企业从 IPO 到研究时点的时间

（四）模型设计

我们利用多元回归分析考察 CEO 职业生涯关注对上市公司财务报

告质量的影响，具体模型设计如下：

$$FRQ_{i,t} = \alpha_0 + \alpha_1 CAREER_{i,t} + \alpha_2 Loss_{i,t} + \alpha_3 ROA_{i,t} + \alpha_4 Lev_{i,t} + \alpha_5 MB_{i,t} +$$
$$\alpha_6 Size_{i,t} + \alpha_7 Big4_{i,t} + \alpha_8 Audit_{i,t} + \alpha_9 First5_{i,t} +$$
$$\alpha_{10} Statecontrol_{i,t} + \alpha_{11} Board_{i,t} + \alpha_{12} Boardind_{i,t} +$$
$$\alpha_{13} Firmage_{i,t} + IND\_D + YEAR\_D + \xi_{i,t} \qquad (5-4)$$

在式（5-4）中，$FRQ_{i,t}$为财务报告质量，代理变量有 FRQ_1、FRQ_2、FRQ_3、FRQ_a 和 FRQ_b。$CAREER_{i,t}$为职业生涯关注，代理变量有 $CEOage$、$Newappointment$、$Pre-retirement$ 和 $Young$。

第四节　实证检验

一　描述性统计

表 5-2 为变量的描述性统计。表 5-2 显示，样本中上市公司 CEO 年龄的最小值为 24，最大值为 76。CEO 年龄的均值（中位数）为 46. 868（47）岁，远低于黄（Huang）等（2012）的美国上市公司 CEO 年龄的均值和中位数（分别为 54. 17 岁和 54 岁），这说明我国上市公司 CEO 相对年轻，职业生涯关注程度较高。此外，新任 CEO 指标（Newappointment）的均值为 0. 254，而临退休 CEO 指标（Pre-retirement）的均值为 0. 150。

表 5-2　　　　　　　　　　描述性统计

	样本量	均值	中位数	标准差	最小值	最大值
CEOage	15684	46. 868	47	6. 541	24	76
Newappointment	15742	0. 254	0	0. 435	0	1
Pre-retirement	15681	0. 150	0	0. 358	0	1
Loss	16475	0. 084	0	0. 277	0	1
ROA	16473	0. 058	0. 054	0. 060	-0. 208	0. 262

续表

	样本量	均值	中位数	标准差	最小值	最大值
Lev	16475	0.459	0.467	0.209	0.047	0.998
MB	16474	1.733	1.395	1.031	0.398	7.233
Size	16475	21.526	21.390	1.157	18.917	25.059
Big4	16473	0.049	0	0.215	0	1
Audit	16473	0.959	1	0.198	0	1
First5	16471	0.541	0.551	0.154	0.184	0.877
Statecontrol	16471	0.590	1	0.492	0	1
Board	16341	9.094	9	1.861	3	19
Boardind	16341	0.362	0.333	0.055	0	0.800
Firmage	16471	8.823	9	5.496	0	24

　　我们还对变量进行了 Pearson 相关性检验，结果如表 5 - 3 所示（限于篇幅，表 5 - 3 仅列出了 FRQ_a 和 FRQ_b 与自变量的 Pearson 相关系数）。表 5 - 3 显示，三个解释变量均与财务报告质量在 1% 的水平上显著相关。其中，CEO 年龄、CEO 临退休因素与财务报告质量指标都显著负相关，而 CEO 新上任因素与财务报告质量指标显著正相关。这些都表明，CEO 职业生涯关注程度越高，财务报告质量越差，初步支持了前文的假设 1。

表 5 - 3　　　　　　　　　Pearson 相关性检验

变量	FRQ_a	FRQ_b
CEOage	- 0.072 ***	- 0.066 ***
Newappointment	0.075 ***	0.057 ***
Pre - retirement	- 0.042 ***	- 0.037 ***
Loss	0.210 ***	0.135 ***
ROA	- 0.007 **	- 0.014 **
Lev	0.017 ***	0.082 ***
MB	0.155 ***	0.110 ***
Size	- 0.168 ***	- 0.140 ***

续表

变量	FRQ$_a$	FRQ$_b$
Big4	− 0. 047 ***	− 0. 053 ***
Audit	− 0. 150 ***	− 0. 114 ***
First5	− 0. 008	− 0. 010
Stateocontrol	− 0. 070 ***	− 0. 051 ***
Board	− 0. 072 ***	− 0. 084 ***
Boardind	0. 006	0. 016
Firmage	0. 170 ***	0. 217 ***

注：* 、** 和 *** 分别表示在10% 、5% 和1% 的水平上显著。

二　多元回归结果

我们首先用 CEO 年龄衡量职业生涯关注，分析了 CEO 年龄对财务报告质量的影响，回归结果如表 5 - 4 所示。

表 5 - 4　CEO 年龄因素和财务报告质量的回归结果（基于全样本）

	FRQ$_1$	FRQ$_2$	FRQ$_3$	FRQ$_a$	FRQ$_b$
	A	B	C	D	E
CEOage	− 0. 001 **	− 0. 001 ***	− 0. 001 **	− 0. 001 ***	− 0. 001 ***
	(− 2. 20)	(− 2. 60)	(− 2. 08)	(− 3. 58)	(− 3. 01)
Loss	0. 140 ***	0. 022 **	0. 289 ***	0. 142 ***	0. 077 ***
	(10. 28)	(1. 99)	(25. 43)	(17. 40)	(9. 78)
ROA	0. 367 ***	0. 221 ***	0. 57 ***	0. 415 ***	0. 257 ***
	(5. 40)	(3. 80)	(9. 71)	(10. 22)	(6. 53)
Lev	0. 073 ***	0. 254 ***	− 0. 122 ***	0. 059 ***	0. 100 ***
	(3. 81)	(15. 93)	(− 7. 58)	(5. 09)	(8. 98)
MB	0. 016 ***	0. 009 ***	0. 010 ***	0. 012 ***	0. 011 ***
	(4. 52)	(3. 11)	(3. 44)	(5. 77)	(5. 34)
Size	− 0. 026 ***	− 0. 021 ***	− 0. 004 ***	− 0. 017 ***	− 0. 018 ***
	(− 6. 97)	(− 6. 71)	(− 1. 35)	(− 7. 89)	(− 8. 58)
Big4	− 0. 018	− 0. 032 **	0. 008	− 0. 013	− 0. 017 *
	(− 1. 21)	(− 2. 46)	(0. 60)	(− 1. 48)	(− 1. 94)

续表

	FRQ$_1$	FRQ$_2$	FRQ$_3$	FRQ$_a$	FRQ$_b$
	A	B	C	D	E
Audit	-0.040**	-0.003	-0.097***	-0.056***	-0.027***
	(-2.36)	(-0.24)	(-7.12)	(-5.54)	(-2.73)
First5	0.062***	0.043**	0.074***	0.075***	0.066***
	(2.74)	(2.26)	(3.88)	(5.53)	(5.04)
Statecontrol	-0.016**	-0.006	-0.022***	-0.020***	-0.016***
	(-2.36)	(-1.09)	(-3.69)	(-4.82)	(-4.04)
Board	-0.002	-0.004**	0.000	-0.002*	-0.003***
	(-1.24)	(-2.37)	(0.38)	(-1.94)	(-2.79)
Boardind	0.058	0.046	-0.049*	0.038	0.053
	(0.91)	(0.87)	(-1.92)	(1.00)	(1.43)
Firmage	0.022***	0.015***	0.003***	0.010***	0.011***
	(25.61)	(22.09)	(5.00)	(19.82)	(22.09)
Intercept	0.585***	0.746***	0.628***	0.820***	0.736***
	(6.79)	(10.72)	(8.95)	(16.51)	(15.34)
Year and industry control	是	是	是	是	是
Adjusted R^2	0.260	0.180	0.137	0.188	0.182
Sample size	7068	10239	10368	7061	7061

注：括号内的数字为 t 检验值。*、**和***分别表示在10%、5%和1%的水平上显著。

表 5-4 中，模型 A 至模型 E 分别代表以五个不同的指标（FRQ$_1$、FRQ$_2$、FRQ$_3$、FRQ$_a$ 及 FRQ$_b$）衡量财务报告质量时的回归结果。五个模型的回归结果都显示，CEO 年龄与财务报告质量显著负相关。年轻的 CEO 由于职业生涯关注程度较高，为了影响经理人市场对自己的评价而操纵财务报告的动机强烈，提供的财务报告质量较差。在五个模型中，企业当年是否亏损（Loss）、资产收益率（ROA）、财务杠杆（Lev）和市账比（MB）与财务报告质量显著正相关，而企业规模（Size）和财务报告质量显著负相关。审计意见

（Audit）在五个模型中回归系数为负，表明外部审计对提高上市公司财务报告质量起到了积极作用。股权集中度（First5）显著负向影响财务报告质量，该结果表明，股权集中度高相反会降低财务报告质量。企业年龄（Firmage）和财务报告质量显著负相关，该结果与汪昌云和孙艳梅（2010）的研究一致，表明企业上市时间越久，过度包装情况越严重，财务信息质量越差。独立董事比例（Boardind）在四个模型中都不显著，说明在我国独立董事对企业管理层的监督还没有发挥出应有的作用。

接下来，在表 5 – 5 中，我们研究了 CEO 新上任因素和临退休因素对财务报告质量的影响。

表 5 – 5　　　　CEO 新上任因素与临退休因素和财务报告
质量的回归结果（基于全样本）

	FRQ$_a$				FRQ$_b$			
	A	B	C	D	E	F	G	H
Newappointment	0.020 ***	0.019 ***			0.009 **	0.009 *		
	(4.14)	(3.90)			(2.04)	(1.85)		
Pre – retirement			-0.016 ***	-0.006			-0.014 ***	-0.006
			(-3.09)	(-0.87)			(-2.75)	(-0.94)
CEOage		-0.001 ***		-0.001 **		-0.001 ***		-0.001
		(-3.11)		(-2.01)		(-2.78)		(-1.55)
Loss	0.142 ***	0.014 ***	0.014 ***	0.142 ***	0.077 ***	0.077 ***	0.077 ***	0.077 ***
	(17.50)	(17.39)	(17.43)	(17.40)	(9.86)	(9.77)	(9.81)	(9.79)
ROA	0.418 ***	0.417 ***	0.416 ***	0.416 ***	0.260 ***	0.257 ***	0.257 ***	0.257 ***
	(10.33)	(10.26)	(10.22)	(11.23)	(6.65)	(6.55)	(6.54)	(6.54)
Lev	0.060 ***	0.058 ***	0.059 ***	0.059 ***	0.101 ***	0.100 ***	0.100 ***	0.100 ***
	(5.26)	(5.05)	(5.10)	(8.08)	(9.16)	(8.96)	(8.99)	(8.97)
MB	0.012 ***	0.012 ***	0.012 ***	0.012 ***	0.010 ***	0.010 ***	0.011 ***	-0.011 ***
	(5.65)	(5.84)	(6.71)	(5.76)	(5.20)	(5.37)	(5.29)	(5.32)
Size	-0.018 ***	-0.017 ***	-0.018 ***	-0.017 ***	-0.019 ***	-0.018 ***	-0.018 ***	-0.018 ***
	(-8.20)	(-7.81)	(-7.99)	(-7.89)	(-8.93)	(-8.53)	(-8.64)	(-8.57)
Big4	-0.013	-0.013	-0.013	-0.013	-0.017 *	-0.017 *	-0.017 *	-0.017 *
	(-1.47)	(-1.48)	(-1.50)	(-1.48)	(-1.91)	(-1.94)	(-1.95)	(-1.94)
Audit	-0.056 ***	-0.055 ***	-0.056 ***	-0.056 ***	-0.027 ***	-0.026 ***	-0.027 ***	-0.027 ***
	(-5.54)	(-5.43)	(-5.53)	(-5.54)	(-2.76)	(-2.68)	(-2.73)	(-2.73)

续表

	FRQ_a				FRQ_b			
	A	B	C	D	E	F	G	H
First5	0.071***	0.073***	0.075***	0.075***	0.063***	0.065***	0.066***	0.066***
	(5.25)	(5.37)	(5.54)	(5.54)	(4.84)	(4.96)	(5.04)	(5.04)
Statecontrol	-0.022***	-0.020***	-0.021***	-0.020***	-0.017***	-0.016***	-0.017***	-0.017***
	(-5.28)	(-4.88)	(-5.23)	(-4.87)	(-4.38)	(-4.07)	(-4.38)	(-4.10)
Board	-0.002*	-0.002*	-0.002*	-0.002*	-0.003***	-0.003***	-0.003***	-0.003***
	(-1.79)	(-1.86)	(-1.93)	(-1.94)	(-2.68)	(-2.75)	(-2.79)	-(2.80)
Boardind	0.044	0.039	0.038	0.037	0.059	0.053	0.053	0.052
	(1.18)	(1.01)	(1.01)	(0.98)	(1.61)	(1.43)	(1.44)	(1.41)
Firmage	0.010***	0.010***	0.010***	0.010***	0.011***	0.011***	0.011***	0.011***
	(19.47)	(19.68)	(19.82)	(19.83)	(21.84)	(22.01)	(22.08)	(22.09)
Intercept	0.707***	0.718***	0.769***	0.741***	0.621***	0.658***	0.687***	0.642***
	(14.10)	(14.41)	(15.51)	(13.97)	(12.81)	(13.67)	(14.35)	(12.53)
Year and industry control	是	是	是	是	是	是	是	是
Adjusted R^2	0.189	0.189	0.187	0.188	0.183	0.183	0.182	0.182
Sample size	7099	7060	7059	7059	7099	7060	7059	7059

注：括号内的数字为 t 检验值。*、** 和 *** 分别表示在 10%、5% 和 1% 的水平上显著。

　　表 5 - 5 为 CEO 新上任因素与临退休因素和财务报告质量的回归结果。模型 A 至模型 H 分别表示用不同指标衡量财务报告质量时，CEO 新上任因素和临退休因素单独对财务报告质量的影响及控制年龄因素后二者和财务报告质量的关系。首先，在模型 A 中，我们单独对 CEO 新任因素与财务报告质量的关系进行了回归分析，而在模型 B 中，我们在控制了 CEO 年龄因素的前提下，对新任 CEO 对财务报告质量的影响进行了检验。结果显示，CEO 新上任因素与财务报告质量显著正相关，表明新上任的 CEO 为了尽快在经理人市场树立良好的声誉，存在操纵财务报告的行为，且该动机不受年龄因素的干扰。然后，在模型 C 中，我们单独分析了 CEO 临退休因素与财务报告质量的关系。结果显示，临退休因素与财务报告质量负相关，该结论和张兆国等（2011）的研究一致。一方面，即将离任的 CEO 存在"不求有功，但求无过"的思想；另一方面，由于即将退休的 CEO 已经积

累了较高的声誉且不再受晋升动机的激励，因此会提供质量较高的财务报告。但是，在模型 D 中控制了年龄因素之后，临退休因素对 CEO 行为的影响被年龄因素吸收，不再显著。此外，基于 FRQ_b 的模型 E、模型 F、模型 G、模型 H 的回归结果与基于 FRQ_a 的模型 A、模型 B、模型 C、模型 D 的结果一致，进一步验证了上述分析。

因此，我们的实证结果有力地支持假设 1：CEO 的职业生涯关注程度越高，上市公司财务报告质量越低。

三　划分国有企业和非国有企业子样本

根据股权结构的不同，我们将研究对象分为国有上市公司（SOE）和非国有上市公司（Non－SOE）两个子样本。在两个子样本中，分别检验 CEO 职业生涯关注与财务报告质量的关系。实证结果如表 5－6（以财务报告质量综合指标 a 为被解释变量）和表 5－7（以财务报告质量综合指标 b 为被解释变量）所示。

表 5－6　　　　基于国有和非国有企业子样本的 CEO
职业生涯关注与 FRQ_a 的回归结果

	SOE			Non－SOE		
	A	B	C	D	E	F
CEOage	−0.001***			−0.000		
	(−3.68)			(−1.04)		
Newappointment		0.016***			0.027***	
		(2.75)			(3.36)	
Pre－retirement			−0.012*			−0.020**
			(−1.87)			(−2.29)
Loss	0.160***	0.158***	0.160***	0.113***	0.113***	0.113***
	(15.69)	(15.76)	(15.69)	(8.35)	(8.36)	(8.36)
ROA	0.458***	0.458***	0.453***	0.357***	0.356***	0.357***
	(8.45)	(8.46)	(8.34)	(5.76)	(5.77)	(5.76)
Lev	0.056***	0.057***	0.057***	0.040**	0.041***	0.038***
	(3.76)	(3.86)	(3.82)	(2.16)	(2.28)	(2.09)
MB	0.008***	0.008***	0.008***	0.015***	0.014***	0.014***
	(2.89)	(2.84)	(2.93)	(4.79)	(4.77)	(4.74)

续表

	SOE			Non－SOE		
	A	B	C	D	E	F
Size	−0.016 ***	−0.017 ***	−0.017 ***	−0.016 ***	−0.016 ***	−0.016 ***
	（−5.84）	（−6.16）	（−6.03）	（−4.47）	（−4.56）	（−4.41）
Big4	−0.015	−0.015	−0.016	−0.011	−0.011	−0.011
	（−1.46）	（−1.41）	（−1.50）	（−0.64）	（−0.65）	（−0.63）
Audit	−0.069 ***	−0.070 ***	−0.068 ***	−0.038 **	−0.036 **	−0.040 ***
	（−5.33）	（−5.43）	（−5.25）	（−2.43）	（−2.29）	（−2.51）
First5	0.060 ***	0.054 ***	0.069 ***	0.101 ***	0.097 ***	0.098 ***
	（3.54）	（3.18）	（3.49）	（4.46）	（4.31）	（4.33）
Board	−0.004 ***	−0.004 ***	−0.004 ***	0.001	0.002	0.001
	（−3.04）	（−3.00）	（−2.95）	（0.63）	（1.00）	（0.59）
Boardind	0.009	0.011	0.011	0.077	0.098	0.078
	（0.18）	（0.25）	（0.23）	（1.19）	（1.51）	（1.20）
Firmage	0.006 ***	0.006 ***	0.007 ***	0.015 ***	0.015 ***	0.015 ***
	（9.47）	（9.22）	（9.38）	（18.23）	（17.99）	（18.29）
Intercept	0.885 ***	0.798 ***	0.825 ***	0.556 ***	0.522 ***	0.638 **
	（14.28）	（13.48）	（13.70）	（6.46）	（6.22）	（7.23）
Year and industry control	是	是	是	是	是	是
Adjusted R^2	0.171	0.172	0.169	0.231	0.233	0.232
Sample size	4390	4415	4389	2671	2684	2670

注：括号内的数字为 t 检验值。* 、** 和 *** 分别表示在 10% 、5% 和 1% 的水平上显著。

　　在表 5 - 6 和表 5 - 7 中，模型 A、模型 B、模型 C 和模型 D、模型 E、模型 F 分别以国有企业（SOE）和非国有企业（Non - SOE）为研究对象。实证结果显示，当以 FRQ$_a$ 为被解释变量时，在国有企业子样本中，CEO 年龄、新上任和临退休因素显著影响财务报告质量；而在非国有企业子样本中，只有 CEO 新上任和临退休因素显著影响财务报告质量。当以 FRQ$_b$ 为被解释变量时，在国有企业子样本中，CEO 年龄显著影响财务报告质量；而在非国有企业子样本中，只有新上任和临退休因素显著影响财务报告质量。换句话说，在国有企业子样本中，CEO 年龄因素更为显著影响财务报告质量，而在非国有企业子样本中，只有新上任因素和临退休因素显著影响财务报告质量。国有上市公司高层管理者多为政府任命，任职期间的经营业绩会影响其升迁机会和政治生涯 [勃兰特和李（Brandt and Li），2003；李和周（Li and Zhou，2005）]。在国有企业中，随着年龄的增长，CEO 会积累更高的声誉与更多的政治机会，决策错误所导致的政治成本也会越高。因此，年龄越大，CEO 就越不允许自己有任何闪失，其提供的财务报告质量也就越高。相对于国有企业，非国有企业通常由初创家族控制，创始人更倾向于自己兼任或任命其家庭成员担任 CEO。非国有企业的 CEO 在上任之初急于包装公司的业绩，有更大的动机进行盈余操纵，而在临退休时操纵财务报告的动机则相对较弱，因此能提供更高质量的财务报告。

表 5-7　　　　　　　基于国有和非国有企业子样本的 CEO
职业生涯关注与 FRQ_b 的回归结果

	SOE				Non-SOE	
	A	B	C	D	E	F
CEOage	−0.001 *** (−3.21)			−0.000 (−0.78)		
Newappointment		0.005 (0.94)			0.017 ** (2.14)	
Pre-retirement			−0.009 (−1.45)			−0.020 ** (−2.37)
Loss	0.093 *** (9.58)	0.094 *** (9.66)	0.094 *** (9.60)	0.052 *** (3.91)	0.052 *** (3.92)	0.052 *** (3.91)
ROA	0.318 *** (6.12)	0.317 *** (6.13)	0.314 *** (6.03)	0.191 *** (3.16)	0.193 *** (3.20)	0.191 *** (3.16)
Lev	0.105 *** (7.35)	0.106 *** (7.46)	0.105 *** (7.39)	0.067 *** (3.78)	0.070 *** (3.91)	0.066 *** (3.70)
MB	0.007 *** (2.63)	0.007 *** (2.60)	0.007 *** (2.66)	0.012 *** (4.18)	0.012 *** (4.09)	0.012 *** (4.14)

续表

	SOE				Non – SOE	
	A	B	C	D	E	F
Size	−0. 017 ***	−0. 017 ***	−0. 017 ***	−0. 018 ***	−0. 019 ***	−0. 018 ***
	(−6. 21)	(−6. 55)	(−6. 38)	(−5. 13)	(−5. 28)	(−5. 06)
Big4	−0. 016	−0. 015	−0. 016	−0. 022	−0. 022	−0. 022
	(−1. 55)	(−1. 50)	(−1. 58)	(−1. 27)	(−1. 26)	(−1. 26)
Audit	−0. 040 ***	−0. 040 ***	−0. 039 ***	−0. 008	−0. 007	−0. 010
	(−3. 20)	(−3. 28)	(−3. 14)	(−0. 55)	(−0. 47)	(−0. 63)
First5	0. 050 ***	0. 045 ***	0. 049 ***	0. 090 ***	0. 088 ***	0. 087 ***
	(3. 10)	(2. 81)	(3. 04)	(4. 12)	(4. 01)	(3. 97)
Boardsize	−0. 005 ***	−0. 005 ***	−0. 005 ***	0. 001	0. 002	0. 001
	(−4. 15)	(−4. 10)	(−4. 07)	(0. 52)	(0. 80)	(0. 49)
Boardind	0. 029	0. 031	0. 031	0. 076	0. 094	0. 076
	(0. 63)	(0. 70)	(0. 69)	(1. 20)	(1. 48)	(1. 20)
Firmage	0. 007 ***	0. 007 ***	0. 007 ***	0. 016 ***	0. 016 ***	0. 016 ***
	(10. 19)	(10. 02)	(10. 09)	(20. 25)	(20. 08)	(20. 33)
Intercept	0. 791 ***	0. 724 ***	0. 741 ***	0. 514 ***	0. 495 ***	0. 593 ***
	(13. 32)	(12. 79)	(12. 85)	(6. 13)	(6. 04)	(6. 98)
Year and industry control	是	是	是	是	是	是
Adjusted R^2	0. 138	0. 138	0. 136	0. 267	0. 267	0. 269
Sample size	4390	4415	4389	2671	2684	2670

注: 括号内的数字为 t 检验值。 *、 ** 和 *** 分别表示在 10% 、5% 和 1% 的水平上显著。

四　增加控制变量

一般认为, 对经理人的最优激励主要是由企业合同提供的显性约束和职业生涯关注提供的隐性约束共同作用的, 因此有必要在模型中考虑薪酬因素对 CEO 行为的影响 (Gibbons and Murphy, 1992)。参考方军雄 (2012) 的做法, 我们将上市公司的前三名高层管理者薪酬的平均值的自然对数 (Compensation) 作为 CEO 薪酬的指示变量引入模型。

表 5 – 8 为增加控制变量后的 CEO 职业生涯关注与财务报告质量

的回归结果。回归结果显示，我国上市公司 CEO 的薪酬显著负向影响财务报告质量。但是，即便在模型中控制了薪酬的显性激励后，职业生涯关注的三个代理变量的显著性仍然没有发生变化，进一步验证了前述结论。

表 5-8　　　　　　　　　　　增加控制变量

	FRQ$_a$			FRQ$_b$		
CEOage	-0.001 ***			-0.001 ***		
	(-3.35)			(-2.79)		
Newappointment		0.018 ***			0.008 *	
		(3.79)			(1.68)	
Pre - retirement			-0.015 ***			-0.013 **
			(-2.96)			(-2.55)
Compensation	-0.010 ***	-0.010 ***	-0.010 ***	-0.009 ***	-0.010 ***	-0.010 ***
	(-3.48)	(-3.50)	(-3.61)	(-3.39)	(-3.52)	(-3.49)
Loss	0.142 ***	0.143 ***	0.143 ***	0.077 ***	0.078 ***	0.078 ***
	(17.43)	(17.52)	(17.45)	(9.81)	(9.89)	(9.83)
ROA	0.441 ***	0.444 ***	0.442 ***	0.281 ***	0.285 ***	0.282 ***
	(10.68)	(10.79)	(10.70)	(7.05)	(7.19)	(7.08)
Lev	0.056 ***	0.057 ***	0.055 ***	0.096 ***	0.098 ***	0.097 ***
	(4.78)	(4.96)	(4.79)	(8.64)	(8.81)	(8.64)
MB	0.013 ***	0.012 ***	0.012 ***	0.011 ***	0.011 ***	0.011 ***
	(5.90)	(5.79)	(5.86)	(5.45)	(5.33)	(5.41)
Size	-0.015 ***	-0.015 ***	-0.015 ***	-0.016 ***	-0.016 ***	-0.016 ***
	(-6.09)	(-6.37)	(-6.12)	(-6.75)	(-7.02)	(-6.77)
Big4	-0.010	-0.008	-0.010	-0.014	-0.013	-0.014
	(-1.06)	(-1.03)	(-1.06)	(-1.55)	(-1.50)	(-1.55)
Audit	-0.054 ***	-0.054 ***	-0.054 ***	-0.025 ***	-0.025 ***	-0.025 ***
	(-5.38)	(-5.39)	(-5.37)	(-2.59)	(-2.62)	(-2.59)
First5	0.074 ***	0.070 ***	0.074 ***	0.065 ***	0.062 ***	0.065 ***
	(5.45)	(5.19)	(5.46)	(4.95)	(4.77)	(4.96)
Statecontrol	-0.020 ***	-0.021 ***	-0.021 ***	-0.016 ***	-0.017 ***	-0.017 ***
	(-4.79)	(-5.22)	(-5.18)	(-4.06)	(-4.38)	(-4.38)

	FRQ$_a$			FRQ$_b$		
Board	−0.002 *	−0.002 *	−0.002 *	−0.003 ***	−0.003 **	−0.003 ***
	(−1.79)	(−1.65)	(−1.78)	(−2.64)	(−2.53)	(−2.63)
Boardind	0.039	0.045	0.039	0.054	0.061 *	0.054
	(1.01)	(1.20)	(1.02)	(1.47)	(1.65)	(1.47)
Firmage	0.010 ***	0.010 ***	0.011 ***	0.011 ***	0.011 ***	0.011 ***
	(19.88)	(19.54)	(19.88)	(22.15)	(21.92)	(22.15)
Intercept	0.725 ***	0.808 ***	0.684 ***	0.640 ***	0.730 ***	0.747 ***
	(13.38)	(16.22)	(12.83)	(12.22)	(15.17)	(16.00)
Year and industry control	是	是	是	是	是	是
Adjusted R^2	0.189	0.191	0.189	0.184	0.184	0.183
Sample size	7036	7074	7034	7036	7074	7034

注：括号内的数字为 t 检验值。 * 、 ** 和 *** 分别表示在 10% 、5% 和 1% 的水平上显著。

五　重新定义变量

我们进一步重新定义了解释变量、企业财务指标和公司治理指标。分别用哑变量（当 CEO 年龄小于或等于中位数 47 岁时，为 1；否则为 0）作为 CEO 年龄的替代变量，用托宾 Q 代替资产收益率衡量上市公司绩效，用市场价值的自然对数代替账面价值的自然对数衡量企业规模，用 CEO 与董事长是否兼任和是否有外国投资者作为公司治理的替代变量。回归结果支持了前文结论。回归结果如表 5 – 9 所示。

表 5 – 9　　　　　　　　　　重新定义变量

	FRQ$_a$				FRQ$_b$			
CEOage		−0.001 ***	−0.001 ***	−0.001 ***		−0.001 ***	−0.001 ***	−0.001 ***
		(−3.51)	(−3.54)	(−3.36)		(−2.94)	(−2.99)	(−3.02)
Young	0.011 ***				0.010 **			
	(2.91)				(2.63)			
Loss	0.142 ***	0.142 ***	0.097 ***	0.140 ***	0.078 ***	0.077 ***	0.049 ***	0.075 ***
	(17.41)	(17.41)	(14.01)	(17.07)	(9.79)	(9.78)	(7.40)	(9.43)

续表

	FRQ$_a$				FRQ$_b$			
ROA	0.416***	0.420***		0.397***	0.257***	0.261***		0.232***
	(10.22)	(10.33)		(9.78)	(6.54)	(6.64)		(5.92)
Tobin's Q			0.009				-0.002	
			(0.53)				(-0.10)	
Lev	0.060***	0.059***	0.039***	0.053***	0.101***	0.100***	0.087***	0.095***
	(5.19)	(5.16)	(3.73)	(4.55)	(9.07)	(9.04)	(7.951)	(8.46)
MB	0.012***	0.018***	0.009	0.012***	0.011***	0.017***	0.016	0.011***
	(5.73)	(9.66)	(0.56)	(6.06)	(5.30)	(9.49)	(0.99)	(5.75)
Size	-0.018***		-0.013***	-0.018***	-0.019***		-0.016***	-0.019***
	(-8.04)		(-6.02)	(-8.25)	(-8.70)		(-7.45)	(-8.94)
lnM		-0.018***				-0.019***		
		(-8.24)				(-8.87)		
Big4	-0.014	-0.013	-0.012	-0.007	-0.017**	-0.016*	-0.016*	-0.007
	(-1.55)	(-1.43)	(-1.37)	(-0.74)	(-2.00)	(-1.91)	(-1.87)	(-0.84)
Audit	-0.055***	-0.055***	-0.049***	-0.053***	-0.026***	-0.026***	-0.022***	-0.022**
	(-5.51)	(-5.43)	(-4.87)	(-5.19)	(-2.71)	(-2.63)	(-2.33)	(-2.20)
Board	-0.002*	-0.002*	-0.002**		-0.003***	-0.003***	-0.003***	
	(-1.90)	(-1.85)	(-1.99)		(-2.77)	(-2.72)	(-2.83)	
Boardind	0.040	0.037	0.016		0.054	0.052	0.039	
	(1.04)	(0.99)	(0.42)		(1.47)	(1.41)	(1.07)	
Dual				0.013**				0.018***
				(2.35)				(3.88)
Foreign Investor				-0.034***				-0.043***
				(-5.15)				(-6.87)
First5	0.075***	0.074***	0.095***	0.085***	-0.066***	0.065***	0.078***	0.083***
	(5.54)	(5.48)	(7.05)	(6.19)	(-5.04)	(4.98)	(6.04)	(6.24)
Statecontrol	-0.021***	-0.020***	-0.024***	-0.021***	-0.017***	-0.016***	-0.019***	-0.018***
	(-5.00)	(-4.85)	(-5.88)	(-5.10)	(-4.18)	(-4.08)	(-4.74)	(-4.41)
Firmage	0.010***	0.010***	0.011***	0.012***	0.011***	0.011***	0.011***	0.013***
	(19.73)	(19.83)	(19.80)	(21.02)	(22.02)	(22.09)	(22.09)	(23.96)
Intercept	0.770***	0.831***	0.749***	0.710***	0.694***	0.745***	0.692***	0.597***
	(15.82)	(16.79)	(15.11)	(14.28)	(14.77)	(15.57)	(14.52)	(12.46)
Year and industry control	是	是	是	是	是	是	是	是

续表

	FRQ$_a$				FRQ$_b$			
Adjusted R^2	0.187	0.188	0.176	0.193	0.182	0.183	0.177	0.190
Sample size	7061	7061	7061	6947	7061	7061	7061	6947

注：括号内的数字为 t 检验值。*、**和***分别表示在10%、5%和1%的水平上显著。

六　解释变量滞后一期

为了避免因变量与解释变量间潜在的同期性偏差，我们对所有解释变量采用滞后一期的数值来建立模型，回归结论不变。回归结果如表 5 - 10 所示。

表 5 - 10　　　　　　　　　解释变量滞后一期

	FRQ$_a$			FRQ$_b$		
CEOage$_{t-1}$	-0.001*** (-3.88)			-0.001*** (-3.44)		
Newappointment$_{t-1}$		0.014*** (3.05)			0.010** (2.15)	
Pre - retirement$_{t-1}$			-0.018*** (-3.54)			-0.016*** (-3.14)
Loss$_{t-1}$	0.151*** (18.71)	0.151*** (18.81)	0.151*** (18.73)	0.082*** (10.46)	0.083*** (10.60)	0.082*** (10.50)
ROA$_{t-1}$	0.343*** (8.41)	0.344*** (8.46)	0.344*** (8.42)	0.216*** (5.48)	0.219*** (5.57)	0.217*** (5.49)
Lev$_{t-1}$	0.056*** (4.86)	0.057*** (5.01)	0.056*** (4.81)	0.103*** (9.23)	0.104*** (9.37)	0.103*** (9.19)
MB$_{t-1}$	0.012*** (5.60)	0.011*** (5.50)	0.011*** (5.53)	0.009*** (4.56)	0.009*** (4.47)	0.009*** (4.49)
Size$_{t-1}$	-0.016*** (-7.07)	-0.017*** (-7.52)	-0.016*** (-7.17)	-0.017*** (-8.13)	-0.018*** (-8.56)	-0.018*** (-8.22)
Big4$_{t-1}$	-0.014 (-1.51)	-0.013 (-1.42)	-0.014 (-1.53)	-0.021** (-2.33)	-0.020** (-2.24)	-0.021** (-2.35)

续表

	FRQ$_a$			FRQ$_b$		
Audit$_{t-1}$	-0.057***	-0.056***	-0.057***	-0.037***	-0.037***	-0.037***
	(-6.11)	(-6.11)	(-6.12)	(-4.12)	(-4.11)	(-4.12)
Board$_{t-1}$	-0.002**	-0.002*	-0.002**	-0.003***	-0.003***	-0.003***
	(-2.03)	(-1.91)	(-2.04)	(-3.09)	(-2.96)	(-3.09)
Boardind$_{t-1}$	0.032	0.031	0.032	0.056	0.058	0.056
	(0.83)	(0.82)	(0.83)	(1.52)	(1.57)	(1.51)
First5$_{t-1}$	0.055***	0.052***	0.056***	0.059***	0.056***	0.059***
	(4.09)	(3.85)	(4.11)	(4.51)	(4.28)	(4.52)
Statecontrol$_{t-1}$	-0.016***	-0.018***	-0.018***	-0.013***	-0.015***	-0.015***
	(-3.96)	(-4.40)	(-4.42)	(-3.36)	(-3.70)	(-3.76)
Firmage$_{t-1}$	0.010***	0.010***	0.010***	0.011***	0.011***	0.011***
	(19.60)	(19.28)	(19.65)	(22.02)	(21.77)	(22.06)
Intercept	0.778***	0.683***	0.735***	0.712***	0.617***	0.675***
	(15.88)	(13.71)	(15.31)	(14.994)	(12.78)	(14.51)
Year and industry control	是	是	是	是	是	是
Adjusted R^2	0.188	0.189	0.188	0.181	0.182	0.181
Sample size	7215	7258	7214	7215	7258	7214

注：括号内的数字为 t 检验值。*、**和***分别表示在10%、5%和1%的水平上显著。

七　二阶段最小二乘法

由于 CEO 年龄可能会存在内生性问题，因此，我们建立联立方程式，使用二阶段最小二乘法对 CEO 年龄与财务报告质量之间的关系做进一步检验。联立方程式的设定如下：

$$FRQ_{i,t} = \lambda_0 + \lambda_1 CEOage_{i,t} + \lambda_2 Loss_{i,t} + \lambda_3 ROA_{i,t} + \lambda_4 Lev_{i,t} +$$
$$\lambda_5 MB_{i,t} + \lambda_6 Size_{i,t} + \lambda_7 Big4_{i,t} + \lambda_8 Audit_{i,t} + \lambda_9 First5_{i,t} +$$
$$\lambda_{10} Statecontrol_{i,t} + \lambda_{11} Board_{i,t} + \lambda_{12} Boardind_{i,t} +$$
$$\lambda_{13} Firmage_{i,t} + IND\_D + YEAR\_D + \xi_{i,t} \qquad (5-5)$$

$$CEOage_{i,t} = \beta_0 + \beta_1 CEOage_{i,t-1} + \beta_2 Loss_{i,t} + \beta_3 ROA_{i,t} + \beta_4 Lev_{i,t} +$$
$$\beta_5 MB_{i,t} + \beta_6 Size_{i,t} + \beta_7 Big4_{i,t} + \beta_8 First5_{i,t} +$$

$$\beta_9 Statecontrol_{i,t} + \beta_{10} Boardind_{i,t} + \beta_{11} Firmage_{i,t} +$$

$$IND\_D + YEAR\_D + \xi_{i,t} \qquad (5-6)$$

式（5-5）的回归结果如表5-11所示。除FRQ_3以外，CEOage在所有回归方程中均为显著。表5-11的回归结果表明，我们得出的关于CEO年龄显著影响财务报告质量的结论不受内生性问题影响，具有稳健性。

表5-11　　　　　　　　　　二阶段最小二乘法

	FRQ_1	FRQ_2	FRQ_3	FRQ_a	FRQ_b
CEOage	-0.002***	-0.002***	-0.001	-0.001***	-0.001***
	(-2.58)	(-3.01)	(-1.28)	(-3.61)	(-3.29)
Loss	0.142***	0.025**	0.284***	0.141***	0.080***
	(10.75)	(2.21)	(25.04)	(17.92)	(10.42)
ROA	0.386***	0.214***	0.564***	0.422***	0.275***
	(5.76)	(3.67)	(9.56)	(10.52)	(7.11)
Lev	0.076***	0.256***	0.118***	0.060***	0.103***
	(4.01)	(15.94)	(-7.28)	(5.32)	(9.40)
MB	0.015***	0.010***	0.010***	0.012***	0.010***
	(4.52)	(3.24)	(3.53)	(5.75)	(5.14)
Size	-0.025***	-0.020***	-0.004	-0.016***	-0.018***
	(-6.88)	(-6.29)	(-1.30)	(-7.77)	(-8.44)
Big4	-0.021	-0.034***	0.010	-0.016*	-0.020***
	(-1.44)	(-2.62)	(0.79)	(-1.84)	(-2.62)
Audit	-0.043***	0.001	-0.097***	-0.054***	-0.024**
	(-2.60)	(0.11)	(-7.14)	(-5.49)	(-2.56)
First5	0.059***	0.044**	0.074***	0.074***	0.065***
	(2.67)	(2.34)	(3.85)	(5.60)	(5.03)
Statecontrol	-0.015**	-0.001	-0.024***	-0.021***	-0.017***
	(-2.25)	(-1.46)	(-4.04)	(-5.19)	(-4.19)
Board	-0.003	-0.004**	0.001	-0.002*	-0.002***
	(-1.39)	(-2.57)	(0.42)	(-1.94)	(-2.81)

续表

	FRQ$_1$	FRQ$_2$	FRQ$_3$	FRQ$_a$	FRQ$_b$
Boardind	0.035	0.033	0.044	0.026	0.038
	(0.56)	(0.63)	(-0.83)	(-0.33)	(1.06)
Firmage	0.023***	0.013***	0.003***	0.011***	0.011***
	(26.13)	(19.83)	(4.94)	(20.53)	(22.69)
Intercept	0.689***	0.774***	0.621***	0.698***	0.622***
	(7.98)	(10.67)	(8.82)	(13.55)	(12.50)
Year and industry control	是	是	是	是	是
Adjusted R^2	0.169	0.158	0.137	0.287	0.182
Sample size	7301	10087	10218	7293	7293

注：括号内的数字为 t 检验值。*、**和***分别表示在10%、5%和1%的水平上显著。

八　固定效应模型

由于 CEO 年龄和新上任可能会受到企业特征的影响，我们采用固定效应模型对实证结果进行进一步检验，回归结果如表5-12所示。由表5-12的实证结果可知，在控制了企业固定效应后，CEO 年龄对财务报告质量的影响在两个方程式中依然显著，不过，新上任哑变量只在 FRQ$_a$ 的方程式中显著。

表5-12　　　　　　　　固定效应模型

	FRQ$_a$		FRQ$_b$	
CEOage	-0.001*		-0.001**	
	(-1.80)		(-2.56)	
Newappointment		0.010***		0.002
		(2.79)		(0.73)
Loss	0.058***	0.058***	0.010*	0.010*
	(9.29)	(9.29)	(1.78)	(1.79)

续表

	FRQ$_a$		FRQ$_b$	
ROA	0.190 ***	0.192 ***	0.029	0.032
	(5.06)	(5.12)	(0.84)	(0.96)
Lev	-0.005	-0.005	0.023	0.023
	(-0.33)	(-0.31)	(1.56)	(1.56)
MB	0.003 **	0.003 *	0.001	0.001
	(1.96)	(1.82)	(0.96)	(0.87)
Size	-0.008 **	-0.007 *	-0.011 ***	-0.011 ***
	(-1.96)	(-1.81)	(-2.92)	(-2.81)
Big4	0.014	0.014	0.008	0.009
	(1.06)	(1.05)	(0.70)	(0.73)
Audit	-0.020 **	-0.020 **	-0.004	-0.004
	(-2.08)	(-2.07)	(-0.49)	(-0.50)
Board	0.002	0.002	0.001	0.001
	(1.37)	(1.35)	(0.65)	(0.60)
Dual	-0.005	-0.003	-0.003	-0.001
	(-0.71)	(-0.45)	(-0.59)	(-0.29)
First5	-0.073 ***	-0.077 ***	-0.117 ***	-0.117 ***
	(-2.96)	(-3.12)	(-5.26)	(-5.29)
Statecontrol	0.015 *	0.012 **	0.013 *	0.013
	(1.72)	(2.06)	(1.65)	(1.63)
Firmage	-0.001	-0.000	-0.000	0.000
	(-0.65)	(-0.30)	(-0.14)	(0.38)
Intercept	0.672 ***	0.686 ***	0.670 ***	0.694 ***
	(8.18)	(8.49)	(9.05)	(9.54)
Within R^2	0.026	0.027	0.022	0.011
Sample size	6885	6921	6885	6921

注：括号内的数字为 t 检验值。＊、＊＊和＊＊＊分别表示在 10%、5% 和 1% 的水平上显著。

第五节　结论

　　财务报告质量是使用者最为关心的问题，高质量的财务报告能够帮助使用者做出正确的决策，而提高会计信息质量也一直是公司治理的目标之一。本章以 CEO 职业生涯关注为切入点，基于 2003—2013 年我国沪深两市 A 股上市公司的数据，研究了 CEO 的职业生涯关注对财务报告质量的影响。基于全样本的实证结果表明，CEO 职业生涯关注程度越高，企业提供的财务报告质量越低。年轻的或者新上任的 CEO 职业生涯关注程度较高，为了影响经理人市场对自己能力的评价，有强烈的动机操纵企业财务报告。进一步区分股权性质后发现，CEO 职业生涯关注对财务报告质量的影响机制在不同股权性质的企业中有所差异：在国有上市公司子样本中，财务报告质量主要受 CEO 年龄因素的显著影响，而在非国有企业中，只有新上任和临退休因素显著影响财务报告质量。

　　本章实证检验了 CEO 职业生涯关注对上市公司财务报告质量的影响，为我们更好地理解财务报告质量提供了新思路。此外，本章的研究结论还有助于我们进一步理解上市公司的盈余管理行为，董事会应该进一步完善对处于不同职业生涯阶段的 CEO 的考核和激励制度，遏制年轻或新上任 CEO 的机会主义，提高上市公司财务报告质量。最后，本章结合我国当前的制度背景，考察了不同股权性质下 CEO 职业生涯关注对财务报告质量的影响机制，这将对我国当前的企业产权优化改革进程有一定的启示意义。

第六章　CEO职业生涯关注与企业风险

第一节　问题意识

企业的风险选择行为对企业绩效具有重要的影响，因此，很多学者都对企业风险的影响因素展开了研究。例如，克莱森斯等（Claessens et al.，2001）利用营业收入波动、经营杠杆、财务杠杆、净资产收益率等 12 个指标来衡量企业风险，发现处于市场化的金融体系和较强的产权保护中的企业面临的风险较低。Ashbaugh - Skaife 等（2009）通过比较《萨班斯—奥克斯利法案》第 404 条实施前后内部控制有效性的变化对企业风险的影响，指出财务报告质量的改善会显著降低企业的风险水平和权益成本。约翰等（2008）则发现，完善的投资者保护制度会减轻企业内各利益相关者谋求私人利益的动机，从而使企业面临较低的风险并取得较快的发展。而罗和巴塔查里亚（Luo and Bhattacharya，2009）认为，企业的社会绩效（Corporate social performance）越好，面临的特有风险水平就越低。另外，Vozlyublennaia（2013）研究了企业特征对股价的影响，结果表明，企业的资本结构、规模、盈利能力以及机构投资者持股比例等变量都会影响企业股票的特有风险。

然而，以往学者对风险的研究主要集中于企业层面，基于管理者特征的研究相对较少。作为企业的决策者，管理者的年龄、性别、信仰和教育背景等特征都会影响他们的风险偏好，进而影响企业的风险水平。例如，拥有 MBA 学位的高层管理者倾向于采取保守的经营策略，伯特兰和肖亚尔（2003）]；过度自信的 CEO 会导致企业投资决策的低效率（马尔门迪尔和泰特（2008）]；经历过经济大萧条的管理者更加保守，而受过军事训练的管理者更加大胆激进（马尔门迪尔和内格尔，2011；马尔门迪尔等，2011）；CEO 持有的企业内部债务（退休金福利和延期支付的报酬）越多，企业股票收益的波动越小（卡斯尔等，2012）；与男性 CEO 相比，女性 CEO 管理的企业面临的风险水平更低且业绩表现更好［可汗（Khan）和 Vieito，2013]。

　　在诸多管理者特征中，CEO 职业生涯关注逐渐引起学术界和实务界的研究兴趣。首先，在标准的委托—代理模型中，董事会对 CEO 的行为实施监督，由董事会制定的 CEO 薪酬和激励制度使 CEO 必须以实现股东利益最大化为经营目标（詹森和墨菲（1990）、科尔等（2003）]；其次，CEO 当前的经营业绩会影响劳动力市场对其能力的判断，这将直接关系到 CEO 的个人声誉和未来的职业机会［法马（1980）、奥耶（2004）、Bizjak 等（2008）]；最后，根据锦标赛理论，为了获得更高的报酬，CEO 有强烈的晋升动机［拉齐尔和罗森（1981）；阿格拉沃尔等（Agrawal，2006）]。因此，职业生涯关注会导致 CEO 的经营决策出现偏差，进而影响企业的绩效和风险水平。对于职业生涯关注较高的 CEO 而言，一方面，他们可能倾向于采取大胆激进的投资策略和经营行为，以期在短时间内获得更好的业绩来证明自己杰出的能力，从而为职业生涯奠定良好的基础［普伦德加斯特和斯托尔（1996）、李等（2011）、宜姆（2013）、瑟夫林（2014）]；另一方面，由于缺乏声誉的积累，错误的决策将使他们受到来自劳动力市场和董事会更为严厉的惩罚，从而丧失美好的职业发展前景，因此，他们倾向于选择保守或从众的经营策略来降低风险［沙夫斯泰因和斯坦（1990）、赫舒拉发和撒克（1992）、Zwiebel（1995）、谢瓦利埃和埃利森（1999）、洪等（Hong，2000）；拉蒙特（Lamont，2002）]。

　　本章以沪深两市上市公司 2002—2012 年的数据作为研究样本，采用 CEO 年龄和新任 CEO 的哑变量作为 CEO 职业生涯关注的代理变量，研究 CEO 职业生涯关注对企业风险水平的影响。由于国有企业和非国有企业在公司治理和经营管理等方面表现出明显的差异，因此，我们根据企业股权特征将总样本划分为国有企业和非国有企业两个子样本，进一步研究在不同股权性质的企业中 CEO 职业生涯关注与企业风险水平的关系。在国有企业中，CEO 大多为政府官员，他们在决策时不仅要考虑企业价值最大化，还要考虑政治性和社会性目标的实现 [施莱弗和魏施尼（1997）；加藤和朗（2006a）、张五常等（2008）]。此外，由于国有企业的所有者缺位，管理者谋求私人利益的动机更为强烈，代理问题更为突出。相比之下，非国有企业通常由初创家族控制，创始人更倾向于自己兼任或任命其家庭成员担任 CEO，因而管理者追求企业价值最大化的动机更加强烈 [艾伦等（2005）、陈等（2011b）、姜等（Jiang，2013）]。另外，由于我国资本市场还不完善，公司股票收益波动这一市场性指标可能无法很好地反映企业风险水平（于富生等，2008），因此，我们还将采用综合杠杆这一会计性指标做进一步的检验。

国内学者从 CEO 个人特征探讨企业风险影响因素的文献较少，相关研究例如，高层管理者薪酬、持股比例和董事会独立性与企业风险的关系（于富生等，2008），管理者过度自信对企业风险的影响（余明桂等人，2013）以及高层管理者之间的裙带关系对上市公司风险水平的影响（陆瑶和胡江燕，2014）等，因此本章的研究拓展了 CEO 个人特征和企业风险的相关研究。

第二节　文献综述与研究假设

对于 CEO 职业生涯关注与企业风险之间的关系，现有的研究形成了两种截然不同的观点。

一种观点认为，为了证明自己的经营管理能力，处于职业生涯初期的管理者存在推动短期绩效的强烈动机，因而其决策会更加大胆。普伦德加斯特和斯托尔（1996）指出，为了向劳动力市场展示他们的快速学习能力，年轻的管理者会夸大与投资机会相关的信息，并采取更加激进的投资策略，而年老的 CEO 对于新信息的反应则较为保守。伯特兰和肖亚尔（2003）认为，年老的管理者在决策时相对保守，他们倾向于选择低水平的资本支出、较低的财务杠杆和较高的现金持有量。李等（2011）研究了年轻的 CEO 在投资模式上与年老的 CEO 的差别，结果表明，年轻的 CEO 在进行投资决策时更敢于冒险，较高的职业生涯关注使年轻的 CEO 向外界展示其杰出能力的动机更强，具体表现在年轻的 CEO 更愿意进入新的行业和退出已有行业，且更倾向于通过收购进行扩张。宜姆（2013）通过研究发现，由于处于职业生涯初期的 CEO 能从收购活动中获取更多的收益，因而他们有更加强烈的收购动机，而这有可能导致企业的过度投资和价值减损。瑟夫林（2014）指出，年老的 CEO 更加厌恶风险，他们会通过减少研发支出、进行多样化的收购以及保持较低的经营杠杆等措施来降低风险。国内的相关研究中，欧阳凌等（2005）通过建立关于经理人才能推测的不完全信息动态博弈模型后研究发现，经理人职位越稳定、市场对经理人的才能了解越准确，那么经理人的职业生涯关注越低，投资短视行为动机也越弱。姜付秀等（2009）研究了管理层背景特征对企业过度投资行为的影响，结果表明，管理层的平均教育水平和平均年龄与过度投资之间存在显著的负相关关系。据此，我们提出如下假设：

假设 1：CEO 的职业生涯关注越高，其所在企业的风险水平也越高。

另一种观点认为，由于缺乏前期的声誉积累，处于职业生涯初期的管理者受到来自经理人市场和董事会更加严厉的监督，错误的投资决策将使他们的经营能力受到外界的质疑甚至否定，因而这类管理者倾向于采取保守的经营策略或者"羊群行为"来降低经营风险。法马（1980）指出，劳动力市场会根据管理者的经营业绩判断其能力，这将直接影响到管理者未来的声誉和职业机会，因此，劳动力市场能够约束管理者的经营行为。沙夫斯泰因和斯坦（1990）通过理论模型推导后指出，年轻的管理者更加保守，他们通过模仿其他管理者的投资决策实现稳健经营，以维持其在劳动力市场的声誉。赫舒拉发和撒克

（1992）发现，管理者为了建立良好的声誉，倾向于选择保守的经营项目，而这将损害企业的投资效率。Zwiebel（1995）认为，职业生涯关注使管理者回避创新，因为创新行为缺乏行业判断标准，并且由于创新引发的业绩下行风险有可能导致他们被解雇。艾弗里和谢瓦利埃（Avery and Chevalier，1999）指出：处于职业生涯初期的管理者缺乏关于自己能力的私有信息，因而出于职业安全性考虑，他们在进行投资决策时更易出现"羊群行为"；而当他们拥有充分的私有信息时，决策会更加大胆自信。谢瓦利埃和埃利森（1999）、洪等（2000）和拉蒙特（2002）针对不同的群体进行研究后发现，缺乏经验的基金经理、证券分析师以及预测宏观经济走势的专家更有可能因为业绩不良而被解雇，因此，他们在选择投资组合和进行预测分析时会采取更为保守的策略，具有较强的从众心理。与国外研究一致，罗真和张宗成（2004）基于我国证券市场上的基金数据进行分析后发现，相较于年长的基金经理，在年轻的基金经理群体中更容易产生"羊群效应"，他们对投资组合的风险选择更接近平均标准。因此，我们提出如下研究假设：

假设 2：CEO 的职业生涯关注越高，其所在企业的风险水平越低。

第三节　研究设计

一　样本选择与数据来源

我们选取 2002—2012 年沪深两市 A 股上市公司为研究样本。考虑到金融企业和公用事业企业经营的特殊性，我们将这两类企业剔除。另外，我们也剔除了 ST 和 PT 类企业，因为这类企业的财务状况异常，而且有较强的操纵财务指标的动机，若将其纳入样本将影响研究结论的可靠性。为了控制极端值对结果的影响，我们对所使用的财务数据进行了 Winsorize 处理，对所有小于 1% 分位数（大于 99% 分位数）的变量，令其值等于 1% 分位数（99% 分位数）。最后，共筛选出 12710 个样本观测值。我们所使用的 CEO 个人信息及股票收益相关数据来自 CSMAR 数据库，而其他财务数据和股权性质数据来自 Sinofin 数据库。

二　模型构建及变量定义

（一）　衡量 CEO 职业生涯关注的变量

我们借鉴李等（2011）、宜姆（2013）、瑟夫林（2014）等，将 CEO 的年龄作为衡量 CEO 职业生涯关注的一个指标，即 CEO 越年轻，其职业生涯关注越高。首先，我们直接将 CEO 年龄（CEOage）作为解释变量放入模型；其次，由于 CEOage 的均值和中位数分别为 46.78 和 46，据此我们构造了三个关于年龄的虚拟变量作为 CEOage 的替代变量。这三个虚拟变量分别为 Young CEO、Middle - Aged CEO 和 Old CEO。当 CEO 小于 45 岁时，Young CEO 为 1，否则为 0；当 CEO 年龄在 45—50 岁（包含 45 岁和 50 岁）时，Middle - Aged CEO 为 1，否则为 0；当 CEO 大于 50 岁时，Old CEO 为 1，否则为 0。

在相关文献中，CEO 任职时间也是职业生涯关注的一个重要指标，但是，中国上市公司的 CEO 任职时间的数据并未被直接披露。虽然可以通过追溯上市公司年报进行手工收集，但这种方法仍然存在下列缺陷：第一，上海证券交易所和深圳证券交易所的网页只能分别披露 1999 年和 2000 年的上市公司年报，因此，如果 CEO 在 1999 年或 2000 年以前就开始任职，那么我们就无法确定其任职的起始时间；第二，由于企业上市前的数据是不可得的，如果 CEO 在企业上市前就担任该职位，那我们同样无法确定该 CEO 任职的起始时间。基于上述考虑，我们构造哑变量 Newappointment 作为衡量 CEO 职业生涯关注的第二个指标。若企业 CEO 为新上任者（换言之，CEO 的任职时间为 0），则 Newappointment 为 1，否则为 0。

（二）　衡量公司风险水平的变量

参考基尼和威廉姆斯（2012）、瑟夫林（2014）的研究，我们采用上市公司股票日收益率的年化标准差来衡量企业总体风险，记为

RISK^{TO}。① 然而，企业股票价格的波动可能是由于宏观经济形势或政府政策引起的，由此引发的风险与 CEO 的日常经营管理并不相关，因此，借鉴许和马尔基尔（Xu and Malkiel，2003），我们计算了企业自身经营因素导致的特有风险，具体推导过程如下：

$$\mathrm{Var}(R_{it}) = \mathrm{Var}(R_t^M) + \mathrm{Var}(r_{it}) + 2\mathrm{Cov}(R_t^M, r_{it}) \qquad (6-1)$$

其中，R_{it} 是每只股票相对于市场无风险利率的每日超额回报，而 R_t^M 是市场组合相对于无风险利率的每日超额回报。r_{it} 是每只股票相对于市场组合收益的每日超额回报，该回报与市场波动无关，因而 $\mathrm{Cov}(R_t^M, r_{it}) = 0$。据此，可以得到以下等式：

$$\mathrm{Var}(R_{it}) = \mathrm{Var}(R_t^M) + \mathrm{Var}(r_{it}) \qquad (6-2)$$

$$\mathrm{Var}(r_{it}) = \mathrm{Var}(R_{it}) - \mathrm{Var}(R_t^M) \qquad (6-3)$$

我们对 $\mathrm{Var}(r_{it})$ 的平方根进行了年化处理，将得到的数据作为衡量企业特有风险的指标，记为 RISK^{ID}。②

（三）控制变量

为了控制其他因素对企业风险水平的影响，我们参考李等（2011）、卡斯尔等（2012）和瑟夫林（2014），在回归模型中加入以下控制变量：总资产收益率（ROA），用企业息税前利润（EBIT）占总资产的比例表示；市账比（MB），用企业的市场价值与账面价值之比表示；销售增长率（Salesgrowth），用企业销售收入的年增长率表示；现金持有（Cash），用现金及现金等价物与总资产的比例表示；资产负债率（Lev），用总负债与总资产之比表示；企业年龄（Listage），用企业的样本年份与上市年份之间的差值表示；企业规模（Size），用企业总资产的自然对数表示。此外，我们还设计了行业虚拟变量（$\sum$ industrydummy）和年份虚拟变量（$\sum$ yeardummy）来控制行业和年度因素对企业风险的影响。上述各变量的定义如表 6-1 所示。

---

① RISK^{TO} 的年化处理的具体方法为：上市公司股票日收益率的标准差乘以样本年份的交易天数的平方根。

② 和 RISK^{TO} 类似，RISK^{ID} 的年化处理的具体方法为：$\mathrm{Var}(r_{it})$ 的平方根乘以样本年份的交易天数的平方根。

表 6 - 1　　　　　　　　　　变量定义

变量	定义
RISK^{TO}	总体风险
RISK^{ID}	特有风险
DCL	综合杠杆，其计算公式为：（净利润 + 所得税费用 + 财务费用 + 固定资产折旧、油气资产折耗、生产性生物资产折旧 + 无形资产摊销 + 长期待摊费用摊销）/（净利润 + 所得税费用）
CEOage	CEO 的年龄
Young CEO	CEO 年龄小于 45 岁时，为 1；否则为 0
Middle - aged CEO	CEO 年龄在 45—50 岁（包含 45 岁和 50 岁）时，为 1；否则为 0
Old CEO	CEO 年龄大于 50 岁时，为 1；否则为 0
Newappointment	CEO 是新上任者时，为 1；否则为 0
ROA	企业息税前利润/总资产
MB	企业市场价值/账面价值
Salesgrowth	销售收入年增长率
Cash	企业现金及现金等价物/总资产账面价值
Lev	企业总负债/总资产账面价值
Size	企业总资产账面价值的自然对数
Listage	企业的样本年份与上市年份之间的差值

（四）模型设计

为了研究 CEO 职业生涯关注对企业风险水平的影响，我们的回归模型如下：

$$Risk_{it} = \alpha_0 + \alpha_1 Careerconcerns_{it} + \alpha_2 Salesgrowth_{it} + \alpha_3 ROA_{it} +$$
$$\alpha_4 MB_{it} + \alpha_5 Lev_{it} + \alpha_6 Cash_{it} + \alpha_7 Size_{it} + \alpha_8 Listage_{it} +$$
$$\sum YEARdummy + \sum INDUSTRYdummy + \varepsilon_{it} \qquad (6-4)$$

式（6 - 4）中的 $Risk_{it}$ 表示企业风险，这里指的是 RISK^{TO} 或 RISK^{ID}。$Careerconcerns_{it}$ 表示 CEO 的职业生涯关注，这里指的是 CEO-age 或 Newappointment。

第四节　实证检验

一　描述性统计

表 6 - 2 对相关变量进行了描述性统计。其中，企业总体风险的均值为 0.47，特有风险的均值为 0.37。与之对应，美国上市公司的总体风险略低于中国上市公司，其均值约为 0.46，而特有风险则略高于中国上市公司，其均值约为 0.40 [瑟夫林，2014]。另外，样本中 CEO 年龄的最小值为 24，最大值为 76，平均值约为 47。而美国上市公司 CEO 的平均年龄则较大，在宜姆（2013）和瑟夫林（2014）的研究中，该数值约为 55。

表 6 - 2　　　　　　　　　　　描述性统计

变量	样本量	均值	中位数	标准差	最小值	最大值
RISK^{TO}	12254	0.47	0.43	0.21	0.22	1.67
RISK^{ID}	12170	0.37	0.34	0.22	0.11	1.64
DCL	12451	3.88	2.49	5.22	-6.43	36.96
CEOage	11711	46.78	46.00	6.53	24.00	76.00
Young CEO	11711	0.38	0.00	0.48	0.00	1.00
Middle - aged CEO	11711	0.36	0.00	0.48	0.00	1.00
Old CEO	11711	0.26	0.00	0.44	0.00	1.00
Newappointment	11754	0.26	0.00	0.44	0.00	1.00
ROA	11333	0.04	0.04	0.05	-0.10	0.21
MB	12252	0.75	0.76	0.26	0.18	1.54
Salesgrowth	11402	0.21	0.16	0.37	-0.51	2.15
Cash	12160	0.20	0.15	0.16	0.02	0.75
Lev	12639	0.44	0.45	0.19	0.04	0.82
Size	12639	21.57	21.41	1.11	19.55	25.18
Listage	12710	7.77	7.00	5.11	1.00	22.00

表 6 - 3 列示的是各变量之间的 Pearson 相关系数。从表中可以看

表6-3

Pearson 相关性分析

变量		(1)	(2)	(3)	(4)	(5)	(6)	(7)	(8)	(9)	(10)	(11)
$RISK^{TO}$	(1)	1.0000										
$RISK^{ID}$	(2)	0.9313***	1.0000									
CEOage	(3)	-0.0393***	-0.0573***	1.0000								
Newappointment	(4)	0.2047***	0.2456***	-0.1272***	1.0000							
ROA	(5)	-0.0215**	-0.0249***	0.0359***	-0.0701***	1.0000						
MB	(6)	-0.1869***	-0.2218***	-0.0125	0.0159*	-0.3343***	1.0000					
Lev	(7)	-0.0351***	-0.0306***	0.0168*	-0.1325***	-0.3669***	0.2219***	1.0000				
Listage	(8)	-0.1321***	-0.1513***	0.0968***	-0.2404***	-0.1672***	-0.0731***	0.3752***	1.0000			
Size	(9)	-0.1660***	-0.1809***	0.1516***	-0.1380***	0.0455***	0.2732***	0.4658***	0.3508***	1.0000		
Cash	(10)	0.1103***	0.1272***	-0.0181*	0.2148***	0.3048***	-0.1631***	-0.5457***	-0.3776***	-0.2603***	1.0000	
Salesgrowth	(11)	0.0034	0.0543***	-0.0451***	0.0237**	0.2464***	-0.0525***	0.0989***	-0.0768***	0.0848***	0.0139	1.0000

注：***，**和*分别表示在1%、5%和10%的水平上显著。

出，CEOage 与 RISK^{TO} 和 RISK^{ID} 均在 1% 的水平上显著负相关，而 Newappointment 与 RISK^{TO} 和 RISK^{ID} 均在 1% 的水平上显著正相关。这表明由年轻的或者新上任的 CEO 管理的企业面临更高的风险，从而说明 CEO 职业生涯关注与企业风险水平存在正相关关系，这一结果为本章第二节的假设 1 提供了初步支持。

二 CEO 年龄和企业风险

我们首先研究了 CEO 年龄与企业风险之间的关系，实证结果汇总在表 6 - 4 中。从表中的列（1）和列（2）可以看出，CEOage 与企业总体风险 RISK^{TO} 在 10% 的显著性水平上负相关，Young CEO 与 RISK^{TO} 在 5% 的水平上正相关。该实证结果与假设 1 一致，说明年轻的 CEO 为了在短时间内建立良好的个人声誉，更倾向于采取冒险行为，从而使企业面临更高的风险水平。从表中的列（3）和列（4）可以看出，CEOage 与企业特有风险 RISK^{ID} 在 5% 的水平上显著负相关，而 Young CEO 与 RISK^{ID} 在 5% 的水平上显著正相关。由此说明，在排除了由宏观经济环境和国家政策等因素造成的系统性波动之后，年轻的 CEO 所在的企业仍然面临较高的风险水平。

控制变量的回归结果显示，当总资产收益率较高时，企业盈利能力较好，其风险较小；企业市账比较高，发展前景较好，风险水平较低；资产负债率越高，企业风险越大；销售增长率较大，企业成长快，不确定性也较高，风险较大；企业规模较大，其抵御风险的能力更强，风险水平较低；企业成立年限越长，经营越成熟稳定，风险越小。这些实证结果与基于美国上市公司数据的相关研究保持一致（卡斯尔等，2012；瑟夫林，2014）。

在表 6 - 5 和表 6 - 6 中，我们将总样本划分为国有企业和非国有企业两个子样本，研究在不同股权性质的企业中上述关系是否仍然成立。其中，国有企业中 CEO 年龄与企业风险水平的回归结果汇总在表 6 - 5 中。表中的列（1）和列（2）显示，CEOage 与 RISK^{TO} 在 1% 的显著性水平上负相关，Young CEO 和 Middle - aged CEO 分别与 RISK^{TO} 在 1% 和 5% 的显著性水平上正相关。同时，从列（3）和列（4）我们发现，CEOage 与 RISK^{ID} 在 5% 的水平上显著负相关，Young CEO

表 6 - 4　　　　CEO 年龄与企业风险回归结果（基于全样本）

	RISK^{TO}		RISK^{ID}	
	(1)	(2)	(3)	(4)
CEOage	-0.0002*		-0.0003**	
	(-1.80)		(-2.06)	
Young CEO		0.0048**		0.0065**
		(2.17)		(2.57)
Middle - aged CEO		0.0035		0.0032
		(1.61)		(1.27)
ROA	-0.2196***	-0.2201***	-0.2609***	-0.2616***
	(-9.29)	(-9.31)	(-9.52)	(-9.55)
MB	-0.0351***	-0.0350***	-0.0447***	-0.0447***
	(-7.14)	(-7.12)	(-7.84)	(-7.83)
Cash	0.0223***	0.0223***	0.0221**	0.0221**
	(2.94)	(2.93)	(2.52)	(2.51)
Lev	0.0506***	0.0504***	0.0569***	0.0567***
	(7.87)	(7.83)	(7.64)	(7.61)
Salesgrowth	0.0114***	0.0114***	0.0131***	0.0131***
	(4.54)	(4.53)	(4.53)	(4.53)
Size	-0.0175***	-0.0175***	-0.0174***	-0.0174***
	(-15.60)	(-15.60)	(-13.37)	(-13.36)
Listage	-0.0013***	-0.0013***	-0.0010***	-0.0010***
	(-6.16)	(-6.12)	(-4.10)	(-4.09)
Intercept	0.7429***	0.7285***	0.6387***	0.6197***
	(33.67)	(33.16)	(24.94)	(24.34)
Year and industry control	Yes	Yes	Yes	Yes
Adjusted R^2	0.6587	0.6587	0.5301	0.5302
Sample size	10013	10013	9934	9934

注：括号内的数字为 t 检验值。***、** 和 * 分别表示系数在 1%、5% 和 10% 的水平上显著。

和 Middle - aged CEO 分别与 RISK^{ID} 在 1% 和 10% 的水平上显著正相关。另外，各控制变量的回归结果也与表 6 - 4 基本一致。由此可以看出，CEO 职业生涯关注与企业风险水平的正相关关系在国有企业中仍然成立。

表 6 - 5   CEO 年龄与企业风险回归结果（基于国有企业子样本）

	RISK^{TO}		RISK^{ID}	
	（1）	（2）	（3）	（4）
CEOage	- 0.0005 ***		- 0.0005 **	
	(- 2.80)		(- 2.50)	
Young CEO		0.0084 ***		0.0093 ***
		(3.25)		(3.07)
Middle - aged CEO		0.0055 **		0.0053 *
		(2.23)		(1.80)
ROA	- 0.2472 ***	- 0.2490 ***	- 0.3309 ***	- 0.3325 ***
	(- 8.62)	(- 8.68)	(- 9.76)	(- 9.82)
MB	- 0.0503 ***	- 0.0505 ***	- 0.0654 ***	- 0.0655 ***
	(- 7.85)	(- 7.86)	(- 8.63)	(- 8.63)
Cash	0.0200 **	0.0202 **	0.0225 *	0.0228 *
	(2.00)	(2.02)	(1.91)	(1.94)
Lev	0.0471 ***	0.0468 ***	0.0548 ***	0.0544 ***
	(6.34)	(6.29)	(6.25)	(6.21)
Salesgrowth	0.0084 ***	0.0085 ***	0.0108 ***	0.0108 ***
	(2.72)	(2.74)	(2.97)	(2.99)
Size	- 0.0142 ***	- 0.0142 ***	- 0.0147 ***	- 0.0147 ***
	(- 11.01)	(- 10.99)	(- 9.63)	(- 9.61)
Listage	- 0.0007 **	- 0.0007 **	- 0.0005 **	- 0.0005 **
	(- 2.40)	(- 2.39)	(- 1.69)	(- 1.70)
Intercept	0.7491 ***	0.7216 ***	0.5893 ***	0.5600 ***
	(27.28)	(26.49)	(18.82)	(18.13)
Year and industry control	是	是	是	是
Adjusted R^2	0.7124	0.7125	0.5548	0.5550
Sample size	5933	5933	5876	5876

注：括号内的数字为 t 检验值。＊＊＊、＊＊ 和 ＊ 分别表示在 1%、5% 和 10% 的水平上显著。

表6-6　CEO年龄与企业风险回归结果（基于非国有企业子样本）

	RISK^{TO}		RISK^{ID}	
	(1)	(2)	(3)	(4)
CEOage	-0.0001		-0.0001	
	(-0.20)		(-0.50)	
Young CEO		-0.0001		0.0016
		(-0.01)		(0.35)
Middle-aged CEO		0.0004		-0.0005
		(0.09)		(-0.10)
ROA	-0.1891***	-0.1890***	-0.1811***	-0.1814***
	(-4.45)	(-4.45)	(-3.73)	(-3.73)
MB	-0.0277***	-0.0276***	-0.0300***	-0.0301***
	(-3.32)	(-3.30)	(-3.14)	(-3.14)
Cash	0.0234*	0.0235*	0.0192	0.0192
	(1.85)	(1.86)	(1.33)	(1.33)
Lev	0.0706***	0.0706***	0.0710***	0.0711***
	(5.66)	(5.66)	(4.99)	(5.00)
Salesgrowth	0.0139***	0.0140***	0.0162***	0.0163***
	(3.19)	(3.20)	(3.26)	(3.28)
Size	-0.0212***	-0.0212***	-0.0213***	-0.0213***
	(-8.97)	(-8.97)	(-7.87)	(-7.88)
Listage	-0.0020***	-0.0020***	-0.0017***	-0.0017***
	(-4.82)	(-4.81)	(-3.49)	(-3.49)
Intercept	0.8773***	0.8753***	0.6970***	0.6907***
	(17.27)	(17.43)	(11.62)	(11.61)
Year and industry control	Yes	Yes	Yes	Yes
Adjusted R^2	0.5875	0.5874	0.4873	0.4871
Sample size	3867	3867	3845	3845

注：括号内的数字为 t 检验值。***、**和*分别表示在1%、5%和10%的水平上显著。

非国有企业中 CEO 年龄与企业风险水平的回归结果汇总在表6-6

中。从表中可以发现，无论对于企业总体风险还是特有风险，CEOage、Young CEO 和 Middle – aged CEO 的回归系数均不显著，说明在非国有企业中，CEO 职业生涯关注与企业风险水平不存在显著的相关关系。

三　CEO 新上任与企业风险

表 6 – 7 报告了 CEO 新上任对企业风险水平的影响。从回归结果可以看出，Newappointment 与 RISK^{TO} 呈正相关关系，即新上任 CEO 所

表 6 – 7　　　　　　　　　　　CEO 新上任与企业风险回归结果

	RISK^{TO}			RISK^{ID}		
	全样本	国有企业	非国有企业	全样本	国有企业	非国有企业
Newappointment	0.0068 ***	0.0068 ***	0.0071 *	0.0079 ***	0.0086 ***	0.0073
	(3.08)	(2.68)	(1.71)	(3.11)	(2.89)	(1.55)
ROA	−0.2166 ***	−0.2464 ***	−0.1839 ***	−0.2574 ***	−0.3290 ***	−0.1758 ***
	(−9.17)	(−8.60)	(−4.33)	(−9.40)	(−9.72)	(−3.62)
MB	−0.0346 ***	−0.0491 ***	−0.0279 ***	−0.0440 ***	−0.0639 ***	−0.0302 ***
	(−7.05)	(−7.68)	(−3.36)	(−7.73)	(−8.45)	(−3.17)
Cash	0.0214 ***	0.0175 *	0.0240 *	0.0208 **	0.0191	0.0200
	(2.82)	(1.76)	(1.90)	(2.38)	(1.62)	(1.39)
Lev	0.0513 ***	0.0483 ***	0.0709 ***	0.0577 ***	0.0560 ***	0.0714 ***
	(8.00)	(6.51)	(5.70)	(7.76)	(6.41)	(5.03)
Salesgrowth	0.0111 ***	0.0081 ***	0.0135 ***	0.0128 ***	0.0104 ***	0.0159 ***
	(4.45)	(2.64)	(3.11)	(4.45)	(2.87)	(3.21)
Size	−0.0178 ***	−0.0148 ***	−0.0211 ***	−0.0178 ***	−0.0153 ***	−0.0212 ***
	(−15.95)	(−11.51)	(−8.93)	(−13.72)	(−10.08)	(−7.86)
Listage	−0.0014 ***	−0.0007 **	−0.0021 ***	−0.0011 ***	−0.0006 *	−0.0017 ***
	(−6.34)	(−2.57)	(−4.86)	(−4.29)	(−1.85)	(−3.52)
Intercept	0.7415 ***	0.7412 ***	0.7509 ***	0.6329 ***	0.5761 ***	0.6667 ***
	(32.20)	(28.68)	(14.47)	(23.62)	(18.86)	(11.16)
Year and industry control	是	是	是	是	是	是
Adjusted R^2	0.6595	0.7128	0.5887	0.5298	0.5539	0.4878
Sample size	10052	5962	3876	9973	5905	3854

注：括号内的数字为 t 检验值。 *** 、 ** 和 * 分别表示在 1% 、5% 和 10% 的水平上显著。

在的企业面临较高的风险水平，这一关系在全样本和国有企业子样本中均在1%的水平上显著，而在非国有企业子样本中仅在10%的水平上显著。另外，从表中还可以看出，在全样本和国有企业子样本中，Newappointment 与 RISK^{ID}均在1%的水平上正相关，而在非国有企业子样本中二者的相关关系却并不显著。

综上所述，在总样本中，CEO 职业生涯关注与企业风险水平存在显著的正相关关系。进一步将总样本划分为国有企业和非国有企业之后，二者的关系却仅在国有企业中显著。

四　对实证结果的解释

上述结果支持了本章第二节的研究假设1，对此我们可以从以下两个方面进行解释。

首先，由于信息不对称，董事会和劳动力市场只能从企业当前的业绩来判断 CEO 的能力，这将直接影响到 CEO 当前的收入和未来的职业发展。因此，职业生涯关注较高的管理者为了展示其杰出的管理能力，会倾向于采取更加积极、大胆的经营策略，从而提高企业风险。

其次，由于国有企业的高层管理者任免受到政府的行政干预，处于职业生涯初期的管理者会为了迎合各级政府追求 GDP 增长等政治性目标而企业大胆地投资扩张。这些扩张能够为管理者赢得良好的声誉，巩固其在企业的地位，但同时也加大了企业风险。在职业生涯后期，管理者临近退休，企业的经营状况稳定与否关系到管理者退休后的保障和社会评价，因而管理者更倾向于选择风险较小的项目进行投资，任何有损职业安全的决策和行为都将被尽力避免（李培功和肖珉，2012）。而在非国有企业中，由于大股东治理和家族治理的原因，CEO 与股东的利益更为一致，委托—代理关系更加稳定，因而 CEO 的职业生涯关注较低。CEO 在经营决策上会更愿意朝着企业价值最大化的目标努力，以牺牲股东利益为代价而谋取自身利益的可能性较低（艾伦等，2005；陈等，2011b），所以，CEO 职业生涯关注对企业风险水平的影响在非国有企业中并不显著。

五　企业风险的其他衡量指标

在上述回归中，我们使用了企业股票收益波动来衡量企业风险。

然而，相较于西方发达国家，我国资本市场尚不完善，使股票收益波动这一市场性指标可能无法很好地反映企业风险。因此，参考陆瑶和胡江燕（2014），我们使用综合杠杆（Degree of Comprehensive Leverage，DCL）这一会计指标进行稳健性检验。综合杠杆的计算公式为：

（净利润＋所得税费用＋财务费用＋固定资产折旧、油气资产折耗、生产性生物资产折旧＋无形资产摊销＋长期待摊费用摊销）／（净利润＋所得税费用）

该公式反映的是企业综合风险水平。① 具体数据来自 CSMAR 数据库的中国上市公司财务指标分析数据库中的风险水平指标。回归结果如表 6 - 8 所示。

表 6 - 8　　　　CEO 职业生涯关注与企业综合财务风险回归结果

	DCL					
	全样本		国有企业		非国有企业	
CEOage	- 0.0225 ***		- 0.0560 ***		0.0054	
	(- 2.73)		(- 4.52)		(0.54)	
Newappointment		0.2975 **		0.3895 **		0.2420
		(2.17)		(2.04)		(1.34)
ROA	- 19.1283 ***	- 18.9995 ***	- 19.4745 ***	- 19.4979 ***	- 17.2194 ***	- 17.1180 ***
	(- 13.05)	(- 12.93)	(- 9.04)	(- 9.02)	(- 9.26)	(- 9.20)
MB	1.3024 ***	1.3119 ***	2.4435 ***	2.4224 ***	0.0272	0.0221
	(4.27)	(4.30)	(5.07)	(5.02)	(0.07)	(0.06)
Cash	- 0.7274	- 0.7456	- 1.0539	- 1.1715	- 0.3971	- 0.3998
	(- 1.54)	(- 1.58)	(- 1.41)	(- 1.56)	(- 0.72)	(- 0.72)
Lev	2.9236 ***	2.9667 ***	2.9513 ***	3.0595 ***	2.6793 ***	2.6862 ***
	(7.33)	(7.43)	(5.29)	(5.47)	(4.91)	(4.93)

---

① 财务杠杆是衡量企业财务风险的指标，其计算公式为：（净利润＋所得税费用＋财务费用）／（净利润＋所得税费用）；经营杠杆是衡量企业经营风险的指标，其计算公式为：（净利润＋所得税费用＋财务费用＋固定资产折旧、油气资产折耗、生产性生物资产折旧＋无形资产摊销＋长期待摊费用摊销）／（净利润＋所得税费用＋财务费用）。因此，财务杠杆×经营杠杆＝综合杠杆，综合杠杆可以用来衡量企业的综合风险。

续表

	DCL					
	全样本		国有企业		非国有企业	
Salesgrowth	−0. 5599 ***	−0. 5433 ***	−0. 6755 ***	−0. 6472 ***	−0. 3961 **	−0. 4078 **
	(−3. 60)	(−3. 49)	(−2. 92)	(−2. 79)	(−2. 07)	(−2. 14)
Size	−0. 4706 ***	−0. 4825 ***	−0. 5358 ***	−0. 5731 ***	−0. 5479 ***	−0. 5363 ***
	(−6. 76)	(−6. 95)	(−5. 53)	(−5. 92)	(−5. 29)	(−5. 19)
Listage	0. 0757 ***	0. 0739 ***	0. 0729 ***	0. 0696 ***	0. 0530 ***	0. 0528 ***
	(5. 65)	(5. 51)	(3. 55)	(3. 37)	(2. 85)	(2. 84)
Intercept	13. 5001 ***	14. 0572 ***	17. 0132 ***	13. 5491 ***	14. 6859 ***	14. 1926 ***
	(9. 87)	(9. 81)	(8. 25)	(6. 95)	(6. 60)	(6. 25)
Year and industry control	是	是	是	是	是	是
Adjusted R^2	0. 0814	0. 0810	0. 0788	0. 0759	0. 0820	0. 0826
Sample size	10013	10052	5933	5962	3867	3876

注：括号内的数字为 t 检验值。*** 、** 和 * 分别表示系数在 1% 、5% 和 10% 的水平上显著。

从表 6 - 8 中可以看出，CEO 职业生涯关注越高，企业的综合风险也越高，而且这种关系在国有企业中显著，在非国有企业中不显著。这与前面的结论是一致的，表明我们的检验结果不受公司风险衡量指标的影响。

六　对数处理与固定效应模型

第一，参考瑟夫林（2014），为了使数据更加平稳并减轻异方差问题，我们将 RISK^{TO}、RISK^{ID}、CEOage 和 Listage 取自然对数进行了稳健性检验，相关结果报告在表 6 - 9 和表 6 - 10 中。

从表 6 - 9 中的数据可以看出，针对全样本，log CEOage 分别与 log RISK^{TO} 和 log RISK^{ID} 在 10% 和 5% 的显著性水平上负相关；在国有企业中，log CEOage 分别与 log RISK^{TO} 和 log RISK^{ID} 在 1% 的水平上负相关，而在非国有企业中，这两个系数均不显著。同样，从表 6 - 10 中我

表 6 - 9　　　　　　　CEO 年龄与企业风险回归结果
（对风险指标、CEO 年龄和上市年限进行对数处理）

	log RISK^{TO}			log RISK^{ID}		
	全样本	国有企业	非国有企业	全样本	国有企业	非国有企业
log CEOage	-0.0200 *	-0.0569 ***	0.0097	-0.0403 **	-0.0771 ***	-0.0047
	(-1.65)	(-3.45)	(0.52)	(-2.21)	(-2.94)	(-0.18)
ROA	-0.5962 ***	-0.6138 ***	-0.5938 ***	-0.9136 **	-1.0817 ***	-0.7499 ***
	(-12.87)	(-10.15)	(-7.87)	(-13.09)	(-11.25)	(-7.05)
MB	-0.0891 ***	-0.1215 ***	-0.0819 ***	-0.1237 ***	-0.1758 ***	-0.0974 ***
	(-9.16)	(-8.96)	(-5.44)	(-8.44)	(-8.16)	(-4.58)
Cash	0.0312 **	0.0289	0.0230	0.0376 *	0.0355	0.0216
	(2.07)	(1.37)	(1.01)	(1.66)	(1.06)	(0.68)
Lev	0.1128 ***	0.1185 ***	0.1382 ***	0.1644 ***	0.1812 ***	0.1678 ***
	(8.97)	(7.58)	(6.24)	(8.69)	(7.31)	(5.39)
Salesgrowth	0.0244 ***	0.0203 ***	0.0275 ***	0.0345 ***	0.0322 ***	0.0409 ***
	(4.98)	(3.13)	(3.55)	(4.70)	(3.13)	(3.76)
Size	-0.0408	-0.0360 ***	-0.0432 ***	-0.0551 ***	-0.0534 ***	-0.0554 ***
	(-18.43)	(-13.23)	(-10.22)	(-16.52)	(-12.30)	(-9.32)
log Listage	-0.0200 ***	-0.0023	-0.0351 ***	-0.0125 ***	0.0064	-0.0289 ***
	(-6.52)	(-0.53)	(-6.84)	(-2.70)	(0.92)	(-4.02)
Intercept	-0.0776	0.0932	-0.0353	-0.1290 ***	-0.1125	-0.1975 ***
	(-1.31)	(1.14)	(-0.32)	(-1.44)	(-0.88)	(-1.24)
Year and industry control	是	是	是	是	是	是
Adjusted R^2	0.6862	0.7177	0.6413	0.6224	0.5923	0.6484
Sample size	10013	5933	3867	9934	5876	3845

注：括号内的数字为 t 检验值。 ***、** 和 * 分别表示系数在 1%、5% 和 10% 的水平上显著。

表6-10　　　　　　　　CEO新上任与企业风险回归结果

（对风险指标和上市年限进行对数处理）

	log RISK^{TO}			log RISK^{ID}		
	全样本	国有企业	非国有企业	全样本	国有企业	非国有企业
Newappointment	0.0129***	0.0143***	0.0120	0.0181***	0.0230***	0.0130
	(3.00)	(2.67)	(1.64)	(2.80)	(2.73)	(1.26)
ROA	-0.5893***	-0.6123***	-0.5847***	-0.9054***	-1.0788***	-0.7392***
	(-12.73)	(-10.14)	(-7.74)	(-12.97)	(-11.23)	(-6.95)
MB	-0.0883***	-0.1196***	-0.0830***	-0.1217***	-0.1718***	-0.0981***
	(-9.10)	(-8.86)	(-5.52)	(-8.32)	(-8.00)	(-4.63)
Cash	0.0291*	0.0238	0.0233	0.0333	0.0252	0.0225
	(1.94)	(1.13)	(1.03)	(1.48)	(0.75)	(0.71)
Lev	0.1140***	0.1210***	0.1382***	0.1661***	0.1848***	0.1679***
	(9.08)	(7.76)	(6.25)	(8.79)	(7.46)	(5.40)
Salesgrowth	0.0237***	0.0196***	0.0265***	0.0337***	0.0309***	0.0401***
	(4.85)	(3.03)	(3.42)	(4.60)	(3.02)	(3.69)
Size	-0.0413	-0.0372***	-0.0428***	-0.0561***	-0.0551***	-0.0552***
	(-18.78)	(-13.76)	(-10.15)	(-16.89)	(-12.76)	(-9.29)
log Listage	-0.0206***	-0.0031	-0.0354***	-0.0134***	0.0053	-0.0293***
	(-6.71)	(-0.70)	(-6.92)	(-2.91)	(0.76)	(-4.08)
Intercept	-0.1290	-0.1044*	-0.2264**	-0.2376***	-0.3802	-0.3365**
	(-2.89)	(-1.92)	(-2.47)	(-3.52)	(-4.39)	(-2.59)
Year and industry control	是	是	是	是	是	是
Adjusted R^2	0.6870	0.7180	0.6423	0.6218	0.5912	0.6487
Sample size	10052	5962	3876	9973	5905	3854

注：括号内的数字为t检验值。***、**和*分别表示系数在1%、5%和10%的水平上显著。

们发现，在全样本和国有企业子样本中，Newappointment 与 log RISK^{TO} 和 log RISK^{ID}均在1%的水平上显著正相关，而在非国有企业中，这两个系数也不显著。这些实证结果与前文的结果保持一致。

第二，加入企业固定效应。在上述回归中，虽然我们控制了行业、时间固定效应和企业的一些财务指标，但仍然可能存在其他影响企业风险的因素。因此，参考李等（2011），我们采用企业固定效应模型来减轻上述影响。实证结果如表 6 – 11 所示，除 CEOage 与 $RISK^{TO}$ 的负相关关系不显著外，其余的实证结果与前面的结果保持一致。

表 6 – 11 CEO 职业生涯关注与企业风险回归结果（固定效应模型）

	$RISK^{TO}$		$RISK^{ID}$	
	(1)	(2)	(3)	(4)
CEOage	– 0. 0003		– 0. 0004 *	
	(– 1. 41)		(– 1. 82)	
Newappointment		0. 0052 **		0. 0058 **
		(2. 36)		(2. 21)
ROA	– 0. 0672 **	– 0. 0628 **	– 0. 0793 **	– 0. 0735 **
	(– 2. 30)	(– 2. 15)	(– 2. 28)	(– 2. 11)
MB	– 0. 0699 ***	– 0. 0688 ***	– 0. 0779 ***	– 0. 0761 ***
	(– 10. 34)	(– 10. 21)	(– 9. 61)	(– 9. 43)
Cash	0. 0172	0. 0154	0. 0228 *	0. 0201
	(1. 48)	(1. 33)	(1. 65)	(1. 46)
Lev	0. 0195 *	0. 0214 *	0. 0288 **	0. 0308 **
	(1. 76)	(1. 94)	(2. 18)	(2. 34)
Salesgrowth	0. 0025	0. 0021	0. 0033	0. 0029
	(0. 99)	(0. 86)	(1. 10)	(0. 98)
Size	0. 0027	0. 0023	0. 0046	0. 0040
	(0. 97)	(0. 84)	(1. 39)	(1. 23)
Listage	0. 0021 ***	0. 0021 ***	– 0. 0062 ***	– 0. 0063 ***
	(3. 95)	(3. 90)	(– 9. 56)	(– 9. 78)
Intercept	0. 3442 ***	0. 3364 ***	0. 2231 ***	0. 2118 ***
	(6. 39)	(6. 29)	(3. 48)	(3. 32)
Adjusted R^2	0. 6114	0. 6121	0. 4836	0. 4827
Sample size	10013	10052	9934	9973

注：括号内的数字为 t 检验值。***、** 和 * 分别表示系数在 1%、5% 和 10% 的水平上显著。

第五节　结　论

本章基于 2002—2012 年中国上市公司的数据，检验了 CEO 职业生涯关注与企业风险水平之间的关系。研究结果表明，CEO 职业生涯关注越高，企业风险水平也越高。进一步区分企业股权性质后的研究发现，在国有企业中，CEO 职业生涯关注与企业风险正相关；而在非国有企业中，CEO 职业生涯关注与企业风险的相关关系不显著。这表明企业的股权性质是影响 CEO 职业生涯关注与企业风险之间关系的一个重要因素。此外，我们还进行了一系列稳健性检验，实证结果表明，上述关系具有较强的稳定性。

本章的实证结果丰富了 CEO 特征与企业决策的相关研究，为 CEO 职业生涯关注与企业风险之间的关系提供了新的经验证据。根据上述分析，我们认为，职业生涯关注会增强 CEO 谋求个人利益的动机，这将导致企业风险水平的上升。因此，董事会需要建立完善的经理人考核评价体系和激励制度，激发职业生涯关注对 CEO 决策行为的积极作用，从而将企业风险控制在合理的范围内。此外，与非国有企业相比，国有企业 CEO 的任免受到政府的行政干预，这使他们在经营管理过程中不仅要考虑企业价值的最大化，还要考虑政治性和社会性目标的实现，因而这类 CEO 的职业生涯关注动机更为强烈。深化国有企业改革，调整国有企业的考核体系和任命制度，将有助于促进国有企业的健康发展。

第七章 财务报告质量与企业特质风险

第一节 问题意识

股票市场是一个由信息组成的市场，股票价格受到市场信息、行业信息以及企业特质信息的影响。在发达资本市场中，噪声、泡沫等非理性因素较少，企业股票价格波动在很大程度上受到企业层面信息的影响。与发达股票市场相比，中国股票市场起步较晚，运行机制不规范，相关的制度仍在不断完善中，投资者的投资理念还不成熟等，使企业股票价格中反映的企业特质信息较少，股票价格更多地受到市场信息以及行业信息的影响，因此，股票价格"同涨同跌"的现象较为明显。莫克尔等（Morck，2000）通过对 40 个国家上市公司的研究，发现特质风险（Idiosyncratic risk）与系统性风险的比例在成熟的股票市场中比新兴股票市场中要高，也就是在新兴股票市场中，股价波动同步性较高。[①] 在他们研究的 40 个样本国家中，我国股价波动同步性居于第二位，仅次于波兰。吉恩和迈尔斯（Jin and Myers，2006）通过研究 40 个股票市场 1990—2001 年的数据后发现，中国的股价同步性位于 40 个样本国家之首。中国股票价格波动呈现较大的同步性、较小的特质风险，这是由中国股票市场的特点决定的。

---

① 股价同步性是指个股股票价格波动与市场波动的关联性，也就是所谓的"同涨同跌"现象。股价的非系统性波动是指股票价格不随市场波动，只根据企业特质信息波动，亦即特质风险。股价同步性和股价的非系统性波动从两个相反的角度描述股票价格的波动。

第一，由于我国司法体系还不完善，对投资者利益的保护程度还不够，企业管理层存在较强的侵害外部投资者利益的动机，因此，外部投资者很难获得企业层面的准确信息或者获得的只是经过管理层粉饰的企业信息，最终不得不更多地依赖市场信息或者行业信息做出投资决策。

第二，中国股票市场的信息透明度不够，投资者获取上市公司经营状况和财务状况的途径较为单一。

第三，中国股票市场存在较多的个人投资者，而中小投资者由于缺乏专业的判断能力，在做出投资决策时，较多地依赖市场信息和行业信息，因此造成股票价格特质风险较小。在中国股票市场中，股票价格的非系统性波动在很大程度上受到噪声、泡沫等非理性因素的影响，股票市场信息效率较低，严重阻碍了股票市场的资源配置功能。

企业的特质信息如何被投资者得到并合理运用，使之反映到股票价格中，进而影响企业股票价格的特质风险，在学术界一直存在争论。

一种观点认为，在成熟的股票市场，公司股票价格的特质风险主要是由企业的特质信息决定，在这种情况下，不透明的财务信息将导致较少企业层面的特有信息进入股票市场，导致股票价格中包含的企业层面的特有信息较少，从而使得企业股票价格的非系统性波动程度较弱，企业股票价格的同步性越高；反之，如果企业的财务报告质量较高，企业的特质信息能够及时、准确地反映在股票价格当宁，企业股票价格的非系统性波动程度就较强，企业股票价格的同步性越低（罗尔，1988；莫克尔等，2000；吉恩和迈尔斯，2006），此类观点被称为"信息效率观"。

另一种观点认为，在新兴股票市场，股票价格较多地受到市场信息和行业信息等宏观信息的影响，而企业的特质信息较少被反映到企业股票价格当中，并且企业股票价格的非系统性波动较多地受到噪声、泡沫等非理性因素的影响。在这样的股票市场中，企业财务报告质量的提高可以让投资者对企业未来发展有更加清晰的认识，同时也能降低企业未来发展的不确定性，从而降低股票价格的非系统性波动程度［达斯古普塔等（Dasgupta et al.，2010）］，这类观点被称作"噪声观"。

　　企业管理者作为内部人，对企业的经营活动和财务状况以及未来的发展情况有很清晰的认识，但是，作为外部人的投资者，他们能够获得企业特质信息的途径有限，企业财务报告成为投资者了解上市公司财务状况和经营状况最重要的渠道。高质量的财务报告能够为投资者提供准确、全面、真实的信息，降低信息不对称的程度，保护中小投资者的权益，帮助投资者更好地做出投资决策，从而最大限度地发挥资本市场的资源配置功能；反之，低质量的企业财务报告要么不能及时地向投资者传达企业的信息，要么向投资者传达错误的信息，导致投资者做出错误的投资决策，从而降低股票市场的信息效率。要想提高股票市场的信息效率，促进股票价格的合理形成，前提条件是企业特质信息较多地反映在股票价格中。

　　财务报告不仅是上市公司向投资者传递企业经营成果和财务状况的重要途径，而且是投资者判断企业价值的重要依据，投资者依据财务报告做出投资决策，从而影响企业股票价格。要想发挥财务报告引导投资决策的功能，前提条件是投资者能准确地理解并合理地使用财务报告中的会计数据，据此做出投资决策，企业的特质信息才能融入股票价格当中。目前，我国上市公司对外披露经营成果和财务状况的主要途径是经注册会计师审计的财务报表。财务报告因为其固有的专业性以及相关指标计算的复杂性，大部分投资者很难准确地理解其中的财务数据包含的企业特质信息，再加上管理层会利用会计准则的漏洞，提前或者延后确认收入，粉饰企业财务报告，使投资者更难把握准确的财务信息。中国股票市场经过 20 多年的发展，相关的法律制度以及信息披露制度也在不断完善。2006 年财政部颁布了新的会计准则，标志着我国会计体系的一次重大完善。新的会计准则充分借鉴了国际会计准则的相关规定，新的会计准则不仅从整体上规范了各个科目，而且对信息披露要求更全面和详细，降低了投资者对财务报告解读的难度。

　　目前，我国对于财务报告质量的研究主要集中在财务报告质量与内部控制、投资效率和资本成本之间的关系上。如果企业有合理的内部控制制度并且得到有效执行，企业出现盈余管理的可能性就会降低；而如果企业没有内部控制制度或者内部控制制度没有得到有效执行，内部管理者操纵盈余的可能性就较大。王守海等（2010）通过对中国2006—2008年度沪深两市的上市公司的研究发现，内部审计与财务报告质量之间存在显著的负相关关系，即内部审计可以提高财务报告的质量。李青原（2009）通过对中国上市公司的研究发现，高质量的财务报告可以降低道德风险和逆向选择，提高企业的投资效率。而根据信息风险定价理论，财务报告质量越高，权益资本成本应该越低。以上研究均脱离了股票市场，而企业的财务报告最终是要通过投资者在股票市场上的行为反映在股票价格当中的，因此，本章对企业财务报告质量和特质风险之间的关系的研究，将丰富财务报告质量的相关理论。另外，本章的研究也为针对财务报告质量与企业特质风险和股价同步性的理论分歧提供了相关的证据。根据投资组合理论，投资者只要持有充分分散化的投资，就可以消除企业特质风险，但在现实中，个人投资者由于缺乏足够的资金和专业投资知识，只能持有数量有限的股票，并不能充分分散化投资。因此，如何识别和降低特质风险显得非常重要。研究财务报告质量与特质风险之间的关系，能够增强投资者对上市公司价值和风险的识别能力，提高资本市场的资源配置效率。

第二节　文献综述与研究假设

股票价格受到市场信息、行业信息以及企业特质信息的影响。罗尔（1988）通过对美国股票市场的研究发现，市场信息和行业信息不能很好地解释股票价格的波动，其原因是股票价格中包含较多企业的特质信息。股票价格同步性越高，股票价格受到市场信息和行业信息的影响程度越大；企业股票的特质风险越大，股票价格受到企业基本层面信息的影响程度越大，就越能促进市场的资源配置效率。罗尔的研究激发了一系列关于企业特质信息与股票价格波动之间的研究。然而，现有研究在两者之间的关系上并没有得出一致的结论。

一些学者认为，较高的财务报告质量会伴随较低的特质风险。帕斯特和韦罗内西（Pastor and Veronesi，2003）的研究发现，企业未来盈利能力的不确定性会增加企业的特质风险。企业可以通过向投资者提供高质量的财务报告，进而向投资者传递更多更准确的与企业经营及未来价值有关的信息，增加投资者对公司未来发展的信心，从而降低企业的特质风险。而 Teoh 等（2009）研究了股价波动同步性与股票价格中包含的企业特质信息量之间的关系。Teoh 等（2009）用四个指标来衡量企业股票价格中的信息含量，结果表明，股价同步性较小（特质风险较大）的企业股票价格中包含的企业未来基本面信息越少，投资者就越难准确地做出分析。达斯古普塔等（2010）认为，企业股票价格只会对市场参与者未预料到的信息做出反应。如果企业的信息环境改善了，投资者能够得到更多的企业特质信息，他们就有能力对企业未来的盈利能力和价值做出充分的预测和判断，企业的特质风险就会降低。相反，如果企业信息环境不好，投资者对企业未来的发展具有不确定性，那么企业的特质风险就会增加。Rajgopal 和 Venkatachalam（2011）通过对 1962—2001 年美国上市公司的研究发现，40 年期间美国上市公司的特质风险呈现上升的趋势。Rajgopal 和 Venkatachalam（2011）指出，特质风险的不断上升与上市公司财务报告质量不断恶化存在明显的关系。在考虑了新上市公司、技术密集型企业的因素后，特质风险与企业财务报告质量之间的负相关关系依然存在。最后，巴特拉姆等（2012）选取 50 个国家 1990—2006 年的数据为样本研究股票价格波动后发现，美国股票价格的特质风险要比样本中其他国家的特质风险都大，其原因是在美国股票市场中有更好的投资者保护制度、股票市场发展更为成熟以及创新较多。

另一些学者则认为，较高的财务报告质量会伴随较高的特质风险。莫克尔等（2000）的研究发现，新兴股票市场的股价同步性比成熟股票市场的同步性要高。他们认为，在新兴股票市场中，政治事件和国家政策能在很大程度上影响股票价格波动。市场中缺乏对个人产权的保护，使得企业管理层会增强对外部投资者利益侵害的动机，外部投资者很难获得准确的企业层面信息或者获得的是经过管理层粉饰的财务数据，使投资者很难根据所得到的企业特质信息对企业价值做出准确判断，因此投资者更多地利用宏观信息做出投资决策。如果加强对公众投资者的法律保护程度，股票同步性波动会降低。在成熟股票市场中，投资者更多的是利用企业特质信息做出投资决策，所以，股价同步性较低。吉恩和迈尔斯（2006）通过研究 40 个股票市场 1990—2001 年的数据发现，中国的股价同步性位于 40 个样本国家之首。吉恩和迈尔斯（2006）用 5 个指标来测量样本国家的信息透明度①，结果表明，股票价格的特质风险与信息透明度正相关。而 Piotroski 和 Roulstone（2004）研究了金融分析师、机构投资者和内部人三种有效的市场参与者对企业股票价格中包含的特质信息、行业信息以及市场信息的影响。研究结果表明，股票特质风险与金融分析师的关注程度呈现负相关关系，与机构投资者数量和内部交易数量呈现正相关关系。他们认为，金融分析师的分析预测主要是基于行业信息，依据金融分析师预测做出的投资决策增加了股票价格中包含的行业信息，因此受到金融分析师关注越多的股票，其同步性波动越大，特质风险越小。相反，机构投资者和内部人的交易较多地利用企业的特质信息，因此，机构投资者、内部交易越多，股票价格中包含的特质信息就越多。Chan 和哈米德（2006）以 1993—1999 年 25 个新兴股票市场为样本，研究金融分析师关注度与股票价格波动之间的关系。结果表明，金融分析师关注度与企业股票价格同步性之间存在正相关关系。他们认为，在新兴股票市场中，由于信息透明度较差，导致收集企业特质信息的成本较高，因此，金融分析师在发布盈利预测时更多的是基于市场信息和行业而非企业特质信息。赫顿等（Hutton et al.，2009）以 1991—2005 年美国上市公司为样本研究发现，盈余管理程

---

　　① 吉恩和迈尔斯（2006）所用的 5 个指标为：（1）1999—2000 年的《全球竞争力报告》中不同国家的信息披露水平和效率；（2）专业审计人员数量，文章选取审计人员数量与股票市值之比作为衡量审计活动的衡量指标；（3）财务报告中包含的会计项目数量；（4）普华永道公布的不透明指数；（5）金融分析师对一个企业的盈利预测的标准差。

度越大的企业，企业的特质信息会较少被投资者识别，企业的特质风险就越小。最后，阿曼（Aman，2011）通过对日本上市公司的研究表明，日本上市公司股票波动中的 20% 可以由市场信息和行业信息解释，其余 80% 由企业的特质信息来解释。阿曼（2011）指出，管理层预测的准确性越高，企业股票价格中包含的特质信息越多，公司的特质风险越大，同步性波动越小。

基于上面的两派学者的观点，我们可以看到，财务报告质量与企业特质风险之间的关系并不明确。因此，我们提出以下两个对立的假设。

假设 1：财务报告质量与企业特质风险之间呈负相关关系。

假设 1 背后的逻辑如下：较高的财务报告质量能够提供更为准确的企业特质信息，从而降低投资者与企业之间的信息不对称性。相反，低质量的财务报告会提高未来企业盈利的不确定性，从而削弱投资者信心，加大企业特质风险。理查森等（2005）和奥尔森（2010）指出，发布高质量财务报告的拥有更为优秀的盈余质量，从而股票估值也更为稳定。在我国，投资者保护相对较弱，而中小股东的法律诉讼更是很少发生。因此，无论国有企业还是民营企业，大股东都能较为容易地利用私有信息去剥削中小股东。这种情况在那些财务报表质量低的企业会更为严重。结果，知情投资者和不知情投资者都会尽可能避免投资这类财务报告质量低的企业，从而导致这类企业的特质风险上升。

假设 2：财务报告质量与企业特质风险之间呈正相关关系。

假设 2 背后的逻辑如下：由于财务报告质量低的时候，外部投资者无法获得准确的企业特质信息，他们不得不基于行业信息或者市场信息去做投资决策。因此，这类企业会存在较高的股价同步性与较低的特质风险（莫克尔等，2000；赫顿等，2009）。在我国，我们常常看到股票市场的暴涨和暴跌。例如，几乎所有的中国投资者都品尝了 2015 年 4 月的股票暴涨带来的欢愉，但马上又承受了 7 月的股市暴跌带来的苦痛。一方面，部分中国上市公司不太愿意披露高质量的财务报告；另一方面，中国经济是以投资驱动为导向的经济，因此整个中国股票市场受到政府宏观政策的影响非常严重。结果,对于那些财务报告质量低的企业,外部投资者不得不更为依赖行业信息或者市场信息,从而提高股价同步性,降低特质风险。

第三节 研究设计

一 样本选择与数据来源

本章以2002—2012年沪深两市A股上市公司为样本,考虑到金融企业、公用事业企业的特殊性,样本中剔除了该类企业。另外,样本中剔除了ST、PT类企业,因为该类企业一般存在较严重的财务问题和经营问题。为了控制极端值对实证结果的影响,本章对所有的数据进行了Winsorize处理,对所有小于5%分位数(大于95%分位数)的数据,令其值等于5%分位数(95%分位数)。

二 模型构建及变量定义

(一) 财务报告质量的代理变量

由于上市公司管理者与投资者之间存在信息不对称的现象,投资者获取公司特质信息的渠道较少。在我国,上市公司定期披露的季度报、半年报和年报成为上市公司和投资者之间的信息桥梁。高质量的财务报告能向投资者提供更多、更准确的与企业价值判断相关的信息,以便投资者更好地了解企业。低质量的财务报告要么不能向投资者传递企业信息,要么向投资者传递错误的信息,误导投资者。因此,如何衡量财务报告质量成为学术界广泛研究和探索的问题。目前,学者对财务报告质量的研究主要集中在三个方面:一是从整体上衡量财务报告质量;二是从财务报告质量特征的角度衡量;[①] 三是从财务报告透明度及披露质量的角度衡量(孙光国和杨金凤,2012)。从整体上衡量财务报告质量,目前来看,发展最成熟的就是从盈余质

---

① 根据我国《企业会计准则——基本准则》,我国会计质量的基本要求为可靠性、相关性、可理解性、可比性、实质重于形式、重要性、谨慎性和及时性。

量的角度衡量财务报告质量。从财务报告质量特征的角度衡量，可靠性是要求会计师数据必须真实、准确、公允，符合会计政策的要求。由于可靠性的衡量难度较大，目前，学术界对此研究较少。相关性是指会计信息必须与会计信息使用者的决策相关。目前，对财务报告质量相关性的研究主要集中在会计信息使用者针对会计信息对上市公司的股票价格做出的反应上，主要表现为会计信息对股票价格的预测上。可理解性是指会计信息被会计信息使用者理解的程度，主要表现为财务报告中会计数据披露的详细程度以及难易程度。可比性是指财务报告中的会计信息既能够与本企业不同时期的会计数据对比，又能与同期同行业企业的会计数据对比。实质重于形式是指当经济活动的法律形式与经济实质不一致时，会计数据应当按照经济活动的实质进行确认、计量。重要性是指会计信息应当准确无误、完整地反映企业的经济活动。谨慎性是指某些经济业务有几种不同会计处理方法和程序可供选择时，在不影响合理选择的前提下，应当尽可能选用对所有者权益产生影响最小的方法和程序进行会计处理，合理核算可能发生的损失和费用。及时性是指会计信息能及时反映公司的经济活动，不得提前或者延后确认、计量。目前，关于及时性的衡量方法主要是从会计年度结束到年审计报告签署日、财务报告公告日之间的时间间隔来衡量。财务报告透明度及披露质量的衡量一般以权威机构的信息披露评级来衡量。

　　本章主要研究财务报告质量与企业特质风险之间的关系，如果仅从财务报告质量的某个特征来衡量，可能会使结果出现偏差，因此，我们选取从整体来衡量财务报告质量的角度出发。盈余质量是目前发展最为成熟的从整体上衡量财务报告质量的方法。关于盈余质量，在总结之前学者的理论和经验应用的基础上，参考 Rajgopal 和 Venkat-achalam（2011）财务报告质量的衡量指标，我们选取以下两个指标来衡量财务报告质量。

　　以权责发生制为基础的收入、费用确认原则使公司的收入、费用与现金流之间出现了时间差。但是，从长期来看，利润与现金流应该是一致的，所以，应计利润与经营活动产生的现金越近，盈余质量越高。即应计利润与现金流的匹配程度越高，财务报告质量就越高。因此，本章选取的第一个衡量财务报告质量的指标是基于德秋和迪切夫（2002）模型。弗朗西斯等（2005）在德秋和迪切夫（2002）模型的基础上增加了两个变量。

$$TCA_{it} = \alpha_0 + \alpha_1 CFO_{it-1} + \alpha_2 CFO_{it} + \alpha_3 CFO_{it+1} + \alpha_4 \Delta REV_{it} + \alpha_5 PPE_{it} + \varepsilon_{it}$$

$$(7-1)$$

其中，TCA 是总体流动性应计项目，计算方法是 $\Delta CA - \Delta CL - \Delta cash + \Delta STD$，$\Delta CA$ 是流动资产的变化；ΔCL 是流动负债的变动；$\Delta cash$ 是现金及现金等价物余额的变动；ΔSTD 是流动负债中短期借款的变动；CFO 是经营活动产生的净现金流量；ΔREV 是销售收入的变动；PPE 是固定资产原值。为了剔除绝对值大小的影响，所有的变量均是原绝对数除以企业平均资产后得到的。应计项目对现金流的拟合程度越好，表示企业的盈余质量越好，企业的财务报告质量就越高。本章选取式（7-1）中残差项的绝对值用 DD 表示，DD 值越大，表示财务报告质量越低。

本章第二个衡量财务报告质量的指标建立在非正常性应计项目的基础上。一个的应计项目应该是由企业层面的信息决定的，比如说，收入的变化、固定资产的变化等。如果一个企业的应计项目严重偏离了企业层面的信息，那么这个偏差应该就是非正常性应计项目。这些非正常性应计项目就会降低企业的财务报告质量（Rajgopal and Venkatachalam，2011）。

$$TA_{it} = \beta_0 + \beta_1 (\Delta REV_{it} - \Delta AR_{it}) + \beta_2 PPE_{it} + \beta_3 ROA_{it} + \xi_{it} \qquad (7-2)$$

其中，TA 是总体应计项目；ΔAR 是应收账款的变化，为了剔除绝对值大小的影响，所有变量都是原绝对数除以企业平均资产后得到的。式（7-2）中残差项表示非正常性应计项目，其绝对值越大，表示非正常性应计项目越大，盈余管理程度越大，企业的财务报告质量就越差。式（7-2）中残差项的绝对值用 ABACC 表示，ABACC 越大，表示财务报告质量越低。

（二）企业风险水平的代理变量

同许和马尔基尔（2003）一致，我们计算特质风险的方法如下：

$$\mathrm{Var}(R_{it}) = \mathrm{Var}(R_t^M) + \mathrm{Var}(r_{it}) + 2\mathrm{Cov}(R_t^M, r_{it}) \qquad (7-3)$$

其中，R_{it} 是个股收益率相对于市场无风险利率的每日超额回报，而 R_t^M 是市场组合收益率相对于无风险利率的每日超额回报。r_{it} 是每只股票相对于市场组合收益的每日超额回报，该回报与市场波动无关，因而 $\mathrm{Cov}(R_t^M, r_{it}) = 0$。据此，可以得到以下等式：

$$\mathrm{Var}(R_{it}) = \mathrm{Var}(R_t^M) + \mathrm{Var}(r_{it}) \qquad (7-4)$$

$$\mathrm{Var}(r_{it}) = \mathrm{Var}(R_{it}) - \mathrm{Var}(R_t^M) \qquad (7-5)$$

对 $\mathrm{Var}(r_{it})$ 进行平方根处理，所得数据作为公司特质风险的衡量指标，表示为 RISK^{ID}。

（三）控制变量

根据以往的研究，我们控制其他能够影响企业特质风险的因素。汉隆等（Hanlon et al.，2004）发现，企业的经营情况（用收入或者经营活动产生的现金流量来表示）与企业股票价格波动负相关，即经营情况好的企业，股票价格波动较小，经营情况不好的企业，其股票价格波动较大。因此，我们选取经营活动产生的现金流量作为控制变量，表示为 CFO（经营活动产生的现金流量除以企业平均资产）［布朗和卡帕迪亚，2007；欧文和庞蒂夫（Irvine and Pontiff，2009）］。曹等（2008）、赫顿等（2009）、侯宇和叶冬艳（2008）、Rajgopal 和 Venkatachalam（2011）的实证结果均表明，企业账面市值比越小，未来发展的不确定性越高，从而企业的特质风险越大。一般来说，企业规模越大，应对风险的能力越强，未来发展的不确定性会越小；相反，企业规模较小，企业缺乏应对风险的能力，而且鉴于企业规模较小，企业未来发展的不确定性会增加。伯兰特等（2010）、Rajgopal 和 Venkatachalam（2011）的实证结果也证实了这种关系。因此，我们认为，企业规模（SIZE）与企业特质风险之间存在负相关关系。布朗和卡帕迪亚（2007）、芬克等（2010）认为，企业杠杆越高，企业的风险越大。高财务杠杆的企业通常被认为更容易发生财务困境，未来经营活动的不确定性会增加，因此我们认为，企业杠杆与企业的特质风险之间存在正相关关系。我们用长期负债与企业总资产的比例作为衡量公司负债的指标，表示为 LEV。以上各变量的定义如表 7-1 所示。

表 7 – 1　　　　　　　　　　　　　　　**变量定义**

变量	定义
RISK^{ID}	特质风险
DD	基于德秋和迪切夫（2002）模型衡量的企业财务报告质量指标
ABACC	基于非正常性应计项目模型衡量的企业财务报告质量指标
CFO	经营活动产生的现金流量/平均总资产，平均总资产 =（期初总资产 + 期末总资产）/2
BM	账面价值/市场价值
Size	企业市值的自然对数
Lev	长期负债/总资产
Ret	股票年收益率

（四）模型设计

为了研究企业财务报告质量与企业特质风险之间的关系，我们的回归模型如下：

$$RISK_{it} = \lambda_0 + \lambda_1 FRQ_{it-1} + \lambda_2 CFO_{it+1} + \lambda_3 CFO_{it} + \lambda_4 CFO_{it-1} + \lambda_5 BM_{it-1} +$$
$$\lambda_6 Size_{it-1} + \lambda_7 Lev_{it-1} + \lambda_8 Ret_{it} + \mu_{it} \qquad (7-6)$$

其中，$RISK_{it}$ 指的是企业特质风险 $RISK^{\mathrm{ID}}$，FRQ 表示企业财务报告质量，指的是 DD 或者 ABACC。

在式（7 – 6）中，我们会控制行业固定效应和年度固定效应。因为投资者通常是根据财务报告判断未来的企业价值并进而做出投资决策，所以企业特质风险的变化要滞后于财务报告质量的变化，我们用滞后 1 年的财务报告质量作为主要说明变量。同 Rajgopal 和 Venkatachalam（2011）一致，本章中的控制变量经营活动产生的现金流量使用前一年的、本年的和未来一年的。其他控制变量 BM、Size、Lev 都是用滞后一期的数据。企业股票收益率为当期的数据，这是因为，股票特质风险与股票收益之间的关系是当期关系，而不是滞后关系。

第四节　实证检验

一　描述性统计

各变量的描述性统计见表 7 - 2。样本企业特质风险的平均值为 2.366，而美国上市公司特质风险的平均值为 3.44（Rajgopal and Venkatachalam，2011）。样本企业中账面市值比的平均值为 0.745，意味着从整体来看，我国上市公司的账面价值小于市场价值。但是，不同企业之间的账面市值比差异较大，最大的为 1.135，最小的为 0.306。企业规模（Size）的平均值为 21.531，最大值为 23.691，最小值为 20.009。企业杠杆（Lev）的平均值为 0.044，最小值为 0.000，而最大值为 0.219，这说明中国上市公司中长期贷款整体水平较低。企业股票收益率平均值为 17.4%，最小值为 - 59.7%，最大值为 199.3%，这说明我国上市公司股票收益率存在较大差异，部分企业股票的收益率为负数。

表 7 - 2　　　　　　　　　　描述性统计

变量	样本数	均值	标准差	最小值	最大值
RISK^{ID}（×100）	15713	2.366	0.974	1.183	4.744
DD（×100）	7342	5.948	4.754	0.414	17.025
ABACC（×100）	10751	0.859	1.109	0.003	3.707
CFO（×100）	10759	5.383	7.299	- 8.743	19.645
BM	12252	0.745	0.236	0.306	1.135
Size	12710	21.531	1.003	20.009	23.691
Lev	12710	0.044	0.064	0.000	0.219
RET	12514	0.174	0.702	- 0.597	1.993

各个变量之间的 Pearson 相关系数列示在表 7 - 3 中。从相关系数

中可以看出，衡量财务报告质量的指标 DD、ABACC 与代表企业特质风险的 $RISK^{ID}$ 之间的相关系数为正。而因为 DD、ABACC 数值越大，表示财务报告质量越低，所以，财务报告质量与企业特质风险之间的相关系数为负，与我们之前提出的假说一致。从不同角度衡量财务报告质量的两个指标 DD、ABACC 之间的相关系数为 0.716。虽然两者都是用来衡量财务报告质量，但是，由于其角度不同，衡量方法不一致，所以，它们之间的相关系数虽然为正，并且在统计上是显著的，但是，相关系数却小于 1。控制变量与企业特质风险之间的关系也基本与我们前面的预测一致：经营活动产生的现金流（CFO）与 $RISK^{ID}$ 之间的相关系数为负；企业账面市值比（BM）与 $RISK^{ID}$ 之间的相关系数为负数；公司规模（Size）与 $RISK^{ID}$ 之间的相关系数为负数。不过，企业杠杆 Lev 与 $RISK^{ID}$ 之间的相关系数显著为正，这与我们前面的预测相反。

表 7 - 3　　　　　　　　　Pearson 相关性分析

变量		(1)	(2)	(3)	(4)	(5)	(6)	(7)	(8)
$RISK^{ID}$	(1)	1.000							
DD	(2)	0.102***	1.000						
ABACC	(3)	0.093***	0.716***	1.000					
CFO	(4)	-0.031**	0.001	-0.051**					
BM	(5)	-0.238**	-0.051**	-0.039**	1.000				
Size	(6)	-0.162**	0.019	-0.042**	0.039	1.000			
Lev	(7)	-0.011**	0.039**	0.019*	-0.097**	0.245**	0.480**	1.000	
RET	(8)	0.253**	0.050**	0.042**	0.130**	-0.403	0.064**	0.116**	1.000

注：***、** 和 * 分别表示在 1%、5% 和 10% 的水平上显著。

二　财务报告质量与企业特质风险

式（7-6）的回归结果列示在表 7-4 中。

表 7 – 4　　　　　　　财务报告质量与企业特质风险之间的关系

	被说明变量：$RISK_t^{ID}$	
	（1）	（2）
$ABACC_{t-1}$	0.017 *** （2.98）	
DD_{t-1}		0.003 ** （2.04）
CFO_{t+1}	– 0.007 *** （– 7.98）	– 0.008 *** （– 8.08）
CFO_t	– 0.008 *** （– 7.99）	– 0.007 *** （– 6.89）
CFO_{t-1}	– 0.008 *** （– 8.77）	– 0.008 *** （– 8.07）
BM_{t-1}	– 0.001 ** （– 2.90）	– 0.000 （– 1.16）
$Size_{t-1}$	– 0.001 *** （– 15.52）	– 0.001 *** （– 16.66）
Lev_{t-1}	0.008 *** （7.65）	0.008 *** （7.43）
RET_t	0.005 *** （31.52）	0.005 *** （30.59）
Intercept	0.054 *** （31.32）	0.057 *** （30.19）
Year and industry control	是	是
Adjusted R^2	0.498	0.485
Sample size	7167	5955

注：括号内的数字为 t 检验值。***、** 和 * 分别表示在 1%、5% 和 10% 的水平上显著。

实证结果证实了之前的假说 1：财务报告质量与企业特质风险之间呈负相关关系。衡量企业财务报告质量的 ABACC 的系数为 0.017，在 1% 的显著性水平上与企业特质风险 $RISK^{ID}$ 正相关。衡量企业财务报告质量的 DD 的系数为 0.003，在 5% 的显著性水平上与企业特质风险 $RISK^{ID}$ 正相关。这说明财务报告质量与企业特质风险之间存在显著的负相关关系。上市公司盈余管理程度越高，企业财务报告质量越差，向投资者传递的企业特质信息越少，企业受到噪声、泡沫等非理性因素的影响越大，企业的特质风险越大。企业降低盈余管理程度，使财务报告真实地反映企业未来的经营状况和财务状况，降低企业未来发展的不确定性，增强投资者的信心，企业的特质风险就会降低。

控制变量经营活动产生的现金流量 CFO，其滞后一期、当期和未来一期的系数均在 1% 的水平上显著为负。与应计项目相比，现金流量更真实、准确、不易被操控。因此，企业经营活动产生的现金流情况越好，说明企业的经营状况越好，现金流量能更真实地反映企业未来的价值，因此，现金流量与企业的特质风险负相关。控制变量的实证结果显示，账面市值比与企业的特质风险呈负相关关系，未来成长性越高，其面临的不确定性越大，企业的特质风险越大；企业规模越大，企业风险应对能力越强，并且企业未来的不确定性会较小，因此，企业的特质风险越低；如果企业的规模较小，企业的风险应对能力较弱，并且企业未来发展的不确定性会增加，因此，企业的特质风险会越大；最后，企业的杠杆越高，企业的特质风险越大。

三　新会计准则下财务报告质量与企业特质风险

企业特质风险在不同国家的不同时期表现出不同的特点。坎贝尔等（2001）认为，美国股票市场中企业特质风险在1962—1997年呈不断上升的趋势，即便是在市场总体风险保持不变的情况下。布朗和卡帕迪亚（2007）指出，美国股票市场中特质风险在1929—2004呈现U形曲线，他们认为，是新的上市公司的增加带来了特质风险的上升，尤其是第二次世界大战后股票市场的不断发展，企业有更多的渠道进入股票市场。伯兰特等（2010）认为，股票市场中企业特质风险的变化是一个随机的过程，并不是随着时间的推移而有规律地变动的。Rajgopal和Venkatachalam（2011）的研究也发现，美国股票市场中特质风险在1962—2001年的40年间不断增加。罗尔（1988）和杜尔涅夫等（2003）指出，美国股票市场中，特质风险的不断上升是股票市场效率不断提高的结果。市场有效性越高，股价中包含的特质信息越多，企业的特质风险就越大。坎贝尔等（2001）、许和马尔基尔（2003）发现，股票市场中企业特质风险的上升与进入机构持有的企业股票数量增长有关。伯兰特等（2010）的研究表明，投资者对低价股的偏好是造成特质风险上升的一个重要原因。芬克（2010）通过研究发现，上市公司数量的增加以及IPO企业年龄的下降是造成特质风险上升的重要因素。

因此，外国学者对美国股票市场中企业特质风险的时间趋势以及相关的原因没有一个一致的观点，不同的学者从不同的角度进行分析与解释。国内学者大多是从信息透明度与股价波动性的角度出发，没有直接去研究我国特质风险的时间趋势。图 7 - 1 显示了样本期内上市公司平均财务报告质量与特质风险的时间趋势图。

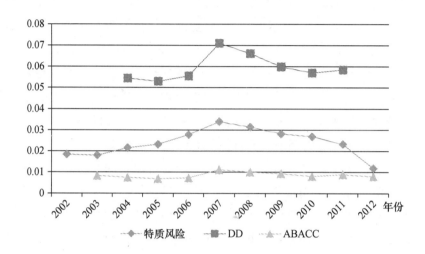

图 7 - 1　特质风险和财务报告质量的时间趋势

从图 7 - 1 中可以看出，上市公司的特质风险在 2002—2007 年呈现上升的趋势，在 2007—2012 年呈现下降的趋势。而衡量财务报告质量的指标 DD、ABACC 在 2003—2007 年不断上升，在 2007—2012年不断下降，这意味着在 2007 年以前，上市公司的财务报告质量不断恶化，但在 2007 年之后，上市公司的财务报告质量不断得到改善。2007 年 1 月 1 日，中国上市公司开始实行新的与国际会计准则更加趋同的会计准则。可见，新会计准则的采用对财务报告质量和企业特质风险产生了明显的影响。为了进一步验证上述图 7 - 1 中直观的趋势，我们设定了下面的模型进行实证分析。

$$RISK_{it}^{id} = \varphi_0 + \varphi_1 time + \varphi_2 FRO_{it-1} + \varphi_3 CFO_{it+1} + \varphi_4 CFO_{it} + \varphi_5 CFO_{it-1} +$$
$$\varphi_6 BM_{it-1} + \varphi_7 SIZE_{it-1} + \varphi_8 LEV_{ti-1} + \varphi_9 RET_{it} + \eta_{it} \qquad (7-7)$$

实证分析时，将总样本按照年份分为两个子样本，一个子样本的样本期间从 2003—2007 年，另一个子样本的期间从 2008—2012 年。在2003—2007 年的子样本中，time 是一个时间趋势变量，取值为 1—5，

2003 年为 1，2007 年为 5。在 2008—2012 年这个子样本中，time 也是一个时间趋势变量，取值为 1—5，2008 年为 1，2012 年为 5。我们用式（7-7）来研究系统性风险在中国的时间趋势问题。根据图7-1中的时间趋势，在以 2003—2007 年为样本期的子样本中，time 前面的系数应该显著为正；在以 2008—2012 年为样本期的子样本中，time 前面的系数应该显著为负。式（7-7）的实证结果如表7-5所示。

表7-5　考虑了时间趋势后财务报告质量与企业特质风险之间的关系

	被说明变量：$RISK_t^{ID}$（2003—2007 年）		被说明变量：$RISK_t^{ID}$（2008—2012 年）	
	(1)	(2)	(3)	(4)
time	0.002 *** (13.58)	0.001 *** (5.82)	-0.004 *** (-48.57)	-0.004 *** (-45.97)
$ABACC_{t-1}$	0.024 ** (2.51)		0.014 ** (2.06)	
DD_{t-1}		0.007 *** (2.71)		0.001 (0.55)
CFO_{t+1}	-0.005 *** (-3.35)	-0.006 *** (-3.49)	-0.009 *** (-7.40)	-0.009 *** (-7.31)
CFO_t	-0.005 *** (-3.26)	-0.004 ** (-2.32)	-0.009 *** (-7.61)	-0.009 *** (-6.92)
CFO_{t-1}	-0.011 *** (-7.00)	-0.009 *** (-5.04)	-0.006 *** (-5.22)	-0.007 *** (-6.07)
BM_{t-1}	-0.002 ** (-2.31)	-0.001 (-0.90)	-0.001 * (-1.86)	-0.000 (-0.86)
$Size_{t-1}$	-0.001 *** (-8.68)	-0.001 *** (-9.66)	-0.001 *** (-13.25)	-0.001 *** (-13.73)
Lev_{t-1}	0.003 * (1.83)	0.004 ** (1.99)	0.011 *** (8.65)	0.011 *** (7.89)

续表

	被说明变量：$RISK_t^{ID}$ (2003—2007 年)		被说明变量：$RISK_t^{ID}$ (2008—2012 年)	
	(1)	(2)	(3)	(4)
RET_t	0.001 *** (22.01)	0.005 *** (21.35)	0.005 *** (22.28)	0.005 *** (21.29)
Intercept	0.040 *** (14.19)	0.049 *** (14.80)	0.068 *** (31.49)	0.071 *** (33.28)
Year and industry control	是	是	是	是
Adjusted R^2	0.556	0.515	0.447	0.451
Sample size	3055	2228	4112	3727

注：括号内的数字为 t 检验值。*** 、** 和 * 分别表示在 1% 、5% 和 10% 的水平上显著。

实证结果证实了图 7 - 1 中的结果。在 2003—2007 年的子样本中，以 ABACC 为财务报告衡量指标时，time 前面的系数为 0.002，并且在 1% 的水平上显著为正；以 DD 为财务报告衡量指标时，time 前面的系数为 0.001，同样是在 1% 的水平上显著为正。在考虑了时间趋势的影响因素外，ABACC、DD 的系数依然是显著为正的。在 2008—2012 年子样本中：以 ABACC 为财务报告衡量指标时，time 前面的系数为 -0.004，并且在 1% 的水平上显著为负；以 DD 为财务报告衡量指标时，time 前面的系数为 -0.004，同样是在 1% 的水平上显著为负。

接下来，我们在式（7-6）的解释变量中加入交叉项 FRQ × dummy2007，进一步检验新会计准则的采用对财务报告质量和企业特质风险的影响。dummy2007 是一个虚拟变量，如果样本期间是 2007 年以后，该虚拟变量值为 1；如果在 2007 年以前，该虚拟变量值为 0。如果 FRQ × dummy2007 的系数为正，说明新的会计准则会加强财务报告质量与特质风险之间的关系；如果 FRQ × dummy2007 的系数为负，说明新的会计准则会减弱财务报告质量与特质风险之间的关系。表 7 - 6 列示了该实证结果。

表 7 - 6　新会计准则对财务报告质量与特质风险之间关系的影响

	被说明变量：$RISK_t^{ID}$	
	（1）	（2）
$ABACC_{t-1}$	0. 026 *** （2. 75）	
$ABACC_{t-1} \times dummy2007$	- 0. 014 * （- 1. 70）	
DD_{t-1}		0. 007 *** （2. 89）
$DD_{t-1} \times dummy2007$		- 0. 006 ** （- 2. 10）
CFO_{t+1}	- 0. 007 *** （- 7. 96）	- 0. 008 *** （- 8. 07）
CFO_t	- 0. 008 *** （- 8. 00）	- 0. 007 *** （- 6. 92）
CFO_{t-1}	- 0. 008 *** （- 8. 76）	- 0. 008 *** （- 8. 02）
BM_{t-1}	- 0. 001 *** （- 2. 88）	- 0. 000 （- 1. 12）
$Size_{t-1}$	- 0. 001 *** （- 15. 52）	- 0. 001 *** （- 16. 70）
Lev_{t-1}	0. 008 *** （7. 64）	0. 008 *** （7. 43）
RET_t	0. 005 *** （31. 46）	0. 005 *** （30. 53）
Intercept	0. 054 *** （31. 30）	0. 057 *** （30. 09）
Year and industry control	是	是
Adjusted R^2	0. 498	0. 485
Sample size	7167	5955

注：括号内的数字为 t 检验值。 *** 、 ** 和 * 分别表示在 1% 、 5% 和 10% 的水平上显著。

　　加入了交叉项后，财务报告质量与企业特质风险之间的负相关关系依然显著。交叉项 FRQ × dummy2007 的系数在以 ABACC 作为衡量企业财务报告质量的情况下，在 10% 的水平上显著为负，这说明在实行了新的会计准则以后，财务报告质量与企业特质风险之间的关系减弱了。在用 DD 作为衡量财务报告质量的指标的情况下，交叉项 FRQ × dummy2007 的系数为 - 0. 006，在 5% 的水平上显著为负，同样证实了新的会计准则会减弱财务报告质量与企业特质风险之间的关系。

四　控股股东属性对财务报告质量与企业特质风险之间关系的影响

由于我国上市公司股权结构的特殊性，本章进一步考虑了控股股

东属性对财务报告质量与企业特质风险之间关系的影响。本章建立一个
虚拟变量 Soe：如果该公司是国有控股，则 Soe 等于 1；相反，如果该企
业为非国有控股，则 Soe 等于 0。我们在式（7-6）中加入 FRQ × Soe 这
个交叉项，来研究控股股东属性对财务报告质量与企业特质风险之间
关系的影响。如果 FRQ × Soe 这个交叉项的系数为正，说明在国有控
股企业中，财务报告质量与特质风险之间的关系要比在非国有控股企
业中强烈；相反，如果 FRQ × Soe 这个交叉项的系数为负数，说明国
有控股会减弱财务报告质量与企业特质风险之间的关系。表 7-7 列
示了上述实证结果。

表 7-7　控股股东属性对财务报告质量与企业特质风险之间关系的影响

	被说明变量：$RISK_t^{ID}$	
	(1)	(2)
$ABACC_{t-1}$	0.004 (0.53)	
$ABACC_{t-1} \times Soe$	0.022 ** (2.40)	
DD_{t-1}		0.000 (0.03)
$DD_{t-1} \times Soe$		0.004 ** (2.40)
CFO_{t+1}	-0.007 *** (-7.88)	-0.008 *** (-7.98)
CFO_t	-0.008 *** (-7.99)	-0.007 *** (-6.87)
CFO_{t-1}	-0.008 *** (-8.87)	-0.008 *** (-8.06)
BM_{t-1}	-0.001 *** (-2.94)	-0.001 (-1.27)
$Size_{t-1}$	-0.001 *** (-15.71)	-0.001 *** (-16.84)
Lev_{t-1}	0.008 *** (7.68)	0.008 *** (7.44)
RET_t	0.005 *** (31.57)	0.005 *** (30.65)
Intercept	0.054 *** (31.37)	0.058 *** (30.26)
Year and industry control	是	是
Adjusted R^2	0.499	0.486
Sample size	7167	5955

　　注：括号内的数字为 t 检验值。*** 、** 和 * 分别表示在 1%、5% 和 10% 的水平上
显著。

从表 7 - 7 中可以看出，在用 ABACC 衡量企业财务报告质量的情况下，交叉项 FRQ × Soe 的系数为 0.022，在 5% 的水平上显著为正；在用 DD 衡量公司财务报告质量的情况下，交叉项 FRQ × Soe 的系数为 0.004，在 5% 的水平上显著为正。结果表明，相对于非国有控股企业来说，国有控股企业中财务报告质量与企业特质风险之间的关系更加显著，即控股股东为政府这个属性加强了财务报告质量与企业特质风险之间的关系。

五　剔除来自新上市公司的影响

部分学者把美国股票市场中特质风险的上升归因于新上市公司数量的增加（魏和张，2006；布朗和卡帕迪亚，2007）。他们认为，与已经在股票市场中存在多年的企业相比，新上市公司的特质风险更大。由于在我国上市条件较为严格，企业要想达到上市的条件，必须满足相关的盈利条件，因此，上市公司具有强烈的动机进行盈余管理。本章选取的样本期间为 2002—2012 年，在这期间的上市公司数量不断增加。为了剔除来自新上市公司的影响，我们创建了一个新的样本，该新样本中企业的上市时间均在 5 年（含 5 年）以上。换句话说，我们删掉了上市时间不足 5 年的企业。实证结果列示于表 7 - 8。

表 7 - 8　　　　　　　　　　剔除来自新上市公司的影响

	被说明变量：$RISK_t^{ID}$	
	(1)	(2)
$ABACC_{t-1}$	0.024 *** (3.87)	
DD_{t-1}		0.003 ** (2.25)
CFO_{t+1}	- 0.008 *** (- 7.94)	- 0.008 *** (- 7.93)
CFO_t	- 0.007 *** (- 6.51)	- 0.007 *** (- 6.42)
CFO_{t-1}	- 0.009 *** (- 8.77)	- 0.008 *** (- 7.71)
BM_{t-1}	- 0.001 * (- 1.99)	- 0.001 (- 1.27)
$Size_{t-1}$	- 0.001 *** (- 16.25)	- 0.001 *** (- 16.48)

续表

	被说明变量：$RISK_t^{ID}$	
	（1）	（2）
Lev_{t-1}	0.007 *** （6.85）	0.008 *** （7.20）
RET_t	0.005 *** （28.38）	0.005 *** （28.63）
Intercept	0.057 *** （32.20）	0.058 *** （31.71）
Year and industry control	是	是
Adjusted R^2	0.510	0.489
Sample size	6107	5526

注：括号内的数字为 t 检验值。***、** 和 * 分别表示在 1%、5% 和 10% 的水平上显著。

如表 7 - 8 所示，以 ABACC 来衡量财务报告质量的情况下，财务报告质量的系数为 0.024（t = 3.87），在 1% 的水平上显著为正。以 DD 来衡量财务报告质量时，财务报告质量的系数为 0.003（t = 2.25），在 5% 的水平上显著为正。实证结果说明，在考虑了新上市公司的影响因素后，我国上市公司中财务报告质量与企业特质风险之间的负相关关系依然存在。

六　低财务报告质量组 vs 高财务报告质量组

前面的实证结果表明，新的会计准则会减弱财务报告质量与企业特质风险之间的关系。原因在于：一方面，新的会计准则不仅对各个科目的要求更加规范和明确，也降低了企业利用会计准则的漏洞进行数据调节的可能性；另一方面，新的会计准则要求信息披露更加全面和详细，有利于财务报表使用者对财务数据的理解。新会计准则的实施有助于改善企业的信息环境，提高企业财务报告质量。基于上述分析，我们有理由认为，在不同水平的财务报告质量的企业之间，财务报告质量和企业特质风险之间的关系可能存在差异。因此，本章按照财务报告质量的高低分为低财务报告质量组和高财务报告质量组进行分别研究。实证结果如表 7 - 9 所示。

表7-9　　　　　　　　　　低财务报告质量组 vs 高财务报告质量组

	被说明变量：$RISK_t^{ID}$	
	低财务报告质量组	高财务报告质量组
$ABACC_{t-1}$	0.020 ** （2.69）	0.008 （0.94）
CFO_{t+1}	-0.009 *** （-7.00）	-0.005 *** （-3.70）
CFO_t	-0.006 *** （-5.48）	-0.011 *** （-6.13）
CFO_{t-1}	-0.008 *** （-6.57）	-0.008 *** （-5.26）·
BM_{t-1}	-0.001 （0.91）	-0.002 *** （-3.11）
$Size_{t-1}$	-0.001 *** （-11.78）	-0.001 *** （-10.17）
Lev_{t-1}	0.008 *** （5.81）	0.007 *** （4.97）
RET_t	0.005 *** （21.70）	0.005 *** （22.70）
Intercept	0.049 *** （20.50）	0.060 *** （25.01）
Year and industry control	是	是
Adjusted R^2	0.506	0.485
Sample size	3587	3850

注：括号内的数字为 t 检验值。*** 、** 和 * 分别表示在1% 、5% 和10% 的水平上显著。

　　实证结果表明，财务报告质量与企业特质风险之间的关系在两个子样本中存在差异。在高财务报告质量组，财务报告质量与企业特质风险之间的关系为正，但是，这种关系在统计上是不显著的。但在低财务报告质量组，财务报告质量的系数为0.020（t = 2.69），在5%的企业水平上显著为正。这说明在低财务报告质量组，财务报告质量与企业特质风险之间存在显著的负相关关系。

　　财务报告质量较差的企业，其股票价格的特质风险可能会更多受到噪声、泡沫等非理性因素的影响。而当企业提高财务报告质量的时候，投资者能更多地了解企业的经营情况并对企业价值做出判断，因此会减少噪声等因素对股票价格的影响，股票的特质风险就会降低。另外，对于财务报告质量差的企业，套利者通过挖掘私有信息而进行的知情交易能够获得更多的收益，其股票价格中包含的私有信息就会越多，股票价格的特质风险就会越大。而在财务报告质量较高的企业中，企业的信息透明度较好，套利者通过基于私有信息的知情交易获取的收益会降低，进而降低了企业私有信息融入股票价格的可能性，因而财务报告质量与企业特质风险之间的关系会降低。

第五节　结论

本章基于 2002—2012 年我国沪深两市 A 股上市公司的样本，研究了财务报告质量与企业特质风险之间的关系。我们的实证结果表明，在我国上市公司中，财务报告质量与企业特质风险之间存在显著的负相关关系。因此，如果企业改善信息环境，提高财务报告质量，能够降低投资者对企业未来发展的不确定性，增强投资者的信心，股票价格的特质风险就会降低。相反，如果企业信息环境很差，企业股票价格受到噪声等非理性因素影响的程度会增加，企业的特质风险就会增加。

2007 年，我国上市公司开始实行与国际会计准则更加趋同的严格会计准则。在我们的样本企业中，上市公司的特质风险在 2002—2007 年呈现不断上升的趋势，而在 2007 年之后又逐渐降低；而财务报告质量在 2003—2007 年不断恶化，而在 2007 年之后则不断提高。因此，新的会计准则提高了上市公司的财务报告质量，降低了上市公司的特质风险。规范上市公司行为的证监会、证券交易所等机构应该不断监督和加强上市公司的信息披露行为，从政策层面整体提高我国上市公司的财务报告质量。

第八章　CEO 职业生涯关注与
企业业绩波动性

第一节　问题意识

企业经营绩效的评价应该包括业绩水平和业绩波动性两个维度。樊纲（1996）指出，市场均衡表现为剔除风险因素后的报酬相等，即企业业绩水平与业绩的长期稳定都是评价企业业绩的重要标准。目前，国内外相关文献中不乏关于企业业绩波动性的研究，但已有文献主要着眼于公司治理、企业文化、国家文化等因素对业绩波动性的影响 [Särensen，2002；亚当斯等（2005）；程（Cheng，2008）；李琳等，2009；权小峰和吴世农，2010；中野（Nakano）和 Nguyen（2012）]，从管理者个人特征的角度研究企业业绩波动性的文献相对较少。

CEO 作为企业的最高行政官员，是企业战略决策的核心人物，在整个企业的决策制定和执行过程中发挥着极为重要的作用 [亚当斯和费雷拉（2007）；阿里纳和巴尔加 - 阿尔维斯（2013）；刘和吉拉普伦（Liu and Jirapren，2010）；麦基（Mackey，2008）]。同时，根据现有研究，CEO 的个人特质往往在很大程度上影响其决策过程和结果。比如，汉布里克和梅森（Hambrick and Mason，1984）提出的高阶理论认为，高层管理者的年龄、职场经历、教育背景、任期等一系列个人特征都会影响其决策过程，从而对组织的战略选择和绩效表现产生重要影响。卡尼曼和特韦尔斯基（Kahneman and Tversky，1979）

提出的前景理论认为，过度自信、风险偏好等个体认知差异会影响个人决策。许多学者对此做了大量的实证研究，结果表明，管理者的很多个人特质影响着企业的投融资决策及企业的业绩表现［尼尔森（Nelson，2005）、余明桂等（2006）、姜付秀等（2009a）、姜付秀等（2009b）、余明桂等（2013）、瑟夫林（2014）］。由此可推测，CEO 的个人特质很可能通过影响其决策过程而对企业的业绩情况产生影响。目前，只有少数文献研究了 CEO 个人特质与企业业绩波动性的关系［亚当斯等，2005；威尔士等（Wales，2013）］，但是，作为 CEO 个人特质的一个重要维度，CEO 职业生涯关注尚未得到足够的关注。

职业生涯关注理论是在不完全信息市场的委托—代理框架下建立起来的。由于信息不对称的存在，经理人的实际能力并不为外界所知，经理人市场只能通过经理人所经营企业的业绩表现对其经营才能进行推断［霍姆斯特龙，1999］。并且，在经理人经营企业过程中，董事会和经理人市场会根据企业业绩的变化不断更新和修正对其经营能力的评价［格雷厄姆等，2005］。由此可见，经理人基于其过去的表现逐渐在市场上建立职业声誉，这不仅影响其未来的薪酬水平，而且会对其以后的就业机会和整个职业生涯产生重要的影响［法马，1980；布里克利等，1999］。因此，职业生涯关注对经理人形成一种隐性的激励，使经理人希望通过当前的合理决策和努力经营提升企业业绩，从而为其未来的高薪和整个职业生涯的辉煌奠定基础。

目前已有部分文献从理论角度研究了 CEO 职业生涯关注与企业决策、政策之间的关系［赫舒拉发和撒克，1992；霍姆斯特龙，1999；纳拉亚南，1985；普伦德加斯特和斯托尔，1996］，也有部分文献从实证出发进行研究，发现前者对后者存在显著的影响［德默斯和王，2010；李等，2011；谢（Xie，2015）］。然而，以上文献均着眼于企业具体的政策或者决策，如盈余管理、融资政策、投资活动等。作为企业业绩评价的一个重要维度，企业业绩的波动性是否受到 CEO 职业生涯关注的影响，目前尚未有文献进行研究，因而结论尚不明晰。由此，本章试图对这一问题进行研究。

第二节　文献综述与研究假设

　　许多现有文献的研究认为，CEO 个人特质影响着企业的政策、决策以及企业业绩。比如，相关研究表明，CEO 的年龄对企业的战略选择（汉布里克和梅森，1984）、风险承担行为（瑟夫林，2014）、财务报告质量（黄等，2012）、内部控制质量（林等，2011）等都有重要影响。同时，CEO 的财富水平、任期、受教育程度、两职兼任情况、过度自信等个人特征也对企业的决策和业绩存在显著影响［巴利加（Baliga，1996）；埃尔西拉等（Elsila et al.，2013）；亨德森等（2006）；马尔门迪尔等（2011）；帕帕扎基斯和巴维斯（Papadakis and Barwise，2002）；西姆塞克（2007）］。作为 CEO 特征的一个重要维度，CEO 职业生涯关注也在国外的相关理论和实证文献中得到了广泛研究［德默斯和王（Wang），2010；赫舒拉发和撒克，1992；霍姆斯特龙，1999；李等，2011；纳拉亚南，1985；普伦德加斯特和斯托尔，1996；谢，2015］。然而，相关文献并未对 CEO 职业生涯关注与企业业绩波动性的关系进行研究。关于 CEO 职业生涯关注是否影响企业的业绩波动性，结合目前已有文献的研究，我们认为，主要存在两种分析框架，并据此提出以下两种假设。

　　假设 1 认为，年轻的或者新上任的 CEO 所经营的企业具有更高的业绩波动性。对于年轻的或者新上任 CEO 而言，由于其工作经验相对较少，其能力尚未被外界认识到。基于职业生涯的考虑，他们比较急于展现自己的经营才能，希望在短期内使企业业绩得到较大的提升，从而尽快建立职业声誉，以得到董事会和市场的认可，提高自己在经理人市场上的价值。为此，他们会倾向于做出更激进、风险更高的决策，使企业更可能于短期内出现较好业绩的同时面临更高的风险，从而带来更高的企业业绩波动性。普伦德加斯特和斯托尔（1996）通过建立经理人信号传递模型，从管理者学习能力的角度研究其投资决策行为。他们认为，年轻的管理者为了显示自己超强的学习能力，倾向于夸大对新信息的反应程度，并采取一些较为激进、大胆的投资行为。而年老的 CEO 在面对新信息时表现得更加保守，这是为了向外界传递一种信息，即他们在过去已经掌握了精确的信息，若此时作出过于积极的反应，则相当于对自己过去的决定以及对自己能力的一种否定。因此他们认为，年轻的 CEO 为了展现自己的能力，建立职业声誉，会倾向于采取风险更高的行动。伦德斯罗姆（2002）提出，年轻的 CEO 更喜欢投资于研发项目，企业的研发费用随着 CEO 年龄的增长而减少。一般而言，年轻的 CEO 具有更长的任期，这些长期投资有利于其在企业形成独特的人力资本并增加其对企业的价值，而这些都有助于其薪酬的提高和职业声誉的建立。但是，由于研发项目在前期阶段蕴含着较高的风险，对这些项目的投资被视为高风险投资［张，2015］，很可能会增加企业业绩的波动性。李等（2011）从职业生涯关注的角度出发，对美国上市公司 CEO 的投资行为进行了实证研究。结果表明，年轻的 CEO 为了表现出较高的自信和展示个人能力，会倾向于从事更激进、更大胆的投资活动。宜姆（2013）则认为，由于并购会带来 CEO 固定薪酬的大幅增加，CEO 在其职业生涯早期有更强的激励进行并购活动，随着 CEO 年龄的增长，企业的并购倾向逐渐降低。张等（2015）得到了与宜姆（2013）一致的结论，认为年轻的 CEO 会更可能从事并购活动。瑟夫林（2014）从企业整体风险水平的角度出发进行研究，发现 CEO 年龄与企业风险水平呈现显著的负相关关系。年老的 CEO 更倾向于选择较低的财务杠杆、从事多元化并购、削减研发投资以及寻求多元化经营，以降低企业的整体风险水平。基于以上研究，我们提出本章第一个假设。

假设 1：CEO 年龄较小或 CEO 新上任时，企业业绩波动性较大。

假设 2 认为，年轻的或者新上任的 CEO 所经营的企业具有更低的业绩波动性。

一方面，由于年轻或者新上任的 CEO 通常相对缺乏足够的工作经验，尚未在劳动力市场上建立起职业声誉，物质资源和社会关系资源还不够丰富，若企业出现较差的业绩，他们很可能会面临更严重的惩罚，其职业生涯也会受到更严重的影响（赫舒拉发和撒克，1992；霍姆斯特龙，1999；沙尔夫斯泰因和斯坦，1990）。因此，他们更加趋于谨慎和保守，在企业的风险政策选择中会表现出更高的风险厌恶，倾向于做出保守、风险较低的决策，从而使企业业绩波动性较低。谢瓦利埃和埃利森（1998）研究发现，对于年轻的共同基金经理而言，经理人更换的业绩敏感性更高。因而出于职业生涯的考虑，年轻的基金经理更倾向于通过持有保守的投资组合来降低非系统性风险。相似地，洪等（2000）对证券分析师的职业生涯关注进行了实证研究，结果表明，年轻的证券分析师在预测时更倾向于使其预测结果接近于一致，因为其较差的预测业绩会使其面临更严重的惩罚。即经验相对缺乏的证券分析师更易发生"羊群效应"。拉蒙特（2002）研究了宏观经济分析师的行为后发现，随着分析师年龄的增长，其预测会变得更加激进、更加不准确。

　　另一方面，相对于年老的或者已经在任数年的 CEO 而言，年轻的或者新上任的 CEO 有更长的职业生涯，因而在决策过程中会有更长远的考虑，而非单纯追求短期目标。他们更倾向于选择具有稳定回报的长期项目，而非蕴含高风险、具有高度不确定性的项目。他们会尽量避免采取大胆、冒进的决策行为，以免万一高风险项目遭到失败时，影响其在经理人市场的价值及以后的就业机会。当 CEO 年龄增长或者逐渐接近退休时，其职业生涯的考虑会逐渐弱化（戴维森等，2007；吉本斯和墨菲，1992），他们可能会更加偏好高风险，并由此增加企业业绩的波动性。安提阿等（Antia et al.，2010）认为，接近退休年龄的 CEO 或者面临换届即将卸任的 CEO 更加短视，更加偏好可以快速带来回报但同时伴随着高风险的投资。而年轻的或者新上任的 CEO 通常短期内不会面临退休或者换届，因而更倾向于投资具有较稳定的长期回报的项目。李培功和肖珉（2012）利用中国上市公司数据实证研究发现，CEO 任期与其扩张企业规模的动机正相关，CEO 在位时间越长，其扩张企业规模的动机越明显，企业的投资水平越高。

　　基于以上研究，我们认为，年轻的或者新上任的 CEO 会更加厌恶风险，会偏向于风险更低、更加保守的风险承担决策，从而使企业业绩表现出较低的波动性。即 CEO 职业生涯关注与企业业绩波动性呈现负相关关系。因此，我们提出本章第二个假设。

假设 2：CEO 年龄较小或 CEO 新上任时，企业业绩波动性较小。

第三节　研究设计

一　样本选择与数据来源

本章以 1999—2014 年沪深两市所有上市公司为初始样本，并按照如下过程进行样本筛选。首先，剔除 ST 类企业，因为这类企业处于异常的经营状态，不具有普遍性和代表性。其次，删除金融企业和公用事业企业，因为这些行业的特殊管制规定使其 CEO 面临着不同于其他企业的约束和激励。再次，考虑到计算业绩波动性指标的需要，删除不具有连续三年以上业绩变量观测值的企业。最后，删除存在数据缺失的样本企业。本章所使用的上市公司财务数据和公司治理数据来自 CSMAR 数据库和 CCER 数据库，CEO 个人特征数据主要通过 CSMAR 数据库中高层管理者个人信息相关数据整理得到，并通过上市公司年报和新浪财经网站进行手工核对和补充。

二　变量定义

（一）解释变量

本章实证研究的解释变量是 CEO 职业生涯关注，我们主要选取以下两个变量作为其代理变量。根据已有文献（吉本斯和墨菲，1992；谢瓦利埃和埃利森，1999；李等，2011），我们以 CEO 年龄的自然对数（lnage）为 CEO 职业生涯关注的一个度量指标。同时，部分文献以 CEO 的任期作为职业生涯关注的代理变量。但是，由于中国的上市公司不需要披露 CEO 任期的数据，我们需要从年报手工收集信息并计算 CEO 任期，而这一方法存在以下两个缺陷（谢，2015）：第一，由于上海证券交易所和深圳证券交易所网站分别从 1999 年和 2000 年开始公布财务报告，在此之前上任的 CEO 任期数据无法从年报中收集得到。第二，由于企业上市之前的财务报告无须公开，因而无法获得企业上市之前上任的 CEO 任期数据。为了弥补任期数据的缺失，更完整地度量 CEO 的职业生涯关注程度，本章借鉴谢（2015）以及谢珺和张越月（2015）的研究，构造 CEO 新上任哑变量（Newap）作为 CEO 职业生涯关注的第二个代理变量，即当企业当年聘任或者更换新的 CEO 时，Newap 为 1，否则为 0。综上，本章选取 CEO 年龄的自然对数和新上任 CEO 哑变量两个变量为 CEO 职业生涯关注的代理变量。

（二）被解释变量

本章实证研究的被解释变量是企业业绩波动性。首先，我们选取三个度量企业业绩水平的变量：总资产回报率（Roa）、托宾 Q 值（Q）、经营活动现金净流量水平（Cfo），分别代表企业的盈利能力、企业价值和现金流量业绩（程，2008；黄和王，2015；瑟夫林，2014）。其次，为了消除经济周期和行业特征的影响，我们将每个企业的每个业绩指标减去同年度同行业相应业绩指标的均值进行调整，得到经过调整的业绩指标 Aroa、Aq 和 Acfo［程，2008；李小荣和张瑞君，2014］。最后，基于以上未经调整的和经过调整的业绩指标，我们从总体业绩波动性、纵向业绩波动性和横向业绩离散度三个角度构建企业业绩波动性的代理变量，以保证本章实证结果的有效性。三种业绩波动性代理变量的具体定义将在后面的模型设定部分进行阐释。

（三）控制变量

结合国内外相关研究，本章选取了一系列控制变量，对可能影响企业业绩波动性的其他因素加以控制。根据程（2008）的研究，董事会规模越小，企业业绩波动性越大，而亚当斯等（2005）的研究表明，CEO 权力越大，企业业绩越不稳定。因此，模型首先对董事会规模（Bsize）、独立董事比例（Indep）和 CEO 董事长两职兼任情况（Duality）三个董事会特征变量加以控制。同时，企业当期和以前的业绩水平与业绩的波动性紧密相关，故本章模型进一步控制当期、一年以前及两年以前的总资产回报率（Roa、Roa1、Roa2）。此外，考虑到企业的各种财务和非财务特征也会影响到业绩波动性，我们在模型中加入企业规模（Fsize）、企业上市年份数（Fage）、资产负债率（Leverage）、资本支出水平（Cap）、市值账面价值比（Mb）、经营活动现金净流量（Cfo）、第一大股东持股比例（First）、企业所有权性质（Soe）等控制变量（程，2008；科尔斯等，2006；黄和王，2015；詹森，1986；迈尔斯，1977）。一般而言，规模较大的、上市时间较长的企业业绩可能更加稳定，波动性较低。资产负债率较高的企业面临更大的财务风险，企业业绩波动性可能更高。资本支出水平较高、市值账面价值比较高的上市公司，由于其具有较好的成长机会，企业的快速成长可能使其业绩呈现较高的波动性（科尔斯等，2006；迈尔斯，1977；程，2008）。经营活动现金净流量衡量内部资金的充足度（克利里，1999；詹森，1986；黄和王，2015），内部资金充足时，企业会减少对债务融资的依赖，从而降低财务杠杆，使企业业绩更加稳定。根据李琳等（2009）的研究，股权制衡可以显著降低企业业绩波动性，因而当第一大股东持股比例较高时，企业可能因为缺乏有效的股权制衡而呈现较高的业绩波动性。权小峰和吴世农（2010）研究表明，国有企业业绩波动性更低，因而我们进一步控制上市公司的所有权性质。最后，为了控制时间因素和行业差异的影响，我们在模型中加入年度虚拟变量和行业虚拟变量。本章主要变量的定义和解释见表 8-1。为了避免异常值的影响，本章对所有连续变量进行了上下 1% 的 Winsorize 缩尾处理。

表 8-1　　　　　　　　　变量定义与描述

变量符号	变量定义与解释
业绩指标	
Roa	会计业绩总资产回报率，息税前利润/总资产（Roa1 和 Roa2 分别表示一年前和两年前的总资产回报率）
Aroa	经行业调整的总资产回报率，该年度该企业 Roa - 该年度该企业所在行业所有企业的 Roa 平均值
Q	企业价值代理变量托宾 Q，（每股价格×流通股份数 + 每股净资产×非流通股份数 + 负债账面价值）/总资产

续表

变量符号	变量定义与解释
Aq	经行业调整的企业价值，该年度该企业 Q − 该年度该企业所在行业所有企业的 Q 平均值
Cfo	经营现金流量业绩，经营活动现金净流量/总资产
Acfo	经行业调整的经营活动现金净流量，该年度该企业 Cfo − 该年度该企业所在行业所有企业的 Cfo 平均值
被解释变量（业绩波动性指标）	
Sdroa（Sdaroa）	（经行业调整的）会计业绩波动性指标，每个三年观测时段内企业 Roa（Aroa）的标准差
Sdq（Sdaq）	（经行业调整的）企业价值波动性指标，每个三年观测时段内企业 Q（Aq）的标准差
Sdcfo（Sdacfo）	（经行业调整的）经营现金流量波动性指标，每个三年观测时段内企业 Cfo（Acfo）的标准差
Sdroa1（Sdaroa1）	（经行业调整的）会计业绩波动性指标，整个样本期内企业 Roa（Aroa）的标准差
Sdq1（Sdaq1）	（经行业调整的）企业价值波动性指标，整个样本期内企业 Q（Aq）的标准差
Sdcfo1（Sdacfo1）	（经行业调整的）经营现金流量业绩波动性指标，整个样本期内企业 Cfo（Acfo）的标准差
| u_Roa |	以总资产回报率 Roa 测度的横向业绩离散度
| u_Q |	以企业价值 Tobin's Q 测度的横向业绩离散度
u_Cfo |	以经营活动现金净流量 Cfo 测度的横向业绩离散度
解释变量	
lnage	CEO 年龄的自然对数
Dage	CEO 年龄哑变量，当 CEO 年龄不小于 47 岁时，取 1（代表年老的 CEO）；否则取 0（代表年轻的 CEO）
Newap	新上任哑变量，当 CEO 为当年新上任时，取 1；否则取 0
控制变量	
Bsize	董事会规模，以董事会人数的自然对数表示
Indep	董事会独立性，以独立董事在所有董事中所占比例表示

变量符号	变量定义与解释
Duality	两职兼任哑变量，当CEO兼任董事长时取1，否则取0
Fsize	企业规模，以企业总资产的自然对数表示
Fage	企业上市时间长度，企业上市年到考察年的年数取自然对数
Leverage	资产负债率，总负债/总资产
Cap	企业资本支出，（固定资产净额变动＋折旧）/年初总资产
Mb	市值账面比，企业市值/总资产账面价值
First	股权集中度，以第一大股东持股比例表示
Soe	企业所有权性质哑变量，国有企业取1，非国有企业取0

第四节　实证检验

一　描述性统计

表8-2报告了本章主要变量的描述性统计结果。如表8-2所示，sdroa、sdQ、sdcfo的总体波动性均值分别为0.0413、0.7041和0.0641，中位数分别为0.0243、0.4835和0.0481。同时，描述性统计结果表明，我国上市公司CEO的年龄处于24—75岁，平均年龄为46.3716，年龄中位数为46，低于美国上市公司CEO年龄的均值和中位数。根据宜姆（2013）、李等（2011）和瑟夫林（2014）的研究，美国上市公司CEO年龄的均值和中位数为55岁左右。在所有样本观测值中，平均有21.48%的样本存在新上任的CEO。另外，根据陈等（2011a）对Soe的定义，若企业的实际控制人是中央政府、地方政府或者其他政府机构，则企业所有权性质哑变量Soe等于1，否则等于0。在我们的样本中，61.42%的上市公司的最终控制人是政府，即61.42%的上市公司是国有企业。对于其他变量的描述性统计结果，此处不赘述。

表 8 - 2　　　　　　　　　　描述性统计

变量	样本量	平均值	中位数	标准差	最小值	25%分位数	75%分位数	最大值
Sdroa	15432	0.0413	0.0243	0.0477	0.00010	0.0113	0.0526	0.3575
Sdq	14866	0.7041	0.4835	0.7098	0.00246	0.2346	0.9095	5.2053
Sdcfo	15453	0.0641	0.0481	0.0536	0.00020	0.0269	0.0833	0.3798
Sdroa1	2208	0.0515	0.0406	0.0398	0.00004	0.0222	0.0707	0.2572
Sdq1	2249	1.0640	0.8768	0.7125	0.01430	0.5775	1.3547	6.7113
Sdcfo1	2213	0.0713	0.0637	0.0411	0.00010	0.0405	0.0955	0.2906
| u_Roa |	15539	0.0410	0.0256	0.0494	0.00001	0.0112	0.0510	0.5206
| u_Q |	15539	0.4343	0.2904	0.5155	0.00002	0.1331	0.5426	6.8921
| u_Cfo |	15539	0.0631	0.0441	0.0638	0.00002	0.0204	0.0836	0.4856
Age	15435	46.3716	46.0000	6.6537	24.0000	42.0000	51.0000	75.0000
lnage	15435	3.8263	3.8286	0.1450	3.17805	3.7377	3.9318	4.3175
Newap	15435	0.2148	0.0000	0.4107	0.00000	0.0000	0.0000	1.0000
Bsize	15435	2.1995	2.1972	0.2190	1.09861	2.0794	2.3026	2.9444
Indep	15435	0.3101	0.3333	0.1262	0.00000	0.3333	0.3636	0.8000
Duality	15435	0.1315	0.0000	0.3380	0.00000	0.0000	0.0000	1.0000
Roa	15435	0.0667	0.0591	0.0821	-0.18619	0.0306	0.0983	0.3941
Roa1	13979	0.0684	0.0609	0.0845	-0.18789	0.0311	0.1009	0.4287
Roa2	12613	0.0683	0.0608	0.0845	-0.18619	0.0305	0.1010	0.4455
Fsize	15435	21.3991	21.2574	1.1666	12.31425	20.6441	22.0135	28.4052
Fage	15435	2.3814	2.4849	0.4937	0.69315	2.0794	2.7081	7.6074
Leverage	15435	0.4863	0.4868	0.2218	0.05046	0.3314	0.6272	1.3732
Cap	15435	0.0913	0.0435	0.2044	-0.58640	0.0096	0.1250	1.0551
MB	15435	1.7783	1.4345	1.0133	0.93505	1.1745	1.9549	7.2332
Cfo	15435	0.0511	0.0472	0.1003	-0.28425	0.0015	0.1016	0.3735
First	15435	38.6317	36.3500	16.3910	0.00000	25.6100	50.6800	89.4100
Soe	15435	0.6142	1.0000	0.4868	0.00000	0.0000	1.0000	1.0000

二　单变量均值检验

由描述性统计的表 8 - 2 可知，样本企业 CEO 年龄的平均值为 46.3716，因而我们将年龄在 47 岁及以上的 CEO 归为年老 CEO，47 岁以下的归为年轻 CEO，并分别按照 CEO 年龄和 CEO 是否新上任将所有样本分为两组进行均值检验。我们分别对年老组与年轻组、新上任组与非新上任组之间样本差异的显著性进行 t 检验，得到检验结果如表 8 - 3 所示。

表 8 - 3　　　　　　　　　　单变量均值检验

变量	年老 CEO		年轻 CEO			非新上任 CEO		新上任 CEO		
	样本量	均值	样本量	均值	均值差	样本量	均值	样本量	均值	均值差
Sdroa	5849	0.038	6289	0.045	- 0.007 ***	9427	0.039	2711	0.051	- 0.012 ***
Sdaroa	5849	0.038	6289	0.044	- 0.007 ***	9427	0.039	2711	0.05	- 0.011 ***
Sdq	5849	0.624	6289	0.753	- 0.129 ***	9427	0.677	2711	0.74	- 0.064 ***
Sdaq	5849	0.488	6289	0.564	- 0.075 ***	9427	0.519	2711	0.557	- 0.038 ***
Sdcfo	5849	0.061	6289	0.068	- 0.007 ***	9427	0.062	2711	0.072	- 0.010 ***
Sdacfo	5849	0.06	6289	0.067	- 0.007 ***	9427	0.062	2711	0.072	- 0.011 ***
Sdroa1	1826	0.048	371	0.067	- 0.019 ***	1127	0.041	1081	0.062	- 0.021 ***
Sdq1	1826	1.023	371	1.148	- 0.126 ***	1127	0.984	1085	1.107	- 0.123 ***
Sdcfo1	1826	0.069	371	0.082	- 0.013 ***	1127	0.064	1085	0.078	- 0.014 ***
| u_Roa |	8016	0.039	7523	0.043	- 0.003 ***	12199	0.038	3340	0.052	- 0.014 ***
| u_Q |	8016	0.415	7523	0.455	- 0.039 ***	12199	0.419	3340	0.49	- 0.070 ***
| u_Cfo |	8016	0.061	7523	0.065	- 0.004 ***	12199	0.061	3340	0.07	- 0.009 ***
Bsize	5849	2.212	6289	2.2	0.012 ***	9427	2.21	2711	2.194	0.016 ***
Indep	5849	0.318	6289	0.308	0.010 ***	9427	0.318	2711	0.293	0.025 ***
Duality	5849	0.14	6289	0.079	0.062 ***	9427	0.118	2711	0.073	0.045 ***
Roa	5849	0.068	6289	0.063	0.005 ***	9427	0.067	2711	0.057	0.010 ***
Roa1	5848	0.072	6287	0.064	0.008 ***	9424	0.073	2711	0.051	0.021 ***
Roa2	5849	0.074	6289	0.065	0.009 ***	9427	0.073	2711	0.059	0.014 ***
Fsize	5849	2.506	6289	2.444	0.062 ***	9427	2.481	2711	2.451	0.030 ***
Fage	5849	21.68	6289	21.318	0.362 ***	9427	21.554	2711	21.276	0.278 ***
Leverage	5849	0.51	6289	0.515	- 0.004	9427	0.507	2711	0.532	- 0.025 ***
Cap	5849	0.078	6289	0.081	- 0.003	9427	0.082	2711	0.071	0.011 **
MB	5849	1.816	6289	1.824	- 0.008	9427	1.827	2711	1.799	0.028
Cfo	5849	0.057	6289	0.051	0.006 ***	9427	0.055	2711	0.05	0.005 **
First	5849	38.608	6289	37.401	1.208 ***	9427	37.829	2711	38.515	- 0.685 *
Soe	5849	0.705	6289	0.626	0.079 ***	9427	0.666	2711	0.657	0.01

注：分样本组均值差异的检验使用独立样本 t 检验（双尾）。 *** 、 ** 和 * 分别表示在 1% 、5% 和 10% 的水平上显著。

在表 8 - 3 中，从所有业绩波动性度量指标来看，年老 CEO 经营的企业均比年轻 CEO 经营的企业具有更低的业绩波动性，非新上任 CEO 所在企业均比新上任 CEO 所在企业具有更低的业绩波动性。这为本章的假设 1 提供了初步证据，表明职业生涯关注较高的 CEO，即年轻的或者新上任的 CEO，其所在企业业绩波动性更高。此外，表 8 - 3 的结果显示，职业生涯关注不同的 CEO，其所经营的企业在许多财务和非财务特征上存在显著的差异。

三 总体业绩波动性模型

我们将总体业绩波动性模型设定为：

$$Sd\_Performance_{i(t,t+2)} = \alpha_0 + \alpha_1 CEOindicator_{it} + \alpha_2 Bsize_{it} + \alpha_3 Indep_{it} +$$
$$\alpha_4 Duality_{it} + \alpha_5 Roa_{it} + \alpha_6 Roa1_{it} + \alpha_7 Roa2_{it} +$$
$$\alpha_8 Fsize_{it} + \alpha_9 Fage_{it} + \alpha_{10} Leverage_{it} + \alpha_{11} Cap_{it} +$$
$$\alpha_{12} MB_{it} + \alpha_{13} Cfo_{it} + \alpha_{14} First_{it} + \alpha_{15} Soe_{it} +$$
$$\sum Year + \sum Industry + \varepsilon \qquad (8-1)$$

代表企业的总体业绩波动性，由于我国的每届高层管理者任期为三年，我们以每三年为一个观测时段，用 t 年到 t + 2 年这三年内的业绩指标的标准差来代表企业业绩的波动性。

表 8 - 4 和表 8 - 5 报告的分别是以 CEO 年龄和新上任哑变量为解释变量时，CEO 职业生涯关注对企业总体业绩波动性的影响，其中，回归（1）和回归（2）、回归（3）、回归（4）以及回归（5）和回归（6）分别列示了以 Roa 总体波动性、Q 总体波动性和 Cfo 总体波动性为被解释变量的回归结果。可以看到，无论以盈利能力、企业价值还是现金流量作为企业业绩的度量指标，也无论业绩指标是否经过行业因素的调整，企业总体业绩波动性均与 CEO 年龄负相关，均与新上任 CEO 哑变量正相关，且至少在 10% 的水平上显著。模型（8 - 1）的回归结果支持本章的假设 1。

从对各个控制变量的回归结果来看，我们还可以得出以下结论：董事会特征对企业业绩波动性的影响并不显著，这与程（2008）的研究结论不同；规模越大、上市时间越短的企业业绩波动性越低；资产负债率较高的企业业绩更不稳定；市值账面比较高的企业由于具有较好的成长机会，成长过程中的业绩具有较高波动性；第一大股东持股比例越高，企业业绩越不稳定；国有企业相比于非国有企业，其业绩更加稳定，业绩波动性更小。

表 8 - 4　CEO 职业生涯关注与企业总体业绩波动性：对 CEO 年龄的检验

	(1) Sdroa	(2) Sdaroa	(3) Sdq	(4) Sdaq	(5) Sdcfo	(6) Sdacfo
lnage	- 0. 0060 **	- 0. 0067 **	- 0. 0804 **	- 0. 0597 *	- 0. 0143 ***	- 0. 0147 ***
	(- 2. 08)	(- 2. 41)	(- 2. 27)	(- 1. 95)	(- 4. 23)	(- 4. 45)
Bsize	- 0. 0030	- 0. 0027	0. 0452 *	0. 0068	0. 0003	0. 0011
	(- 1. 52)	(- 1. 46)	(1. 87)	(0. 32)	(0. 14)	(0. 48)
Indep	- 0. 0086	- 0. 0057	0. 0993	0. 1309 *	0. 0102	0. 0127
	(- 1. 24)	(- 0. 86)	(1. 16)	(1. 78)	(1. 25)	(1. 60)
Duality	0. 0017	0. 0016	- 0. 0120	- 0. 0241 *	0. 0022	0. 0028 *
	(1. 26)	(1. 24)	(- 0. 73)	(- 1. 71)	(1. 44)	(1. 85)
Roa	0. 0295 ***	0. 0237 ***	0. 2189 ***	0. 0554	0. 0999 ***	0. 0972 ***
	(4. 95)	(4. 13)	(2. 91)	(0. 85)	(14. 19)	(14. 14)
Roa1	- 0. 0464 ***	- 0. 0478 ***	- 0. 1658 **	- 0. 1027	- 0. 0059	- 0. 0085
	(- 7. 83)	(- 8. 41)	(- 2. 25)	(- 1. 61)	(- 0. 84)	(- 1. 25)
Roa2	0. 0040	0. 0007	- 0. 1686 **	- 0. 1869 ***	- 0. 0090	- 0. 0082
	(0. 71)	(0. 13)	(- 2. 43)	(- 3. 11)	(- 1. 36)	(- 1. 26)
Fsize	- 0. 0065 ***	- 0. 0065 ***	- 0. 1105 ***	- 0. 0369 ***	- 0. 0067 ***	- 0. 0068 ***
	(- 13. 50)	(- 14. 00)	(- 18. 41)	(- 7. 12)	(- 11. 67)	(- 12. 16)
Fage	0. 0061 ***	0. 0053 ***	0. 0151	0. 0187	0. 0074 ***	0. 0079 ***
	(5. 13)	(4. 63)	(1. 01)	(1. 45)	(5. 28)	(5. 77)
Leverage	0. 0671 ***	0. 0644 ***	- 0. 1540 ***	0. 1464 ***	0. 0421 ***	0. 0415 ***
	(33. 29)	(33. 28)	(- 5. 94)	(6. 53)	(17. 73)	(17. 90)
Cap	- 0. 0013	- 0. 0017	- 0. 0460 *	- 0. 0195	- 0. 0120 ***	- 0. 0107 ***
	(- 0. 67)	(- 0. 88)	(- 1. 83)	(- 0. 90)	(- 5. 06)	(- 4. 62)
MB	0. 0124 ***	0. 0122 ***	0. 3162 ***	0. 2525 ***	0. 0028 ***	0. 0032 ***
	(24. 79)	(25. 53)	(50. 89)	(47. 00)	(4. 70)	(5. 52)

续表

	（1）Sdroa	（2）Sdaroa	（3）Sdq	（4）Sdaq	（5）Sdcfo	（6）Sdacfo
Cfo	−0.0024	−0.0020	0.0894*	0.0316	−0.0043	−0.0088*
	（−0.56）	（−0.49）	（1.68）	（0.69）	（−0.83）	（−1.77）
First	0.0001***	0.0001***	0.0029***	0.0017***	0.0003***	0.0003***
	（4.80）	（5.02）	（8.58）	（5.71）	（10.02）	（10.61）
Soe	−0.0060***	−0.0046***	−0.0556***	−0.0273***	−0.0049***	−0.0045***
	（−6.41）	（−5.14）	（−4.84）	（−2.75）	（−4.42）	（−4.16）
Intercept	0.1470***	0.1489***	2.7109***	1.0491***	0.1945***	0.1951***
	（10.11）	（10.67）	（15.17）	（6.79）	（11.36）	（11.66）
Year and industry control	是	是	是	是	是	是
Adjusted R²	0.2241	0.2313	0.4432	0.3061	0.1068	0.1092
Sample size	12610	12610	12141	12141	12606	12606

注：***、**和*分别表示在1%、5%和10%的水平上显著，括号中的数字为双尾检验的t值。

表8−5　　　CEO职业生涯关注与企业总体业绩波动性：对CEO新上任的检验

	（1）Sdroa	（2）Sdaroa	（3）Sdq	（4）Sdaq	（5）Sdcfo	（6）Sdacfo
Newap	0.0087***	0.0083***	0.0304**	0.0179*	0.0073***	0.0076***
	（9.14）	（9.10）	（2.57）	（1.75）	（6.44）	（6.93）
Bsize	−0.0028	−0.0026	0.0453*	0.0067	0.0005	0.0012
	（−1.44）	（−1.38）	（1.87）	（0.32）	（0.20）	（0.54）
Indep	−0.0102	−0.0073	0.0961	0.1297*	0.0098	0.0123
	（−1.48）	（−1.10）	（1.13）	（1.76）	（1.20）	（1.54）
Duality	0.0018	0.0016	−0.0158	−0.0273*	0.0016	0.0022
	（1.35）	（1.28）	（−0.98）	（−1.96）	（1.04）	（1.43）
Roa	0.0289***	0.0231***	0.2169***	0.0546	0.0999***	0.0972***
	（4.86）	（4.05）	（2.89）	（0.84）	（14.21）	（14.15）

续表

	(1) Sdroa	(2) Sdaroa	(3) Sdq	(4) Sdaq	(5) Sdcfo	(6) Sdacfo
Roa1	-0.0429 *** (-7.25)	-0.0445 *** (-7.84)	-0.1534 ** (-2.08)	-0.0953 (-1.49)	-0.0025 (-0.36)	-0.0050 (-0.74)
Roa2	0.0046 (0.83)	0.0014 (0.25)	-0.1652 ** (-2.38)	-0.1848 *** (-3.08)	-0.0086 (-1.30)	-0.0077 (-1.19)
Fsize	-0.0064 *** (-13.40)	-0.0064 *** (-13.94)	-0.1112 *** (-18.62)	-0.0376 *** (-7.29)	-0.0068 *** (-11.94)	-0.0069 *** (-12.45)
Fage	0.0057 *** (4.79)	0.0049 *** (4.30)	0.0135 (0.91)	0.0178 (1.38)	0.0072 *** (5.10)	0.0076 *** (5.56)
Leverage	0.0663 *** (33.00)	0.0637 *** (33.01)	-0.1546 *** (-5.96)	0.1464 *** (6.53)	0.0416 *** (17.52)	0.0410 *** (17.69)
Cap	-0.0011 (-0.53)	-0.0014 (-0.73)	-0.0434 * (-1.72)	-0.0176 (-0.81)	-0.0113 *** (-4.80)	-0.0100 *** (-4.35)
MB	0.0124 *** (24.93)	0.0123 *** (25.67)	0.3161 *** (50.88)	0.2523 *** (46.99)	0.0028 *** (4.73)	0.0032 *** (5.52)
Cfo	-0.0028 (-0.64)	-0.0024 (-0.58)	0.0851 (1.60)	0.0284 (0.62)	-0.0060 (-1.18)	-0.0105 ** (-2.10)
First	0.0001 *** (4.55)	0.0001 *** (4.77)	0.0029 *** (8.48)	0.0017 *** (5.64)	0.0003 *** (9.77)	0.0003 *** (10.35)
Soe	-0.0059 *** (-6.45)	-0.0046 *** (-5.20)	-0.0579 *** (-5.08)	-0.0292 *** (-2.96)	-0.0051 *** (-4.68)	-0.0047 *** (-4.42)
Intercept	0.1194 *** (11.10)	0.1195 *** (11.57)	2.4137 *** (18.17)	0.8321 *** (7.25)	0.1407 *** (11.07)	0.1396 *** (11.24)
Year and industry control	是	是	是	是	是	是
Adjusted R^2	0.2290	0.2360	0.4433	0.3060	0.1085	0.1112
Sample size	12610	12610	12141	12141	12621	12621

注: *** 、** 和 * 分别表示在 1% 、5% 和 10% 的水平上显著，括号中的数字为双尾检验的 t 值。

另外，为了保证实证结果的稳健性，我们根据 CEO 年龄的平均值构建哑变量 Dage，当 CEO 年龄不小于 47 岁时，Dage 取值为 1，否则取 0。以 Dage 代替 lnage 进行以上各项回归，得到结果如表 8 - 6 所示。由表 8 - 6 的回归结果可以看到，在所有回归中，Dage 均与企业业绩波动性负相关，且至少在 5% 的水平上显著。这进一步为本章的假设 1 提供了有力的证据。

表 8 - 6 　　　　CEO 职业生涯关注与企业总体业绩波动性：
对 CEO 年龄哑变量的检验

	(1) Sdroa	(2) Sdaroa	(3) Sdq	(4) Sdaq	(5) Sdcfo	(6) Sdacfo
Dage	- 0.0020 ** (- 2.42)	- 0.0021 *** (- 2.74)	- 0.0220 ** (- 2.19)	- 0.0227 *** (- 2.62)	- 0.0034 *** (- 3.54)	- 0.0036 *** (- 3.83)
Bsize	- 0.0030 (- 1.54)	- 0.0028 (- 1.47)	0.0448 * (1.85)	0.0066 (0.31)	0.0003 (0.15)	0.0011 (0.48)
Indep	- 0.0086 (- 1.24)	- 0.0058 (- 0.87)	0.0996 (1.17)	0.1300 * (1.76)	0.0108 (1.32)	0.0133 * (1.67)
Dualily	0.0016 (1.19)	0.0015 (1.16)	- 0.0141 (- 0.87)	- 0.0247 * (- 1.77)	0.0017 (1.12)	0.0023 (1.51)
Roa	0.0295 *** (4.94)	0.0236 *** (4.13)	0.2191 *** (2.92)	0.0548 (0.84)	0.1002 *** (14.22)	0.0974 *** (14.16)
Roa1	- 0.0464 *** (- 7.83)	- 0.0479 *** (- 8.42)	- 0.1665 ** (- 2.26)	- 0.1035 (- 1.63)	- 0.0055 (- 0.78)	- 0.0081 (- 1.19)
Roa2	0.0041 (0.73)	0.0008 (0.15)	- 0.1674 ** (- 2.41)	- 0.1859 *** (- 3.10)	- 0.0091 (- 1.38)	- 0.0082 (- 1.27)
Fsize	- 0.0066 *** (- 13.57)	- 0.0065 *** (- 14.09)	- 0.1109 *** (- 18.53)	- 0.0370 *** (- 7.15)	- 0.0068 *** (- 11.93)	- 0.0069 *** (- 12.43)
Fage	0.0061 *** (5.15)	0.0053 *** (4.66)	0.0154 (1.03)	0.0191 (1.48)	0.0076 *** (5.37)	0.0080 *** (5.85)
Leverage	0.0671 *** (33.32)	0.0644 *** (33.32)	- 0.1530 *** (- 5.90)	0.1467 *** (6.55)	0.0421 *** (17.75)	0.0416 *** (17.93)

续表

	(1) Sdroa	(2) Sdaroa	(3) Sdq	(4) Sdaq	(5) Sdcfo	(6) Sdacfo
Cap	− 0. 0013	− 0. 0017	− 0. 0456 *	− 0. 0197	− 0. 0117 ***	− 0. 0104 ***
	(− 0. 67)	(− 0. 88)	(− 1. 81)	(− 0. 90)	(− 4. 94)	(− 4. 50)
MB	0. 0124 ***	0. 0122 ***	0. 3161 ***	0. 2524 ***	0. 0028 ***	0. 0032 ***
	(24. 78)	(25. 52)	(50. 88)	(47. 01)	(4. 72)	(5. 51)
Cfo	− 0. 0025	− 0. 0021	0. 0878 *	0. 0311	− 0. 0056	− 0. 0100 **
	(− 0. 58)	(− 0. 51)	(1. 65)	(0. 68)	(− 1. 10)	(− 2. 02)
First	0. 0001 ***	0. 0001 ***	0. 0029 ***	0. 0017 ***	0. 0003 ***	0. 0003 ***
	(4. 81)	(5. 03)	(8. 59)	(5. 73)	(9. 98)	(10. 56)
Soe	− 0. 0060 ***	− 0. 0047 ***	− 0. 0567 ***	− 0. 0275 ***	− 0. 0050 ***	− 0. 0046 ***
	(− 6. 49)	(− 5. 23)	(− 4. 96)	(− 2. 78)	(− 4. 55)	(− 4. 28)
Intercept	0. 1253 ***	0. 1249 ***	2. 4240 ***	0. 8318 ***	0. 1444 ***	0. 1435 ***
	(11. 63)	(12. 08)	(18. 27)	(7. 26)	(11. 37)	(11. 56)
Year and industry control	是	是	是	是	是	是
Adjusted R^2	0. 2242	0. 2314	0. 4432	0. 3062	0. 1065	0. 1088
Sample size	12610	12610	12141	12141	12621	12621

注: *** 、 ** 和 * 分别表示在 1% 、5% 和 10% 的水平上显著,括号中的数字为双尾检验的 t 值。

四 纵向业绩波动性模型

在模型(8 - 1)中,我们通过构造企业业绩连续三年的滚动标准差衡量企业业绩波动性,利用面板数据的回归来检验 CEO 职业生涯关注对企业业绩波动的影响,最终的实证结果同时反映 CEO 职业生涯关注对企业内部业绩波动性(Within - firm)的影响和企业间业绩波动性差异(Across - firm)的影响。在模型(8 - 2)中,我们借鉴亚当斯等(2005)和程(2008)的方法,以各个业绩变量在整个样本期内的标准差来表示企业业绩纵向波动性,并将所有的解释变量和控制变量取样本期内的平均值,最终每个企业只有一个观测值。对经过上述处理得到的截面数据进行回归检验，结果主要反映 CEO 职业生涯关注对企业纵向业绩波动性（Within – firm, over – time）的影响。回归模型（8 – 2）如下：

$$Sd\_Performance = \beta_0 + \beta_1 CEOindicator + \beta_2 Bsize + \beta_3 Indep + \beta_4 Duality +$$
$$\beta_5 Roa + \beta_6 Roa1 + \beta_7 Roa2 + \beta_8 Fsize + \beta_9 Fage +$$
$$\beta_{10} Leverage + \beta_{11} Cap + \beta_{12} MB + \beta_{13} Cfo + \beta_{14} First +$$
$$\sum Industry + \delta \qquad (8 - 2)$$

表 8 – 7 和表 8 – 8 显示了 CEO 职业生涯关注对企业纵向业绩波动性的影响。在表 8 – 7 中，解释变量 CEO 年龄与各个纵向业绩波动性指标都呈负相关，且至少在 5% 的水平上显著。在表 8 – 8 中，CEO 新上任哑变量与各个被解释变量都在 1% 的水平上呈正相关。可见，CEO 较年轻或者 CEO 新上任时，其所在企业的业绩具有更高的纵向波动性，企业业绩更不稳定。这部分的实证结果从另一个角度为本章的假设 1 提供了证据。

表 8 – 7　CEO 职业生涯关注与企业纵向业绩波动性：对 CEO 年龄的检验

	（1）Sdroa1	（2）Sdaroa1	（3）Sdq1	（4）Sdaq1	（5）Sdcfo1	（6）Sdacfo1
lnage	− 0.0182 **	− 0.0173 **	− 0.3462 ***	− 0.2562 ***	− 0.0223 ***	− 0.0194 ***
	（ − 2.56 ）	（ − 2.39 ）	（ − 3.55 ）	（ − 2.68 ）	（ − 2.92 ）	（ − 2.65 ）
Bsize	− 0.0164 ***	− 0.0138 ***	− 0.1489 **	− 0.1613 **	− 0.0112 **	− 0.0138 ***
	（ − 3.26 ）	（ − 2.69 ）	（ − 2.15 ）	（ − 2.38 ）	（ − 2.06 ）	（ − 2.65 ）
Indep	− 0.1273 ***	− 0.1043 ***	− 1.0286 ***	− 0.7514 ***	− 0.0621 ***	− 0.0575 ***
	（ − 8.11 ）	（ − 6.52 ）	（ − 4.77 ）	（ − 3.55 ）	（ − 3.68 ）	（ − 3.56 ）
Duality	− 0.0016	− 0.0022	− 0.0180	0.0116	0.0030	0.0026
	（ − 0.72 ）	（ − 0.95 ）	（ − 0.57 ）	（0.38）	（1.22）	（1.11）
Roa	− 0.1363 **	− 0.0240	− 2.1670 ***	− 2.1865 ***	0.0487	0.0353
	（ − 2.53 ）	（ − 0.44 ）	（ − 2.93 ）	（ − 3.02 ）	（0.84）	（0.64）
Roa1	− 0.3891 ***	− 0.4003 ***	− 2.3967 **	− 3.9956 ***	− 0.0781	− 0.0696
	（ − 5.65 ）	（ − 5.70 ）	（ − 2.53 ）	（ − 4.31 ）	（ − 1.06 ）	（ − 0.98 ）
Roa2	0.5871 ***	0.4921 ***	5.2169 ***	7.0547 ***	0.1936 ***	0.1664 ***
	（13.37）	（11.00）	（8.65）	（11.93）	（4.10）	（3.68）

续表

	（1） Sdroa	（2） Sdaroa	（3） Sdq	（4） Sdaq	（5） Sdcfo	（6） Sdacfo
Fsize	− 0. 0054 *** （ − 5. 08）	− 0. 0068 *** （ − 6. 33）	− 0. 0633 *** （ − 4. 36）	− 0. 0280 ** （ − 1. 97）	− 0. 0054 *** （ − 4. 78）	− 0. 0052 *** （ − 4. 80）
Fage	0. 0028 （1. 35）	0. 0020 （0. 94）	− 0. 0590 ** （ − 2. 08）	− 0. 0182 （ − 0. 66）	0. 0010 （0. 47）	0. 0027 （1. 28）
Leverage	0. 0740 *** （15. 77）	0. 0811 *** （16. 98）	0. 2799 *** （4. 34）	0. 4109 *** （6. 51）	0. 0675 *** （13. 40）	0. 0644 *** （13. 34）
Cap	− 0. 0210 ** （ − 2. 56）	− 0. 0186 ** （ − 2. 21）	0. 1208 （1. 07）	0. 1118 （1. 01）	− 0. 0500 *** （ − 5. 65）	− 0. 0432 *** （ − 5. 10）
MB	0. 0145 *** （10. 59）	0. 0142 *** （10. 15）	0. 6669 *** （35. 39）	0. 5946 *** （32. 20）	0. 0025 * （1. 72）	0. 0033 ** （2. 30）
Cfo	0. 0300 * （1. 88）	0. 0324 ** （1. 99）	− 0. 6830 *** （ − 3. 12）	− 0. 7702 *** （ − 3. 59）	− 0. 0866 *** （ − 5. 05）	− 0. 0771 *** （ − 4. 70）
First	0. 0002 *** （2. 98）	0. 0002 *** （3. 51）	0. 0029 *** （3. 88）	0. 0026 *** （3. 56）	0. 0002 *** （4. 03）	0. 0002 *** （3. 32）
Intercept	0. 2477 *** （7. 30）	0. 2579 *** （7. 46）	3. 0315 *** （6. 50）	1. 5934 *** （3. 49）	0. 2804 *** （7. 69）	0. 2620 *** （7. 50）
Year and industry control	是	是	是	是	是	是
Adjusted R^2	0. 3255	0. 3069	0. 5543	0. 4957	0. 2302	0. 2189
Sample size	2060	2060	2060	2060	2060	2060

注：***、** 和 * 分别表示在 1%、5% 和 10% 的水平上显著，括号中的数字为双尾检验的 t 值。

表 8 - 8　　　CEO 职业生涯关注与企业纵向业绩波动性：
对 CEO 新上任的检验

	（1） Sdroa1	（2） Sdaroa1	（3） Sdq1	（4） Sdaq1	（5） Sdcfo1	（6） Sdacfo1
Newap	0. 0576 *** （11. 77）	0. 0582 *** （11. 66）	0. 4558 *** （6. 61）	0. 4276 *** （6. 34）	0. 0379 *** （7. 04）	0. 0352 *** （6. 82）

续表

	（1） Sdroa	（2） Sdaroa	（3） Sdq	（4） Sdaq	（5） Sdcfo	（6） Sdacfo
Bsize	−0. 0156 ***	−0. 0130 ***	−0. 1502 **	−0. 1599 **	−0. 0110 **	−0. 0136 ***
	（−3. 20）	（−2. 60）	（−2. 19）	（−2. 38）	（−2. 06）	（−2. 64）
Indep	−0. 1120 ***	−0. 0889 ***	−0. 9108 ***	−0. 6398 ***	−0. 0522 ***	−0. 0483 ***
	（−7. 33）	（−5. 71）	（−4. 24）	（−3. 04）	（−3. 11）	（−3. 00）
Duality	0. 0027	0. 0023	0. 0039	0. 0364	0. 0052 **	0. 0048 **
	（1. 23）	（1. 00）	（0. 12）	（1. 19）	（2. 14）	（2. 03）
Roa	−0. 1174 **	−0. 0053	−1. 9658 ***	−2. 0154 ***	0. 0638	0. 0489
	（−2. 25）	（−0. 10）	（−2. 68）	（−2. 81）	（1. 11）	（0. 89）
Roa1	−0. 3311 ***	−0. 3418 ***	−1. 9214 **	−3. 5554 ***	−0. 0392	−0. 0336
	（−4. 95）	（−5. 01）	（−2. 04）	（−3. 86）	（−0. 53）	（−0. 48）
Roa2	0. 5524 ***	0. 4572 ***	4. 9209 ***	6. 7843 ***	0. 1697 ***	0. 1443 ***
	（12. 95）	（10. 52）	（8. 20）	（11. 54）	（3. 62）	（3. 22）
Fsize	−0. 0047 ***	−0. 0061 ***	−0. 0618 ***	−0. 0253 *	−0. 0052 ***	−0. 0050 ***
	（−4. 60）	（−5. 87）	（−4. 31）	（−1. 80）	（−4. 63）	（−4. 63）
Fage	0. 0027	0. 0019	−0. 0612 **	−0. 0198	0. 0009	0. 0026
	（1. 35）	（0. 92）	（−2. 18）	（−0. 72）	（0. 41）	（1. 23）
Leverage	0. 0664 ***	0. 0735 ***	0. 2309 ***	0. 3614 ***	0. 0631 ***	0. 0602 ***
	（14. 48）	（15. 71）	（3. 58）	（5. 72）	（12. 53）	（12. 48）
Cap	−0. 0167 **	−0. 0142 *	0. 1588	0. 1462	−0. 0469 ***	−0. 0404 ***
	（−2. 09）	（−1. 75）	（1. 41）	（1. 33）	（−5. 36）	（−4. 82）
MB	0. 0132 ***	0. 0128 ***	0. 6549 ***	0. 5839 ***	0. 0016	0. 0024 *
	（9. 89）	（9. 45）	（34. 93）	（31. 80）	（1. 08）	（1. 69）
Cfo	0. 0206	0. 0230	−0. 7888 ***	−0. 8590 ***	−0. 0944 ***	−0. 0842 ***
	（1. 33）	（1. 46）	（−3. 63）	（−4. 04）	（−5. 57）	（−5. 18）
First	0. 0001 ***	0. 0002 ***	0. 0027 ***	0. 0024 ***	0. 0002 ***	0. 0002 ***
	（2. 61）	（3. 16）	（3. 57）	（3. 29）	（3. 74）	（3. 04）
Intercept	0. 1481 ***	0. 1609 ***	1. 5733 ***	0. 4523	0. 1807 ***	0. 1738 ***
	（6. 18）	（6. 59）	（4. 66）	（1. 37）	（6. 86）	（6. 89）

	（1） Sdroa	（2） Sdaroa	（3） Sdq	（4） Sdaq	（5） Sdcfo	（6） Sdacfo
Year and industry control	是	是	是	是	是	是
Adjusted R^2	0.3664	0.3485	0.5610	0.5037	0.2454	0.2337
Sample size	2060	2060	2060	2060	2060	2060

注：*** 、** 和 * 分别表示在 1% 、5% 和 10% 的水平上显著，括号中的数字为双尾检验的 t 值。

就控制变量而言，董事会规模和独立董事比例与各个被解释变量显著负相关，说明董事会规模较大、独立性较高的企业，纵向业绩波动性较低，这与程（2008）、黄和王（2015）得到的实证结论一致。其他控制变量的回归结果与上文得到的结果相近。

五　横向业绩离散度模型

为了检验 CEO 职业生涯关注对企业业绩横向离散度的影响，本章进一步借鉴亚当斯等（2005）和程（2008）的研究，采用格莱泽（1969）提出的 HeteroskedasticityTests 方法进行两阶段检验。第一阶段，将业绩变量与上述模型中的各解释变量和控制变量进行回归，预测业绩水平并求得残差 u_Performance，以残差绝对值 | u | 来代表企业实际业绩水平对其正常业绩水平的偏离程度，即横向业绩离散度。第二阶段，以 | u_Performance | 为被解释变量，对模型（8 − 1）中的各解释变量和控制变量再次回归，以检验 CEO 职业生涯关注对企业业绩横向离散度的影响。第二阶段回归模型如模型（8 − 3）所示：

$$
\begin{aligned}
\mid u\_Performance \mid_{it} = {} & \gamma_0 + \gamma_1 CEOindicator_{it} + \gamma_2 Bsize_{it} + \gamma_3 Indep_{it} + \\
& \gamma_4 Duality_{it} + \gamma_5 Roa_{it} + \gamma_6 Roa1_{it} + \gamma_7 Roa2_{it} + \\
& \gamma_8 Fsize_{it} + \gamma_9 Fage_{it} + \gamma_{10} Leverage_{it} + \gamma_{11} Cap_{it} + \\
& \gamma_{12} MB_{it} + \gamma_{13} Cfo_{it} + \gamma_{14} First_{it} + \gamma_{15} Soe_{it} + \\
& \sum Year + \sum Industry + \mu
\end{aligned}
\tag{8 − 3}
$$

　　CEO 职业生涯关注对企业业绩横向离散度的回归结果列示在表 8-9中。可以看到，除回归（1）之外，解释变量的系数均在 1% 的水平上显著，且系数符号与假设 1 的预测一致，CEO 年龄系数显著为负，CEO 新上任哑变量的系数显著为正。回归（1）中 CEO 年龄的系数虽然不显著，但符号为负，与假设 1 的预测相符。可见，CEO 较年轻或新上任时，企业业绩对正常业绩的偏离较大，出现业绩极端值的可能性更大。表 8-9 的回归结果从业绩横向离散度的角度支持了本章的假设 1。

表 8-9　CEO 职业生涯关注与企业横向业绩离散度（格莱泽异方差检验）

	（1） | u_Roa |	（2） | u_Q |	（3） | u_Cfo |	（4） | u_Roa |	（5） | u_Q |	（6） | u_Cfo |
lnage	-0.0025 (-0.88)	-0.0752 *** (-2.91)	-0.0108 *** (-3.01)			
Newap				0.0117 *** (12.51)	0.0397 *** (4.60)	0.0080 *** (6.66)
Bsize	-0.0057 *** (-2.90)	0.0636 *** (3.53)	-0.0079 *** (-3.17)	-0.0055 *** (-2.82)	0.0633 *** (3.52)	-0.0079 *** (-3.17)
Indep	-0.0154 ** (-2.27)	0.0666 (1.06)	0.0032 (0.37)	-0.0175 *** (-2.58)	0.0622 (0.99)	0.0021 (0.25)
Duality	0.0025 ** (2.08)	0.0031 (0.29)	0.0026 * (1.71)	0.0031 *** (2.65)	0.0008 (0.07)	0.0024 (1.61)
Roa		0.2940 *** (5.43)	0.2235 *** (31.02)		0.2906 *** (5.37)	0.2225 *** (30.90)
Roa1	-0.0124 ** (-2.26)	-0.0478 (-0.90)	-0.0106 (-1.43)	-0.0083 (-1.53)	-0.0315 (-0.59)	-0.0073 (-0.99)
Roa2	-0.0135 ** (-2.55)	-0.0267 (-0.54)	-0.0219 *** (-3.21)	-0.0124 ** (-2.35)	-0.0217 (-0.44)	-0.0209 *** (-3.07)
Fsize	-0.0015 *** (-3.28)	-0.0343 *** (-8.10)	-0.0039 *** (-6.63)	-0.0013 *** (-2.97)	-0.0348 *** (-8.26)	-0.0039 *** (-6.72)
Fage	0.0074 *** (6.55)	0.0348 *** (3.36)	0.0089 *** (6.15)	0.0069 *** (6.17)	0.0330 *** (3.19)	0.0085 *** (5.92)

	(1) | u_Roa |	(2) | u_Q |	(3) | u_Cfo |	(4) | u_Roa |	(5) | u_Q |	(6) | u_Cfo |
Leverage	0. 0397 *** (20. 37)	0. 0787 *** (4. 33)	0. 0442 *** (17. 51)	0. 0386 *** (19. 89)	0. 0766 *** (4. 21)	0. 0436 *** (17. 30)
Cap	0. 0074 *** (3. 76)	− 0. 0332 * (− 1. 83)	0. 0029 (1. 14)	0. 0075 *** (3. 83)	− 0. 0317 * (− 1. 75)	0. 0031 (1. 23)
MB	0. 0097 *** (21. 51)	0. 2106 *** (50. 02)	− 0. 0003 (− 0. 46)	0. 0097 *** (21. 65)	0. 2104 *** (50. 00)	− 0. 0003 (− 0. 52)
Cfo	− 0. 0138 *** (− 3. 44)	0. 1488 *** (3. 84)		− 0. 0141 *** (− 3. 52)	0. 1457 *** (3. 76)	
First	0. 0002 *** (8. 42)	0. 0055 *** (22. 53)	0. 0002 *** (6. 53)	0. 0002 *** (8. 16)	0. 0055 *** (22. 41)	0. 0002 *** (6. 36)
Soe	− 0. 0068 *** (− 7. 57)	− 0. 0084 (− 1. 01)	− 0. 0044 *** (− 3. 80)	− 0. 0066 *** (− 7. 40)	− 0. 0103 (− 1. 25)	− 0. 0046 *** (− 4. 02)
Intercept	0. 0414 *** (2. 96)	0. 7923 *** (6. 13)	0. 1380 *** (7. 70)	0. 0251 ** (2. 48)	0. 5074 *** (5. 37)	0. 0955 *** (7. 28)
Year and industry control	是	是	是	是	是	是
Adjusted R^2	0. 0944	0. 2930	0. 1058	0. 1034	0. 2935	0. 1078
Sample size	15539	15539	15539	15539	15539	15539

注: ***、** 和 * 分别表示在 1%、5% 和 10% 的水平上显著,括号中的数字为双尾检验的 t 值。

总体而言,我们通过以上三个不同的回归模型进行实证检验,得到了一致的结论:CEO 职业生涯关注对企业业绩波动性具有显著的影响。具体而言,当 CEO 年龄较小或 CEO 新上任时,其所在企业的业绩波动性更高。研究结论很好地支持了本章的研究假设 1。

六 两阶段最小二乘法

在模型 (8 - 1) 的回归中,企业业绩波动性以每个观测时段内企业业绩变量观测值的标准差来衡量,而所有解释变量和控制变量则选取了相应观测时段内第一年的观测值，这种方法本身在一定程度上克服了 CEO 职业生涯关注与企业业绩波动性之间的逆向因果问题。然而，CEO 职业生涯关注和企业业绩波动性还可能同时受到一些遗漏变量的影响，因此，我们的实证检验结果可能存在因遗漏重要变量而产生的内生性问题［程，2008；黄和王，2015；瑟夫林，2014］。为了解决这个问题，本章通过两阶段最小二乘法（2SLS）进一步进行实证检验。关于工具变量的选取，我们借鉴李小荣等（2014）以及黄和王（2015）的研究，以同年度同行业 CEO 平均年龄作为 CEO 年龄的工具变量，以同年度同行业 CEO 新上任哑变量的平均值（同年度同行业新上任 CEO 所占比例）作为 CEO 新上任哑变量的工具变量。最小二乘法第二阶段回归的结果如表 8 - 10 所示。

表 8 - 10　　　　　　　　两阶段最小二乘法（2SLS）

Panel A：CEO 职业生涯关注与总体业绩波动性

	Sdroa	Sdaroa	Sdq	Sdaq	Sdcfo	Sdacfo
lnage	- 0.0256 **	- 0.0326 ***	- 0.9744 ***	- 0.3288 ***	- 0.0436 ***	- 0.0450 ***
	(- 2.47)	(- 3.28)	(- 6.81)	(- 2.87)	(- 3.58)	(- 3.78)
Control	是	是	是	是	是	是
Adjusted R^2	0.1928	0.1992	0.2682	0.2166	0.0730	0.0766
Sample size	12610	12610	12141	12141	12606	12606
Newap	0.0128 ***	0.0115 ***	0.1219 **	0.0692 *	0.0245 ***	0.0254 ***
	(3.49)	(3.27)	(2.53)	(1.77)	(5.61)	(5.95)
Control	是	是	是	是	是	是
Adjusted R^2	0.1992	0.2079	0.2892	0.2184	0.0613	0.0639
Sample size	12610	12610	12141	12141	12621	12621

Panel B：CEO 职业生涯关注与纵向业绩波动性

	Sdroa1	Sdaroa1	Sdq1	Sdaq1	Sdcfo1	Sdacfo1
lnage	- 0.0337 **	- 0.0340 **	- 0.4247 **	- 0.3278 **	- 0.0240 *	- 0.0277 **
	(- 2.50)	(- 2.48)	(- 2.48)	(- 1.97)	(- 1.73)	(- 2.09)
Control	是	是	是	是	是	是
Adjusted R^2	0.2994	0.2825	0.5451	0.4909	0.2003	0.1979

续表

Panel B：CEO 职业生涯关注与纵向业绩波动性

	Sdroa1	Sdaroa1	Sdq1	Sdaq1	Sdcfo1	Sdacfo1
Sample size	2060	2060	2060	2060	2060	2060
Newap	0.0984 ***	0.0943 ***	0.5048 ***	0.5087 ***	0.0581 ***	0.0486 ***
	(9.92)	(9.38)	(4.05)	(4.18)	(5.69)	(5.01)
Control	是	是	是	是	是	是
Adjusted R²	0.3232	0.3103	0.5522	0.4986	0.2122	0.2110
Sample size	2060	2060	2060	2060	2060	2060

Panel C：CEO 职业生涯关注与横向业绩离散度

	| u_Roa |	| u_Q |	| u_Cfo |	| u_Roa |	| u_Q |	| u_Cfo |
lnage	− 0.0232 ***	− 0.6947 ***	− 0.0520 ***			
	(− 2.62)	(− 8.14)	(− 4.49)			
Newap				0.0135 ***	0.2044 ***	0.0166 ***
				(4.08)	(6.40)	(3.81)
Control	是	是	是	是	是	是
Adjusted R²	0.1271	0.2544	0.1022	0.1382	0.2639	0.1080
Sample size	15539	15539	15539	15539	15539	15539

注：*** 、** 和 * 分别表示在 1% 、5% 和 10% 的水平上显著，括号中的数字为双尾检验的 t 值。

从表 8 – 10 报告的回归结果可以看出，不论是从总体业绩波动性、纵向业绩波动性还是横向业绩离散度的角度进行检验，CEO 职业生涯关注均对企业业绩波动性具有显著影响。其中，CEO 年龄与所有业绩波动性变量显著负相关，表明 CEO 年龄越高，企业业绩越稳定；CEO 新上任哑变量与所有业绩波动性变量显著正相关，表明 CEO 新上任时企业业绩会有更大的波动性。通过两阶段最小二乘法，我们在克服可能存在的内生性问题以后得到了与上文研究一致的结论。

七 倾向得分匹配法

从表 8 – 3 中单变量均值检验的结果可以看到，对于职业生涯关注程度不同的 CEO，其经营的企业在许多财务和非财务特征上存在显著性差异，故可能是这些企业自身特征的差异导致其业绩呈现不同的波动性。为了克服这个问题，我们运用倾向得分匹配法构造新的样本来进行稳健性检验［罗森鲍姆和鲁宾（Rosenbaum and Rubin，1983）；德赫贾和沃赫拜（Dehejia and Wahba，2002）；瑟夫林，2014］。首先，我们以 CEO 年龄哑变量 Dage 为被解释变量，对回归模型中各控制变量进行 Probit 回归，估计上市公司由年老的 CEO 来经营的可能性（倾向得分）。其次，按照倾向得分差异最小的原则，将年老 CEO 经营的企业与年轻 CEO 经营的企业进行一一匹配。最后，保留倾向得分差异在 - 0.05—0.05 的倾向得分匹配样本。通过以上程序，我们就得到了在各种企业特征上最为相近，但分别由年轻 CEO 和年老 CEO 经营的企业样本。对于 CEO 新上任哑变量，我们进行同样的操作，得到按照 CEO 是否新上任进行了倾向得分匹配的样本。若通过对两个新样本进行检验，仍得到与上文一致的结论，则说明企业业绩波动性的差异并非由企业本身特征的差异导致，而是因为受到 CEO 职业生涯关注的影响所致。

对倾向得分匹配样本的回归结果列示于表 8-11 中。由回归结果可知，除了在总体业绩波动性的检验中，新上任哑变量对企业价值波动性的影响不显著外，其他各项回归中，CEO 年龄回归系数均显著为负，CEO 新上任哑变量回归系数均显著为正。对倾向得分匹配样本的回归结果基本与上文的研究结论一致。

表 8-11　　　　　　　　　倾向得分匹配样本

Panel A：CEO 职业生涯关注与总体业绩波动性

	Sdroa	Sdaroa	Sdq	Sdaq	Sdcfo	Sdacfo
Dage	- 0.0031 ***	- 0.0031 ***	- 0.0295 ***	- 0.0263 ***	- 0.0037 ***	- 0.0037 ***
	(- 3.39)	(- 3.52)	(- 2.64)	(- 2.70)	(- 3.48)	(- 3.54)
Control	是	是	是	是	是	是
Adjusted R^2	0.2126	0.2212	0.4354	0.2974	0.0977	0.0997
Sample size	9604	9604	9243	9243	9599	9599

续表

Panel A：CEO 职业生涯关注与总体业绩波动性

	Sdroa	Sdaroa	Sdq	Sdaq	Sdcfo	Sdacfo
Newap	0.0078 ***	0.0074 ***	0.0063	−0.0028	0.0064 ***	0.0068 ***
	(6.06)	(5.93)	(0.40)	(−0.20)	(4.31)	(4.74)
Control	是	是	是	是	是	是
Adjusted R^2	0.2816	0.2864	0.4167	0.2844	0.1294	0.1327
Sample size	5624	5624	5358	5358	5620	5620

Panel B：CEO 职业生涯关注与横向业绩离散度

	| u_Roa |	| u_Q |	| u_Cfo |	| u_Roa |	| u_Q |	| u_Cfo |
Dage	−0.0018 *	−0.0162 *	−0.0023 *			
	(−1.89)	(−1.81)	(−1.80)			
Newap				0.0107 ***	0.0374 ***	0.0078 ***
				(8.60)	(3.17)	(4.99)
Control	是	是	是	是	是	是
Adjusted R^2	0.1611	0.3077	0.1230	0.2189	0.2818	0.1630
Sample size	9604	9603	9603	6653	6652	6652

注：*** 、** 和 * 分别表示在 1% 、5% 和 10% 水平上显著，括号中的数字为双尾检验的 t 值。

八　构建新的业绩波动性度量指标

首先，我们以 5 年为一个观测时段，计算各个业绩指标在每个观测时段的标准差，作为企业业绩波动性的代理变量，回归得到的结果如表 8 - 12 的 Panel A 所示，与上文研究得到的结果一致。其次，根据法西奥等（Faccio et al. ，2011）和余明桂等（2013）的研究，以各个业绩指标在整个样本期内的最大值与最小值之差衡量企业业绩的纵向离散程度，对各解释变量和控制变量进行回归，得到的结果如表 8 - 12 的 Panel B 所示。从表 8 - 12 可以看到，不管通过何种方式度量企业业绩的波动性，回归结果均与本章的主要结论一致：对于年轻的 CEO 或者新上任的 CEO，其经营的企业具有更高的业绩波动性。

表 8 - 12　　　　　　　　　构建新的业绩波动性度量指标

Panel A：CEO 职业生涯关注与总体业绩波动性（以 5 年为一个观测时段）

	Sdroa	Sdaroa	Sdq	Sdaq	Sdcfo	Sdacfo
lnage	- 0. 0097 ***	- 0. 0101 ***	- 0. 0770 *	- 0. 0472	- 0. 0101 ***	- 0. 0101 ***
	(- 3. 50)	(- 3. 84)	(- 1. 94)	(- 1. 37)	(- 3. 03)	(- 3. 11)
Control	是	是	是	是	是	是
Adjusted R^2	0. 2306	0. 2386	0. 4252	0. 3162	0. 1294	0. 1320
Sample size	11676	11676	9176	9176	9884	9884
Newap	0. 0072 ***	0. 0066 ***	0. 0464 ***	0. 0220 *	0. 0049 ***	0. 0050 ***
	(7. 71)	(7. 46)	(3. 50)	(1. 92)	(4. 38)	(4. 66)
Control	是	是	是	是	是	是
Adjusted R^2	0. 2337	0. 2412	0. 4257	0. 3164	0. 1302	0. 1331
Sample size	11676	11676	9176	9176	9884	9884

Panel B：CEO 职业生涯关注与纵向业绩离散度

	Sdroa1	Sdaroa1	Sdq1	Sdaq1	Sdcfo1	Sdacfo1
lnage	- 0. 0576 **	- 0. 0556 **	- 1. 0748 ***	- 0. 8463 ***	- 0. 0803 ***	- 0. 0769 ***
	(- 2. 16)	(- 2. 16)	(- 3. 34)	(- 2. 75)	(- 3. 11)	(- 3. 02)
Control	是	是	是	是	是	是
Adjusted R^2	0. 3480	0. 3451	0. 4842	0. 4492	0. 3584	0. 3574
Sample size	2060	2060	2060	2060	2060	2060
Newap	0. 2208 ***	0. 2144 ***	1. 5041 ***	1. 4633 ***	0. 1574 ***	0. 1605 ***
	(12. 05)	(12. 07)	(6. 61)	(6. 73)	(8. 69)	(9. 00)
Control	是	是	是	是	是	是
Adjusted R^2	0. 3900	0. 3874	0. 4922	0. 4592	0. 3784	0. 3792
Sample size	2060	2060	2060	2060	2060	2060

注：*** 、** 和 * 分别表示在 1% 、5% 和 10% 的水平上显著，括号中的数字为双尾检验的 t 值。

九 传导机制的检验

前文的实证检验结果为本章的假设 1 提供了有力的支持。那么 CEO 的职业生涯关注是如何影响企业业绩波动性的呢？根据程

（2008）、瑟夫林（2014）以及黄和王（2015）的研究，并购重组、负债率的选择和盈余管理等活动都与企业业绩的波动性密切相关。因此，我们进一步检验 CEO 职业生涯关注对企业具体决策的影响，以明确 CEO 职业生涯关注影响企业业绩波动的具体渠道和作用机制。

（一）CEO 职业生涯关注与并购重组

一些现有文献研究了 CEO 年龄与企业并购重组决策的关系，如李等（2011）和宜姆（2013）的实证研究发现，CEO 在其职业生涯的早期，即在年轻的时候会更倾向于从事并购重组业务。并购重组由于其结果具有高度不确定性而具有较高的风险，从而与企业业绩的波动性紧密相关［程，2008］。故我们推测，年轻的 CEO 或者新上任的 CEO 可能会通过更频繁的并购重组活动使企业业绩波动性更高。

为了检验 CEO 职业生涯关注对企业并购重组决策的影响，我们首先构造并购重组哑变量 Acqu（当企业当年发生并购重组时，取 1，否则取 0），对各解释变量和控制变量进行 Probit 回归，回归结果列示于表 8 - 13 的回归（1）和回归（4）中。同时，我们借鉴程（2008）的变量定义方法，以每个上市公司当年并购重组次数占当年该企业所在行业所有上市公司并购重组总次数的比重来衡量该企业的并购重组频率（Freq），以该频率在每个观测时段的标准差代表该企业的并购重组波动性（Sdfreq），回归结果分别列示于表 6 - 1 的回归（2）、回归（3）、回归（5）和回归（6）中。另外，我们也进一步计算 Freq 在整个样本期内的平均值（Mfreq）和标准差（Sdfreq1），并以其为被解释变量进行回归，结果列示于表 8 - 14 中。

从表 8 - 13 和表 8 - 14 的回归结果可以看到，所有 lnage 的回归系数均为负数，所有 Newap 的回归系数均为正数。除在表 8 - 13 的回归（3）、回归（5）、回归（6）中解释变量回归系数不显著外，其他解释变量都至少在 5% 的水平上显著。可见，对于年龄较小或者新上任的 CEO，其从事并购重组的可能性和频率更高，并且其所在企业并购重组活动的波动性较高。因此，CEO 职业生涯关注可以通过影响上市公司的并购重组决策来影响企业的业绩波动性。

表 8 - 13　　　　　　　　　　　CEO 职业生涯关注与并购重组

	（1）Acqu	（2）Freq	（3）Sdfreq	（4）Acqu	（5）Freq	（6）Sdfreq
lnage	- 0. 3845 *** (- 4. 78)	- 0. 0031 ** (- 2. 01)	- 0. 0010 (- 0. 72)			
Newap				0. 1327 *** (4. 90)	0. 0005 (1. 05)	0. 0001 (0. 33)
Bsize	- 0. 0172 (- 0. 31)	0. 0032 *** (2. 92)	0. 0009 (0. 95)	- 0. 0184 (- 0. 33)	0. 0031 *** (2. 87)	0. 0009 (0. 93)
Indep	0. 2939 (1. 52)	- 0. 0054 (- 1. 43)	- 0. 0039 (- 1. 16)	0. 2832 (1. 46)	- 0. 0053 (- 1. 41)	- 0. 0038 (- 1. 15)
Duality	0. 0091 (0. 26)	0. 0011 * (1. 78)	0. 0009 (1. 56)	- 0. 0084 (- 0. 25)	0. 0009 (1. 53)	0. 0008 (1. 48)
Roa	1. 2005 *** (6. 74)	0. 0012 (0. 38)	- 0. 0007 (- 0. 28)	1. 2033 *** (6. 73)	0. 0012 (0. 40)	- 0. 0007 (- 0. 28)
Roa1	- 0. 6598 *** (- 3. 89)	- 0. 0042 (- 1. 37)	- 0. 0027 (- 1. 05)	- 0. 6116 *** (- 3. 59)	- 0. 0039 (- 1. 28)	- 0. 0026 (- 1. 02)
Roa2	- 0. 3382 ** (- 2. 20)	- 0. 0027 (- 0. 95)	- 0. 0013 (- 0. 52)	- 0. 3201 ** (- 2. 08)	- 0. 0026 (- 0. 92)	- 0. 0013 (- 0. 51)
Fsize	0. 0714 *** (5. 37)	0. 0004 (1. 44)	- 0. 0001 (- 0. 28)	0. 0671 *** (5. 07)	0. 0003 (1. 29)	- 0. 0001 (- 0. 33)
Fage	- 0. 0396 (- 1. 25)	0. 0064 *** (10. 49)	0. 0052 *** (9. 05)	- 0. 0449 (- 1. 41)	0. 0063 *** (10. 40)	0. 0052 *** (9. 00)
Leverage	0. 4664 *** (8. 13)	- 0. 0015 (- 1. 39)	- 0. 0013 (- 1. 28)	0. 4640 *** (8. 08)	- 0. 0015 (- 1. 36)	- 0. 0012 (- 1. 26)
Cap	- 0. 0540 (- 0. 95)	0. 0010 (0. 96)	0. 0006 (0. 68)	- 0. 0462 (- 0. 81)	0. 0011 (1. 02)	0. 0006 (0. 70)
MB	0. 0618 *** (4. 51)	0. 0000 (0. 05)	- 0. 0002 (- 0. 86)	0. 0600 *** (4. 39)	- 0. 0000 (- 0. 02)	- 0. 0002 (- 0. 88)
Cfo	- 0. 8316 *** (- 6. 60)	- 0. 0024 (- 1. 08)	- 0. 0005 (- 0. 25)	- 0. 8526 *** (- 6. 76)	- 0. 0025 (- 1. 15)	- 0. 0005 (- 0. 28)
First	- 0. 0072 *** (- 9. 43)	- 0. 0000 ** (- 2. 01)	0. 0000 (0. 00)	- 0. 0073 *** (- 9. 55)	- 0. 0000 ** (- 2. 08)	- 0. 0000 (- 0. 04)

续表

	（1） Acqu	（2） Freq	（3） Sdfreq	（4） Acqu	（5） Freq	（6） Sdfreq
Soe	－0.2016*** （－7.75）	－0.0015*** （－3.17）	－0.0009** （－2.17）	－0.2135*** （－8.26）	－0.0016*** （－3.39）	－0.0009** （－2.27）
Intercept	0.4408 （1.10）	0.0519*** （6.77）	0.0379*** （5.67）	－0.9604*** （－3.26）	0.0409*** （7.27）	0.0345*** （6.94）
Year and industry control	是	是	是	是	是	是
Adjusted R²	0.4026	0.4076	0.4172	0.4023	0.4074	0.4171
Sample size	15539	10724	4420	15539	10724	4420

注：***、** 和 * 分别表示在 1%、5% 和 10% 的水平上显著，括号中的数字为双尾检验的 t 值。

表 8－14　CEO 职业生涯关注与并购重组：纵向平均水平与波动性

	（1） Mfreq	（2） Sdfreq1	（3） Mfreq	（4） Sdfreq1
lnage	－0.0066*** （－2.58）	－0.0095** （－1.99）		
Newap			0.0047** （2.56）	0.0133*** （3.97）
Bsize	0.0002 （0.11）	－0.0008 （－0.23）	0.0001 （0.05）	－0.0008 （－0.22）
Indep	－0.0365*** （－6.50）	－0.0499*** （－4.73）	－0.0354*** （－6.27）	－0.0463*** （－4.39）
Duality	－0.0003 （－0.42）	－0.0017 （－1.12）	－0.0003 （－0.39）	－0.0011 （－0.69）
Roa	0.0082 （0.39）	0.0355 （0.95）	0.0120 （0.57）	0.0419 （1.12）
Roa1	0.0250 （0.82）	－0.0424 （－0.84）	0.0273 （0.90）	－0.0296 （－0.59）

续表

	（1） Mfreq	（2） Sdfreq1	（3） Mfreq	（4） Sdfreq1
Roa2	−0.0302	−0.0109	−0.0316*	−0.0190
	（−1.64）	（−0.35）	（−1.72）	（−0.62）
Fsize	0.0001	0.0005	0.0000	0.0006
	（0.16）	（0.78）	（0.02）	（0.85）
Fage	0.0032***	0.0086***	0.0032***	0.0085***
	（4.39）	（6.23）	（4.30）	（6.20）
Leverage	0.0041**	−0.0010	0.0038**	−0.0025
	（2.43）	（−0.33）	（2.22）	（−0.78）
Cap	0.0013	−0.0010	0.0017	0.0001
	（0.45）	（−0.19）	（0.58）	（0.02）
MB	−0.0003	0.0011	−0.0005	0.0008
	（−0.68）	（1.23）	（−0.99）	（0.85）
Cfo	−0.0039	0.0056	−0.0053	0.0028
	（−0.68）	（0.52）	（−0.93）	（0.26）
First	−0.0001***	−0.0001**	−0.0001***	−0.0001**
	（−3.09）	（−2.12）	（−3.31）	（−2.33）
Intercept	0.0655***	0.0637***	0.0407***	0.0234
	（5.40）	（2.82）	（4.61）	（1.43）
Year and industry control	是	是	是	是
Adjusted R^2	0.6194	0.3437	0.6194	0.3476
Sample size	2014	2001	2014	2001

注：***、**和*分别表示在1%、5%和10%的水平上显著，括号中的数字为双尾检验的 t 值。

（二）CEO职业生涯关注与负债政策

通常而言，负债率较高的企业由于面临的偿付利息和固定债务的压力较大，具有更高的财务风险，从而很可能增加企业未来业绩的波动性（黄和王，2015）。本章以总资产负债率（Lev1）和长期债务比率（Lev2）代表企业财务风险，相应地，以 Lev1 和 Lev2 在每个观测时段的标准差（Sdlev1、Sdlev2）代表负债率的波动性，检验 CEO 职业生涯关注是否会通过融资决策影响企业业绩波动性。回归结果如表 8 - 15 所示。另外，我们借鉴亚当斯等（2005）和程（2008）的方法，计算 Lev1 和 Lev2 在整个样本期内的平均值（Mlev1、Mlev2）和标准差（Sdlev11、Sdlev21），分别代表企业在整个样本期的平均负债水平和负债率波动性，进行回归检验，得到结果如表 8 - 16 所示。

表 8 - 15　　　　　　　CEO 职业生涯关注与负债政策

	(1) Lev1	(2) Sdlev1	(3) Lev2	(4) Sdlev2
lnage	- 0. 1151 *** (- 6. 22)	- 0. 0488 *** (- 4. 21)	- 0. 0170 *** (- 2. 85)	- 0. 0070 ** (- 2. 05)
Control	是	是	是	是
Adjusted R^2	0. 1855	0. 0631	0. 2088	0. 0471
Sample size	15539	12610	15539	12610
Newap	0. 0623 *** (10. 12)	0. 0382 *** (9. 94)	0. 0067 *** (3. 39)	0. 0042 *** (3. 68)
Control	是	是	是	是
Adjusted R^2	0. 1888	0. 0691	0. 2090	0. 0478
Sample size	15539	12610	15539	12610

注：***、** 和 * 分别表示在 1%、5% 和 10% 的水平上显著，括号中的数字为双尾检验的 t 值。

表 8 - 16　CEO 职业生涯关注与负债政策：纵向平均水平和波动性

	(1) Mlev1	(2) Sdlev11	(3) Mlev2	(4) Sdlev21
lnage	- 0. 1869 *** (- 4. 00)	- 0. 1186 *** (- 3. 79)	- 0. 0241 * (- 1. 80)	- 0. 0314 *** (- 3. 03)

续表

	（1） Mlev1	（2） Sdlev11	（3） Mlev2	（4） Sdlev21
Control	是	是	是	是
Adjusted R^2	0.2998	0.1339	0.3063	0.1700
Sample size	2044	2044	2044	2044
Newap	0.2592 *** （7.77）	0.2445 *** （11.12）	0.0484 *** （5.03）	0.0549 *** （7.42）
Control	是	是	是	是
Adjusted R^2	0.3147	0.1781	0.3137	0.1884
Sample size	2044	2044	2044	2044

注：*** 、** 和 * 分别表示在1%、5%和10%的水平上显著，括号中的数字为双尾检验的 t 值。

从表 8 - 15 和表 8 - 16 的回归结果可以看出，CEO 年龄对企业的负债水平和负债率的波动性具有显著的负向影响，CEO 新上任哑变量对企业的负债水平和负债率波动性具有显著的正向影响。由此可以得出以下结论：年轻的 CEO 或者新上任的 CEO，其所在企业具有更高的负债率，且负债水平的波动性更大，从而可能使企业业绩呈现更高的波动性。

（三）CEO 职业生涯关注与盈余管理

大量研究表明，许多上市公司会利用会计应计来操纵企业业绩水平和业绩波动性［德秋和斯金纳，2000；刘和鲁，2007］。年轻的 CEO 或者新上任的 CEO 为了尽快展现自己的经营才能，急于在最短的时间内使企业业绩突飞猛进。当企业实际业绩难以达到其预期目标时，CEO 便可能通过盈余管理调整业绩水平。因此我们预测，年轻的 CEO 或者新上任的 CEO，会更倾向于通过盈余管理来操纵企业业绩。

为了进行实证检验，我们首先运用修正的琼斯模型（德秋等，1995），通过分年度分行业的回归得到操纵性应计（Da）来测度盈余管理。同时，本章借鉴埃克等（2005）的方法，用总应计（Ta）和流动性应计（Ca）两个指标来衡量盈余管理。总应计以非现金资产变动减去非负息负债变动的差额除以年初总资产来衡量，流动性应计以非现金流动资产变动减去非负息流动负债变动的差额除以年初总资产来衡量。我们对以上三个指标分别取绝对值（A_da、A_ta、A_ca），并计算三个指标在每个观测时段的标准差（Sdda、Sdta、Sdca），以得到6个衡量盈余管理程度的指标（程，2008；黄和王，2015；蔡春等，2012；谢柳芳等，2013）。以上述6个指标为被解释变量，我们检验了 CEO 职业生涯关注对上市公司盈余管理程度的影响，结果如表 8 - 17 所示。同样，我们采用程（2008）的研究方法，以各个指标在整个样本期内的均值和标准差作为被解释变量，再次进行回归检验，结果列示于表 8 - 18 中。

　　表 8 - 17 和表 8 - 18 的回归结果显示，CEO 年龄的回归系数均为负值，且基本显著，CEO 新上任哑变量的回归系数均在 1% 的水平上显著为正。通过运用不同的盈余管理度量指标，我们得到了一致的结论：CEO 年龄较小或者 CEO 新上任时，会更多地进行盈余管理，以影响企业的业绩水平及其波动性。

表 8 - 17　　　　　　　　CEO 职业生涯关注与应计盈余管理

	（1） A_da	（2） Sdda	（3） A_ta	（4） Sdta	（5） A_ca	（6） Sdca
lnage	- 0. 0237 ** （ - 2. 56）	- 0. 0329 *** （ - 4. 62）	- 0. 0229 ** （ - 2. 53）	- 0. 0251 *** （ - 3. 01）	- 0. 0180 *** （ - 3. 31）	- 0. 0201 *** （ - 3. 91）
Control	是	是	是	是	是	是
Adjusted R²	0. 1483	0. 2043	0. 1900	0. 1098	0. 1510	0. 1660
Sample size	15527	11294	15539	12612	15539	12612
Newap	0. 0230 *** （7. 45）	0. 0144 *** （6. 01）	0. 0376 *** （12. 50）	0. 0224 *** （8. 10）	0. 0190 *** （10. 49）	0. 0133 *** （7. 76）
Control	是	是	是	是	是	是
Adjusted R²	0. 1510	0. 2053	0. 1977	0. 1137	0. 1564	0. 1690
Sample size	15527	11294	15539	12612	15539	12612

　　注：*** 、** 和 * 分别表示在 1% 、5% 和 10% 的水平上显著，括号中的数字为双尾检验的 t 值。

表 8 - 18　　CEO 职业生涯关注与应计盈余管理：纵向平均水平和波动性

	(1) Mda	(2) Sdda1	(3) Mta	(4) Sdta1	(5) Mca	(6) Sdca1
lnage	- 0.0447	- 0.0621 ***	- 0.0242	- 0.0609 ***	- 0.0162 *	- 0.0275 **
	(-1.19)	(-2.90)	(-1.58)	(-3.05)	(-1.77)	(-2.39)
Control	是	是	是	是	是	是
Adjusted R^2	0.1629	0.2147	0.2607	0.1664	0.3025	0.2817
Sample size	1762	1443	2053	2053	2053	2053
Newap	0.1373 ***	0.0997 ***	0.0556 ***	0.1272 ***	0.0383 ***	0.0628 ***
	(4.83)	(6.19)	(5.03)	(8.97)	(5.84)	(7.64)
Control	是	是	是	是	是	是
Adjusted R^2	0.1733	0.2308	0.2690	0.1945	0.3130	0.2998
Sample size	1762	1443	2053	2053	2053	2053

注：*** 、** 和 * 分别表示在 1%、5% 和 10% 的水平上显著，括号中的数字为双尾检验的 t 值。

综上所述，通过对可能影响企业业绩波动性的投融资决策和盈余管理活动进行实证检验，我们得到以下结论：年轻的 CEO 或者新上任的 CEO 会更倾向于做出并购重组决策、选择较高的负债水平、进行更多的盈余管理。同时，其所在企业的并购重组活动波动性和负债水平波动性也更高，这些都可能导致企业业绩表现出更高的波动性。可见，CEO 的职业生涯关注通过影响其在具体项目上的决策，影响着上市公司业绩的波动性。

第五节　结论

对上市公司经营绩效的评价不仅要关注其业绩水平，业绩的波动性也是企业绩效评价的一个重要维度。本章从管理者个人特征的角度出发，研究了 CEO 职业生涯关注对上市公司业绩波动性的影响。同时，我们从并购重组决策、负债水平的选择以及盈余管理三个具体角度，对其中的作用机制和影响渠道进行了进一步研究。

　　本章以 1999—2014 年沪深两市上市公司为样本，以 CEO 年龄和 CEO 新上任哑变量代表 CEO 职业生涯关注，从总体业绩波动性、纵向业绩波动性和横向业绩离散度三个角度来构建业绩波动性代理变量，实证检验了 CEO 职业生涯关注与上市公司业绩波动性的关系。研究发现，年龄较小或者新上任的 CEO，其经营的企业具有更高的业绩波动性。为了保证检验结果的有效性，本章运用两阶段最小二乘法、倾向得分匹配法以及替换被解释变量的方法进行稳健性检验，得到与此一致的结论。从影响企业业绩波动性的具体渠道来看，职业生涯关注较高的 CEO 倾向于做出更多的并购重组决策、选择更高的负债率和更多地进行盈余管理，从而使企业业绩表现出更高的波动性。

　　本章研究表明，CEO 职业生涯关注对企业业绩波动性有显著的影响。因而，上市公司的董事会和股东应认识到 CEO 职业生涯关注带来的这种决策偏差，并通过采取加强监督、设计合理的薪酬合约等措施来缓解这种偏差给企业业绩带来的影响。另外，若这种偏差与企业的经营风格和风险偏好一致，董事会也可在聘任决策中充分利用这种偏差来帮助企业更好地实现经营目标。

第九章　结语

第一节　董事会治理研究的进一步阅读

在本小节中，本书将提供一份详细的董事会治理研究的阅读目录。首先，我们介绍几篇必读的文献综述。施莱弗和维施尼（1997）是最经典的公司治理文献综述，是每个研究公司治理的学者必读的论文。不过，施莱弗和维施尼（1997）对董事会治理研究的整理并不充分。而贝希特等（2003）对整个公司治理领域的文献都进行了详细整理，对董事会治理研究的归纳也非常完整。赫马林和魏斯巴赫（2003）、亚当斯等（2010）是专门聚焦于董事会治理的文献综述。中文的综述性文献有李维安等（2009）。

然后，我们对董事会治理的研究文献按照不同主题进行梳理。

一　董事会的模式和企业绩效

董事会的模式有单层董事会模式和双层董事会模式两类。霍普特和莱耶恩斯（Hopt and Leyens，2004）对欧洲各国企业的董事会治理模式的发展进行了综述后指出，一方面，无论企业的董事会模式如何，都呈现出内部治理机制独立度上升的趋势；另一方面，双层董事会模式中的利益相关者共同决定机制又在影响着其独立性的提高。麦卡赫里和弗穆伦（McCahery and Vermeulen，2014）认为，积极的和有经验的董事会成员会更加偏好单层董事会，这是因为，在单层董事会中，董事会成员能够有更多机会与高层管理者直接接触并能参与决定企业战略和成长目标。不过，吉莱特等（2008）基于模型和对学生的实验结果研究后发现，双层董事会模式的董事会更多地接受最大化利益相关者利益的决定，但也会更多地表现出保守的态度，放弃一些好的项目而降低企业价值。亚当斯和费雷拉（2007）用理论模型对单层和双层董事会的运作机制进行了精辟的分析，并且指出，单层董事会很难同时担任监督和建言的双重作用。法莱等（2011）的实证结果证明了亚当斯和费雷拉（2007）的结论。法莱等（2011）发现，虽然那些监督能力强的董事会会提高 CEO 的离职—绩效敏感性，降低 CEO 过高的薪酬和减少盈余管理，但会导致较低的收购绩效和较少的创新。从对企业价值的实证结果来看，建言质量下降导致的成本甚至高于建言提高带来的收益。不过，布里克利和齐默曼（Brickley and Zimmerman，2010）及金等（Kim，2014）则指出，董事会的建议功能和监督功能是这一种互补关系，而不是其他学者所说的竞争关系。世界各国企业的董事会模式列示于表 9 – 1。① 在表 9 – 1 中，混合董事会是指不同企业可以在该国有不同的董事会模式。例如，在法国和保加利亚，企业可以随意选择单层或双层董事会模式，而在瑞士，银行必须选择双层董事会模式。贝洛特等（Belot et al.，2014）分析了不同特征的法国企业对于董事会模式的选择。他们发现，存在严重信息不对称的公司倾向于选择单层董事会模式，被认为可能存在榨取私人收益的企业倾向于选择双层董事会模式。在双层董事会中，董事会的监督会更加有效，CEO 的离职更加敏感于企业绩效。

二　董事会的规模和企业绩效

除耶马克（1996）和艾森伯格等（Eisenberg et al.，1998）以外，马克和库斯纳迪（Mak and Kusnadi，2005）对新加坡和马来西亚的上市公司进行实证分析后，也发现了董事会规模与企业的绩效之间存在负的相关关系。而科尔等（2008）发现，需要更多建议的复杂企业比起相对简

---

① 表 9 – 1 来源于亚当斯和费雷拉（2005）。亚当斯和费雷拉（2005）是最终发表版本。不过，本表在亚当斯和费雷拉（2007）中被删除掉了。该表由亚当斯和费雷拉（2005）依据 Tenev 等（2002），Institute of Directors in South Africa（1994），Korn/Ferry International（1998），OECD（2001），世界银行和 IMF（2001 – 2002）分析整理而来。

单的企业拥有更多的外部董事与更大规模的董事会。[①] 在复杂的企业中，随着董事会规模的增大，托宾 Q 上升；在简单的企业中，随着董事会规模的增大，托宾 Q 下降。不过，基于整个样本的分析却表明，董事会规模与托宾 Q 之间呈现一个 U 形的关系，这个结果与原有的理论如利普顿和洛尔施（1992）及詹森（1993）发生矛盾。科尔等（2008）的发现在一定程度上支持了企业特征对于董事会规模的影响，但 U 形关系的实证结果却无法被现有的理论所解释，不过，这也许会引起新一轮的关于董事会最优规模的理论研究。程（2008）研究了董事会规模与企业绩效变动之间的关系。程（2008）发现，董事会规模与企业绩效指标（月度股票收益、年度会计收益、托宾 Q、应计利润、非经常性项目、分析师预测非准确性、研发支出、收购重组活动频率）的变动显著负相关。程（2008）指出，由于大董事会内往往难以妥协，所以，大董事会的决策往往不会太极端，最后导致企业绩效的变化较小。Upadhyay 等（2014）指出，由于董事会将一些特定职能授权给了独立董事占主导的相关委员会，有必要基于委员会特点来重新研究董事会规模对于企业绩效的影响。Upadhyay 等（2014）发现，当董事会有 3 个以上委员会时，董事会规模与企业绩效（ROA 和 EVA）之间有显著的正向关系，而董事会规模与托宾 Q 之间的负向关系不显著。因此，企业可以通过利用不同功能的委员会来降低大董事会带来的成本。

表 9 - 1   部分国家和地区的企业董事会模式

模式类型	国家和地区
单层董事会	澳大利亚、巴西、加拿大、埃及、印度、意大利、日本、马来西亚、挪威、菲律宾、新加坡、南非、韩国、瑞典、泰国、土耳其、美国、乌克兰、英国、津巴布韦
双层董事会	奥地利、比利时、中国、克罗地亚、捷克共和国、丹麦、爱沙尼亚、格鲁吉亚、德国、荷兰、印度尼西亚、拉脱维亚、毛里求斯、波兰、西班牙、中国台湾
混合董事会	保加利亚、芬兰、法国、瑞士

---

① 在科尔等（2008）中，复杂企业与简单企业的区别在于三个方面：（1）业务范围更广；（2）公司资产更多；（3）对于外部融资的依赖程度更大。

三　董事会的构成和企业绩效

克莱因（Klein，1998）没有发现企业绩效和董事会构成之间的显著关系，但却发现内部董事在融资委员会和投资委员会的比例与企业会计和股票指标呈显著的正向关系，而且企业增加这两个委员会的内部董事能显著提高同期的股票回报率和投资回报率。因此，克莱因（1998）指出，内部董事能够给董事会提供有价值的信息，这些信息会帮助企业做出更好的投资决策。对于赫马林和魏斯巴赫（1991）及巴贾特和布莱克（Bhagat and Black，2001）没有发现外部董事比例与企业绩效之间正向关系的结果，麦卡沃伊和米尔斯坦（MacAvoy and Millstein，1999）认为，原因在于他们选用了"过时"的数据，也就是董事会还没有发挥积极作用之前的数据。麦卡沃伊和米尔斯坦（1999）采用美国加利福尼亚州公职人员退休基金（CalPERS）对300个最大企业的董事会的评分作为董事会独立度的代理变数进行分析后发现，董事会独立度与企业的绩效（EVA）之间存在正的关系。[①] 由于影响企业绩效的因素太多，而且很多都不容易捕捉，所以，一般的回归分析确实难以获得一个理想的结果。罗森斯坦和怀亚特（Rosenstein and Wyatt，1990）利用事件研究手段，研究外部董事加入的信息对股票价格的影响。他们发现，对于外部董事的加入，股票价格在很高的显著性水平上升 0.2%。与传统的分析方法不同，事件研究巧妙地回避了说明变数难以选择的问题。然而，对于罗森斯坦和怀亚特（1990）的一个疑问是：如果其他的变化（如内部董事的加入）都不能增加企业价值，只有外部董事的加入可以增加企业价值的话，为什么企业不是不断地加入外部董事以推进企业价值？罗森斯坦和怀亚特（1997）解决了这个问题。罗森斯坦和怀亚特（1997）发现，当内部董事的股票持有超过企业的 5% 时，对于内部董事的加入，股票价格

---

① 不过，麦卡沃伊和米尔斯坦（1999）的研究存在很多让人质疑的地方：（1）他们选取数据的时间区间同巴贾特和布莱克（2001）非常接近，因此并没有根据表明他们选用了不是"过时"的数据；（2）CalPERS 的董事会评分基于 CalPERS 对各个企业的问卷调查，它是否是一个合适的代理变数？比起赫马林和魏斯巴赫（1991）及巴贾特和布莱克（2001）的代理变数，CalPERS 的董事会评分似乎更加具有主观色彩。

的反应在很高的显著性水平为负值；当内部董事的股票持有处于
5%—25%时，对于内部董事的加入，股票价格的反应在很高的显著
性水平为正值；当内部董事的股票持有超过25%时，对于内部董事的
加入，股票价格的反应无法排除为0值。另外，科尔等（2008）发
现，在那些研发支出高的企业中，内部董事的专业知识相对重要，随
着内部董事比例的增加托宾Q也随之增加。Dahya等（2008）通过对
22个国家的782个上市公司研究发现，当有一个控股股东（持股比
例超过10%）时，独立董事比例与企业绩效之间存在一个正向关系。
金格林格等（Ginglinger et al.，2011）利用法国上市公司的数据研究
发现，由持有3%以上股权的员工选举的董事能够增加企业价值和盈
利能力，但并不显著影响股利政策。不过，由员工全体选举的董事显
著降低股利支付比例，但并不影响企业价值和盈利能力。因此，金格
林格等（2011）主张，员工代表加入董事会并不是一件坏事，事实上
由持有3%以上股权的员工选举的董事还能带来好事。Leung等
（2014）对中国香港上市公司研究后发现，在家族企业中，董事会独
立度与企业绩效无关，但在非家族企业中，两者存在显著的正向关
系。另外，Conheady等（2015）在加拿大上市公司中也发现了董事会
独立性与企业绩效之间的正向关系。

四 董事会与CEO的离职

华纳等（Warner et al.，1988）发现，当期股票的收益与次期
CEO的离职概率之间存在负的关系。而丹尼斯和丹尼斯（Danis and
Danis，1995）也指出，企业绩效通常会在CEO离职后得到改善，特
别是CEO的解聘（非自愿性离职）。魏斯巴赫（1988）分析发现，在
外部董事主导的董事会的企业中，企业绩效恶化后，CEO被解雇的可
能性上升，而在非外部董事主导的董事会的企业中，这种关系并不成
立。[①] 博罗霍维奇等（Borokhovich et al.，1996）和赫森等（Huson et
al.，2001）的研究进一步补充了魏斯巴赫（1988）的研究。他们发

---

① 在魏斯巴赫（1988）中，外部董事控制的董事会是那些外部董事的比例超过60%
的董事会。

现，与内部董事控制的董事会相比，外部董事控制的董事会更有可能从企业外部引入职业经理人来取代企业内部的 CEO。耶马克（1996）和吴（Wu）（2004）分析了董事会人数对于企业绩效与 CEO 离职关系的影响。耶马克（1996）指出，人数少的董事会更加有可能在企业绩效恶化后解雇现有的 CEO，对 CEO 来说，解雇的威胁随着董事会人数的上升而下降。吴（2004）认为，来自 CalPERS 的公众点名批评会影响大众舆论，从而起到改善该企业治理的作用。吴（2004）发现，在 CalPERS 点名批评以后，企业会通过减少内部董事来减少董事会的人数。与耶马克（1996）相一致，吴（2004）发现，当董事会的人数较少时，CEO 的解雇更加敏感于企业绩效的恶化。不过，虽然吴（2004）按照魏斯巴赫（1988）的方法定义了外部董事主导的董事会，但吴（2004）的研究结果并没有显示拥有外部董事主导的董事会的企业中，CEO 被解雇的概率会随着企业业绩的恶化而上升。佩里（Perry，2000）分析了董事的薪酬对于企业绩效——CEO 离职关系的影响。佩里（2000）的研究表明，董事会结构和董事薪酬都对企业绩效——CEO 离职关系产生影响。没有激励基础的报酬①的独立董事会和拥有激励基础报酬的非独立董事会都具有监督管理的动机，都会在企业绩效恶化后解雇现职的 CEO。而在那些拥有激励基础报酬的独立董事会中，这种动机会更加强烈。布什曼等（2010）用理论模型分析了企业绩效的风险如何影响董事会对 CEO 能力的认知过程，以及这种认知过程最终如何影响 CEO 的离职。另外的相关文献还有法雷尔和惠德比（Farrell and Whidbee，2002，2003）、法莱耶等（Faleye et al.，2011）。

五　董事会与 CEO 的薪酬

早在 20 世纪 30 年代，伯利和米恩斯（1932）就指出，CEO 通过影响董事会从而榨取更多的薪酬。墨菲（1999）发现，1972—1996年 CEO 的薪酬—绩效敏感度呈现上升的趋势。而纽曼和莫泽斯

---

① 这里的激励基础的报酬包括股票、股票期权、限制性股票、股票增值权和影子股票奖励。

（Newman and Mozes，1999）对 1993 年 161 个美国企业的数据分析后指出，在董事会的薪酬委员会中至少存在一名内部董事的企业中，CEO 获得更高的薪酬水平，而薪酬—绩效敏感度降低。伯特兰和穆莱纳桑（Mullainathan）（2001）分析了 CEO 薪酬与运气的关系。这里的运气是指那些非 CEO 所能控制但对企业绩效产生正面影响的可观察性冲击。他们发现，CEO 薪酬与运气之间存在正向的关联性，而这种关联程度随着公司治理结构的加强而降低。由于 CEO 即便毫无作为，他也可以利用股票期权从股票价格的变化中获得收益，股票期权的赋予使 CEO 薪酬与运气产生较强的关联。伯特兰和穆莱纳桑（2001）发现，在那些拥有较强公司治理结构，如拥有大股东或较小的董事会的企业中，企业会更多地通过降低 CEO 薪酬的其他组成部分来去除 CEO 从股票期权中获得的运气收益。布里克等（2006）发现，CEO 薪酬和董事薪酬之间存在显著的正向关系，CEO 与董事有相互抬高薪酬的嫌疑。

六 董事会结构的决定因素

基尼等（1995）发现，当收购发生后，在内部董事控制的董事会中，内部董事人数会减少而外部董事人数基本不变；在外部董事控制的董事会中，内部董事人数增加而外部董事人数减少。换句话说，收购会使被收购企业董事会的内外部董事人数变得平衡。丹尼斯和萨林（Denis and Sarin，1999）指出，董事会结构会受到股权结构的变化、高层管理者离职、前期股票绩效以及控制权威胁哑变量的影响。而贝克和冈珀斯（Baker and Gompers，2003）研究了 IPO 中董事会的结构以及风险资本的角色。贝克和冈珀斯（2003）发现，风险资本支持的企业有较高比例的外部董事，而强势的 CEO 会任命更高比例的内部董事。因此，贝克和冈珀斯（2003）指出，董事会构成是 CEO 与外部投资者讨价还价的最终结果。而布恩等（Boone et al.，2007）研究了董事会结构在企业 IPO 之后 10 年的变化。布恩等（2007）发现，董事会规模和外部董事比例随着企业成长和多元化而上升。桑托斯和朗布尔（Santos and Rumble，2006）指出，与日本一样，当美国银行有较高的持股比例和长期的借款关系时，美国向企业派出董事的概率会上升。其他类似的实证研究还有亚瑟（Arthur，2001）、克罗兹勒和斯特拉恩（Kroszner and Strahan，2001）、科尔等（2008）、林克等（2008）、林克等（2009）、莱恩等（Lehn，2009）、达钦等（2010）、费雷拉等（2011）和 Wintoki 等（2012）。以上这些实证研究都是以美国数据为研究对象，格斯特（Guest，2008）研究了英国的数据，而岩崎（Iwasaki，2008）研究了俄罗斯的数据。最新的理论研究有鲍尔德纽斯等（Baldenius，2014）。与赫马林和魏斯巴赫（1998）类似，鲍尔德纽斯等（2014）研究了 CEO 控制力对董事会结构的影响，不过，鲍尔德纽斯等（2014）在模型中考虑了董事会的监督与建言的双重作用。

七 董事会会议与企业绩效

由于外部董事在企业外部从事其他的工作，对于企业内部的日常状况不可能像内部董事那样了解，因此董事会会议成为外部董事监督企业运作、提出专业意见的极其重要的机会。瓦费斯（Vafeas，1999）对 1990—1994 年美国董事会召开董事会会议频率与企业绩效的关系进行了实证分析后发现，外部董事人数多的董事会召开董事会会议的频率会更高，而企业绩效恶化后的董事会会议频率也会上升。瓦费斯（1999）主张，企业应该通过设计董事会会议的时间和频率，使董事会会议行之有效，让董事会从一个结束危机的被动型角色转变为一个预防危机的主导型角色。菲希和夏夫达萨尼（Fich and Shiv-dasani，2006）考察"忙碌的董事会"（Busy board）与企业绩效之间的关系。菲希和夏夫达萨尼（2006）把忙碌的董事会定义为 50% 以上的外部董事在 3 个以上的董事会任职的董事会。分析表明，忙碌的董事会的会议频率会较高，但拥有忙碌董事会的企业的 MB 比例，盈利能力和 CEO 的离职—绩效敏感度更低。布里克和奇丹巴拉姆（Brick and Chidambaran，2010）发现，过去的绩效、企业特征和治理特征会影响董事会和监事会的会议次数，而且兼并或者财务报表的重新发布等企业事件也会增加会议次数。但是，布里克和奇丹巴拉姆（2010）的实证结果表明，会议次数只与托宾 Q 正向相关，对 CEO 的薪酬—绩效敏感性和 ROA 并没有显著影响。

八 女性董事与企业绩效

亚当斯和费雷拉（2009）发现，女性董事比男性董事的出勤率更高，而且有可能加入到董事会的监督委员会。CEO 的离职—绩效敏感度与女性董事的比例存在显著的正向关系，但是，女性董事比例对企业绩效却有负向的影响。亚当斯和费雷拉（2009）指出，强制董事性别比例会降低企业价值。斯特罗姆等（2014）在对 73 个国家的 329 个小额信贷机构（Microfinance Institutions）研究后发现，女性领导的企业的董事会规模会更大，企业年龄较轻，拥有更多的女性客户。不过，与亚当斯和费雷拉（2009）不同，斯特罗姆等（2014）发现，当女性任 CEO 或者董事会主席时企业绩效会更高。泰特和杨（Tate and Yang，2015）发现，从被原来的公司解雇到被新公司的雇用，女性比男性面临更大的损失。当雇用的企业为女性所领导时，女性面临的损失会少一些。这种损失降低的结果在女性原来的企业为男性所领导，或者原企业处于竞争程度较低的行业时最为强烈。泰特和杨（2015）指出，女性领导的企业会在企业内部培育更为人文关怀的企业文化。黄和 Kisgen（2013）发现，男性高层管理者比女性高层管理者更倾向于收购和增加长期债务，但女性董事会更早将股票期权套现。因此，实证结果表明，男性高层管理者比女性高层管理者在企业管理上更为自信。法雷尔和赫许（Hersch）（2005）发现，女性董事被任命的概率随着在职的女性董事人数的上升而下降，但当有女性董事离开董事会时，该概率会显著上升。股票价格对于女性董事任命的消息的反应并不显著。法雷尔和赫许（2005）认为，企业加入女性董事并非从企业绩效的角度考虑，更多的只是为了迎合内部或者外部对董事会多样化的需求而已。不过，Kang 等（2010）利用事件研究法对新加坡上市公司研究发现，投资者对于女性董事任命的消息表现出显著的积极反应。其他相关研究还有道尔顿夫妇（Dalton and Dalton，2010）及 Triana 等（2014）。

九 董事会治理的其他课题

别布丘克（Bebchuk）和科恩（2005）及法莱（2007）发现，董事会分级①会破坏企业价值，降低董事会有效性。法莱（2007）指出，在分级的董事会中，CEO 的离职—绩效敏感度更低，CEO 薪酬水平更高，管理层受到代理权争夺（Proxy contests）和股东提案的威胁更小。贝茨等（Bates et al.，2008）研究了董事会分级与接管之间的关系。贝茨等（2008）指出，董事会分级并没有改变被锁定的目标企业被收购的概率，而有分级董事会企业的股东从接管中获得的股票回报与未分级董事会企业的股东没有差异。因此，贝茨等（2008）的结论颠覆了法莱（2007）的传统观念——董事会分级是一种反收购机制，会便利经理人的筑壕。

施瓦茨·齐夫（Schwartz Ziv）和魏斯巴赫（2013）利用以色列政府持股的 11 家公司董事会会议的详细数据，分析了董事会是更倾向于管理公司，还是只是监督高层管理者，并不参与公司的商业决策。施瓦茨·齐夫和魏斯巴赫（2013）指出，在大部分时间里，董事会扮演的是监督者的角色。

马连科（Malenko）（2014）用理论模型研究了董事交流信息的意愿对董事会决策的影响。模型显示，董事会成员意见一致的压力越强烈，或者董事的个人偏好越多元化，董事就越有意愿交流信息，从而提高董事会决策的效率。

法雷尔等（2008）发现，企业会将董事薪酬向市场目标水平进行调节，而且向上调节的速度会快于向下调节。亚当斯和费雷拉（2008）发现，当企业支付较高的董事会会议费用时，董事的出席率会较高。令人吃惊的是，董事从董事会会议费用中平均只能获得 1000美元，而这 1000 美元显然只是董事们收入的极小部分。

克莱因（2002）发现，降低董事会和监事会的独立性会提高企业的盈余管理水平，因此，独立的董事会和监事会会更加有效地监督企业的财务会计处理。谢等（2003）则指出，董事会和监事会成员过去

---

① 董事会分级又叫交错选举董事条款。其典型做法是：在公司章程中规定，董事会分成若干组，规定每一组有不同的任期，以使每年都有一组董事任的期届满，每年也只有任期届满的董事被改选。这样，收购人即使控制了目标企业多数股份，也只能在等待较长时间后，才能完全控制董事会。

有企业任职或财务背景，会使现任企业的应计盈余减少，而较高的董事会和监事会的会议频率也会降低企业的应计盈余水平。另外，瓦费斯（2005）也发现，有效的董事会和监事会能提高企业财务报告质量。

布莱克和金（2012）利用1999年韩国政府强制推行严格的公司治理规则的事件冲击①，研究了投资者对于提高外部董事比例的反应。布莱克和金（2012）的实证结果表明，这种改革被市场积极认可，托宾Q大概上升了13%，股票价格大概上升了46%，而且这种价值的上升是持续的。

第二节　中国上市公司的董事会治理研究

在美国，学术界和实务界一直在争论董事会是"Watchdog"（看门狗）还是"Lapdog"（宠物狗）。从实证结果来看，美国董事会同时具备这两方面的特征。中国证监会于2001年颁布了《关于在上市公司建立独立董事制度的指导意见》，强制要求上市公司聘请外部独立董事。即便如此，在中国，董事会独立董事似乎颇具争议。民间往往调侃道："董事"必须非常"懂事"。本小节将梳理近年来国内董事会治理研究的经典文献，并且对2003—2012年中国上市公司的董事会特征进行统计性分析。

一　国内研究文献综述

国内现有的董事会治理研究几乎都是实证研究。从已发表中文文献后面的参考文献的引用来看，国内研究的被引用率较低。本部分将基于引用率和发表杂志的影响力来对部分重要的文献进行整理。这里的发表杂志将主要限制于《经济研究》《管理世界》《金融研究》《中

---

① 为了应对1997—1998年的东南亚金融危机，韩国政府于1999年要求大企业（资产规模在20亿美元以上）的董事会必须有50%的外部董事，其监事会必须有一个外部主席和至少2/3的外部成员，另外，还需要设置一个专门的外部董事任命委员会。资产低于20亿美元的公司董事会则必须有25%的外部董事。

国软科学》和《会计研究》。

　　国内对于独立董事比例与企业绩效之间的关系还存在很大的争议。于东智（2003）没有发现中国上市公司的独立董事比例与企业绩效之间存在显著的关系，同时也发现，总经理和董事长的分离也不对企业绩效产生影响。不过，李常青和赖建清（2004）发现，独立董事比例与公司绩效（EPS、EVA 和 ROE）负相关。另外，李常青和赖建清（2004）还发现，董事会规模与企业 EPS 和 EVA 负相关，与 ROE 正相关。王跃堂等（2006）发现，独立董事比例与企业绩效之间存在正向关系，但独立董事的行业专长、政治关系与薪酬对企业绩效的影响并不显著，而绩效越高的企业，越愿意聘请独立董事。袁萍等（2006）也发现，独立董事比例对企业业绩具有显著的正向影响，而且董事的学历水平对企业绩效具有显著的正向影响，但董事会规模和会议频率对企业绩效没有显著的影响。不过，陈军和刘莉（2006）发现，独立董事比例与企业绩效之间的正向关系不显著，而董事会规模和会议频率与企业绩效之间显著负相关。魏刚等（2007）检验了独立董事背景对其经营业绩的影响后发现，拥有政府背景和银行背景的独立董事比例与企业绩效存在正向关系，而来自高校和研究机构的独立董事比例与企业绩效不存在显著的正相关关系。而且，魏刚等（2007）还发现，独立董事中"海归"越多，企业经营业绩越好。

　　国内学者也尝试研究中国董事会结构的决定因素。于东智和池国华（2004）发现，企业以前年度的绩效水平越好，董事会的稳定性就越强，而董事会规模与企业绩效之间存在显著的倒 U 形关系。支晓强和童盼（2005）发现，企业盈余管理程度越高，独立董事变更的概率和变更的比例就越高。第一大股东发生变更的公司要比未发生变更的企业表现出更高的独立董事变更概率和变更比例。因此，支晓强和童盼（2005）指出，企业实际控制者在选择自己的"独立董事"时，存在对独立董事的意见购买现象。黄张凯等（2006）发现，高股权集中程度降低独立董事比例，但在一定程度上抑制了总经理、董事长两职合一。民营企业的独立董事比例较高，两职合一的情况则较多。另外，黄张凯等（2006）还发现，不同性质股权（国有股和社会法人

股）的比重对独立董事比例和两职合一的影响是非线性的。邓建平等
（2006）研究了不同改制模式对于董事会特征的影响。邓建平等
（2006）发现，非完整改造企业的董事会规模要大于完整改造企业，
这说明非完整改造企业可能存在较严重的董事"冗余"问题，而非完
整改造企业的董事会活动强度也比完整改造公司低。而陈莹和武志伟
（2008）利用我国上市企业 2005 年的数据分析后发现，我国上市企业
的董事会结构受到企业经营复杂性，监管成本与收益等因素的影响。
另外，陈莹和武志伟（2008）还指出，上市公司股权结构中的国有股
比例越高，董事会的规模越大。

　　一部分学者研究了董事会特征与企业财务管理之间的关系。杨清
香等（2008）利用修正的截面琼斯模型来计算企业盈余管理程度，研
究了董事会特征与企业盈余管理的关系。杨清香等（2008）发现，董
事会规模、独立董事比例和审计委员会哑变量对盈余管理代理变量的
影响都不显著。蔡志岳和吴世农（2007）利用 2001—2005 年因为违
规行为被证监会公开谴责、公开批评或公开处罚的 195 家 A 股上市公
司的数据研究董事会特征是否会影响企业违规行为（包括发生概率、
发生频率和严重程度三个代理变量）。不过，蔡志岳和吴世农
（2007）没有发现董事会规模和独立董事比例对这三个代理变量产生
显著的正向关系，倒是总经理与董事长的分离哑变量对这三个代理变
量存在显著的负向关系。而杨清香等（2009）利用蔡志岳和吴世农
（2007）类似的方法定义财务舞弊后发现，独立董事比例和审计委员
会哑变量与企业的财务舞弊行为不存在相关性，但董事会规模与财务
舞弊呈现 U 形关系。不过，王跃堂等（2008）运用市场反应系数的
研究方法来测定财务信息质量，发现董事会在股权缺乏制衡的环境中
能发挥监督制约作用，提高财务信息的有用性。胡奕明和唐松莲
（2008）发现，董事会中具有财务或会计背景的独立董事在董事会中
占比较高，上市公司盈余信息质量较好，而独立董事参会次数越多，
代表企业问题较多，相应的企业盈余信息质量则较低。

　　其他的研究课题相对分散。汪丽等（2006）通过发放问卷的方
式，试图研究董事会的职能发挥与企业决策质量的关系。汪丽等

（2006）发现，董事会职能与决策质量之间存在显著的正相关关系，并且决策承诺在董事会职能和决策质量的关系中起中介作用。叶康涛等（2007）研究了独立董事的引入能否有效地抑制大股东的掏空行为。叶康涛等（2007）在 OLS 回归中并没有发现独立董事比例与大股东资金占用之间的显著相关关系，但在控制独立董事内生性后，独立董事变量对大股东资金占用存在显著的负向影响。叶康涛等（2011）利用独立董事对董事会议案发表意见和进行投票的数据，研究了独立董事的独立性和对管理层的监督作用。叶康涛等（2011）发现，当公司业绩不佳时，独立董事更有可能对管理层行为提出公开质疑。而声誉越高，具有财务背景或者任职时间早于董事长任职时间的独立董事更有可能对管理层决策提出质疑。李维安和李建标（2003）研究了董事会治理对企业信用的影响，而实证结果表明，独立董事所占的比例和独立董事的兼职比例对企业的信用无显著性的作用，但独立董事的功能（独立董事在公司重大决策中具有话语权）和薪酬水平对企业信用有显著的正向影响。陈夙和吴俊杰（2014）发现，独立董事的比例对管理者过度自信影响企业投资和融资风险均存在负向调节作用，董事会规模对管理者过度自信影响企业融资风险存在负向调节，但对投资风险调节效应并不显著。

二　中国上市公司的董事会特征的统计性分析

本部分将对中国上市公司 2003—2012 年这 10 年间董事会特征进行统计性分析。数据来源于色诺芬数据库。在数据整理中，作者剔除了 ST 和 PT 的企业。考虑到董事会特征的内生性问题，这类企业的财务状况会导致董事会特征出现变化。谭劲松等（2003）以截至 2002 年 8 月 31 日的我国 1186 家上市公司的 2207 名独立董事（担任 2689 个独立董事职位）的有关资料为样本，对上市公司独立董事的特征进行了统计性描述。[①] 由于色诺芬数据库和国泰安数据库都没有提供独立董事的具体信息，笔者无法对独立董事的特征进行最新的追踪，有兴趣的读者可以参考谭劲松等（2003）。

---

① 谭劲松等（2003）没有提到是如何收集这些数据的，但应该全部为手工收集。

首先,我们来看一下各个行业的董事会特征。在这里,我们按照中国证监会(China Securities Regulatory Commission,CSRC)在 1998 年制定的行业分类方法。我们这里不考虑大类下的小类,因此共有 13 个行业。在统计分析中,我们剔除了一些明显的异常数据。例如,一些观测值的董事会规模为 0。需要注意的是,色诺芬数据库中的董事会规模是不包含独立董事人数的,所以,我们这里的董事会规模为色诺芬数据库中的董事会规模与独立董事人数之和。

表 9 - 2　　　　　　　　分行业的董事会特征的平均值(1)

行业	董事会规模	独立董事人数	独立董事比例	两职分离	董事会会议次数
A 农林牧渔业	9.33	3.15	0.36	0.81	8.96
B 采掘业	10.41	3.56	0.36	0.91	7.89
C 制造业	9.24	3.16	0.36	0.81	8.25
D 电力煤气水	10.85	3.71	0.35	0.90	8.52
E 建筑业	9.41	3.43	0.38	0.91	10.11
F 交通运输仓储	9.73	3.32	0.35	0.94	8.88
G 信息技术	9.01	3.09	0.36	0.71	8.75
H 批发零售	9.05	3.13	0.36	0.87	8.38
I 金融保险	14.29	4.90	0.35	0.96	9.77
J 房地产业	8.99	3.19	0.37	0.91	11.83
K 社会服务业	9.56	3.32	0.36	0.87	8.75
L 传播与文化	10.16	3.40	0.36	0.84	9.08
M 综合类	9.41	3.31	0.36	0.87	9.86

从表 9 - 2 中可以看到,金融保险业显得非常特殊。金融保险业的企业拥有最大的董事会,独立董事的人数最多(但独立董事的比例只是平均水平),总经理和董事会主席的两职分离的程度最高。电力、煤气及水的生产和供应业的企业拥有第二大规模的董事会,采掘业拥有第三大规模的董事会。独立董事人数相对比较平衡,除了金融保险业,其他产业的独立董事人数都保持在 3.09—3.71。另外,所有产业的独立董事比例都保持在 0.35—0.38。从总经理和董事会的分离来

看，各个产业的企业的绝大多数都实现了分离。最后，从董事会会议的次数来看，建筑业排在第二，而采掘业的董事会相对比较闲，平均一年里面只有 7.89 次。

表 9 - 3　　　　　　　　分行业的董事会特征的平均值（2）

行业	审计委员会	薪酬委员会	前三名董事报酬总额（元）	前三名高层管理者报酬总额（元）	独立董事津贴（元）	董事会持股比例（%）
A 农林牧渔业	0.79	0.85	732426	785193	49081	4.83
B 采掘业	0.86	0.83	1406860	1570859	99962	3.12
C 制造业	0.83	0.84	1044102	1074171	48396	8.00
D 电力煤气水	0.82	0.84	768788	990231	46982	0.13
E 建筑业	0.84	0.86	1167170	1234649	60719	7.52
F 交通运输仓储	0.81	0.84	992893	1234243	60416	0.64
G 信息技术	0.86	0.87	1114739	1258480	49848	15.49
H 批发零售	0.80	0.80	1247129	1385639	50169	1.81
I 金融保险	0.95	0.95	5834232	7315849	187645	0.05
J 房地产业	0.80	0.82	1709519	1772430	59548	1.24
K 社会服务业	0.84	0.85	1334111	1392761	57310	4.75
L 传播与文化	0.86	0.92	1372803	1509835	55345	6.53
M 综合类	0.78	0.77	964729	1058764	47034	0.06

在表 9 - 3 中，金融保险业再次体现出其特殊性。金融保险业的 95% 的企业设有审计委员会和薪酬委员会[①]，前三名董事和前三名高

①　按照色诺芬数据库数据字典的解释，审计委员会的主要职责是：（1）提议聘请或更换外部审计机构；（2）监督企业的内部审计制度及其实施；（3）负责内部审计与外部审计之间的沟通；（4）审核企业的财务信息及其披露；（5）审查企业的内控制度。薪酬委员会的主要职责是：（1）研究董事与经理人员考核的标准，进行考核并提出建议；（2）研究和审查董事、高级管理人员的薪酬政策与方案。

层管理者的报酬总额都是最高的，独立董事津贴也高出其他产业几倍，但董事会持股比例最低。所有产业的绝大多数企业都设立了审计委员会和薪酬委员会。房地产业的前三名董事和前三名高层管理者的报酬总额仅次于金融保险业，排名第二，而农林牧渔业的报酬水平为最低。除了金融保险和采掘业，其他产业的独立董事津贴的平均水平在 4 万—6 万元。最后，信息技术产业的董事会的持股比例最高，达到 15.49%，这与该产业的民营企业较多有关。

需要注意的是，在计算前三名董事报酬总额和前三名高层管理者报酬总额的各行业平均值时，作者并没有剔除掉总额为 0 的情况。例如，鲁信高新（600783）在 2004 年的财务报表中明确提到企业董事的年度报酬为零（见报表第 13 页）。因此，这并不是数据库出现的问题，而是上市公司刻意隐瞒，或者这一年大家确实都做了一把"杨白劳"的原因。事实上，中国上市公司的董事和高层管理者薪酬是董事会特征中最为麻烦的一个。从 2005 年开始，随着股权分置改革的进行，信息披露制度得到加强，上市公司从 2007 年开始公开披露董事和高层管理者的薪酬，目前，薪酬可以公开获得的是由现金和奖金构成的年薪。虽然上市公司每年也披露上市公司高层管理者股权的变化，但大样本的高层管理者股票收益仍然无法获得。另外，由于股票期权的激励机制在中国更受争议（特别是针对国有企业），目前采用股票期权的上市公司更是少之又少。因此，现有的研究大多只研究现金和奖金这两个部分。另外，又由于数据库只有一些总额的数据（例如，董事、监事及高层管理者年薪总额，前三名董事报酬总额和前三名高层管理者报酬总额），学者们不得不以这些总额作为总经理薪酬或者董事会薪酬的指标（例如，方军雄，2009；方军雄，2011；陆正飞等，2012）。但这种方法可能会带来偏差，例如，济南钢铁（600022）2009 年的总经理马旺伟从上市公司拿到的薪酬为 0，但该年度报表同时也显示他从关联企业中获得薪酬，于是我们无法获得他当年的真实薪酬。显然，他的薪酬是进不了前三名高层管理者报酬总额里的。事实上，从年报来看，一部分上市公司的 CEO 的年薪极低（除了零薪酬的情况）。例如，美尔雅（600107）在 2007—2009 年的总经理王长松每年的年薪仅为1.2万元（年报同样显示他在关联企业获得薪酬）。因此，一部分学者认为，在职消费是中国上市公司高层管理者薪酬的一个重要部分。例如，陈冬华等（2010）将在职消费的具体内容包括办公费、差旅费、业务招待费、通信费、出国培训费、董事会费、小车费和会议费，共八项。而格尔等（Gul et al.，2011）在对上市公司高层管理者进行咨询后指出，办公费和通信费并不能很好地代表经理人的在职消费，因此为去掉办公费和通信费后的六项之和。

然后，我们看一下董事会特征的各个变量在2003—2012年这10年间的变化趋势。由于金融企业和公用事业企业受到的监管会导致董事会特征出现偏差，笔者依照现有研究的习惯，将电力、煤气及水的生产和供应业，交通运输仓储和金融保险业这三个产业的数据在下面的分析中剔除掉了。

从图9-1来看，除了2012年，董事会规模一直处于下降趋势，这与国际上的趋势保持一致。

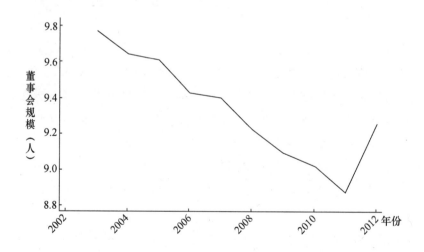

图9-1　2003—2012年董事会规模的平均值变化

图9-2显示，独立董事的人数相对比较稳定，但在2012年出现了一个急剧的下降。从图9-3可以看到，独立董事比例一直处于上

升态势。结合图9－1可以知道，这主要是因为董事会规模一直在缩小。

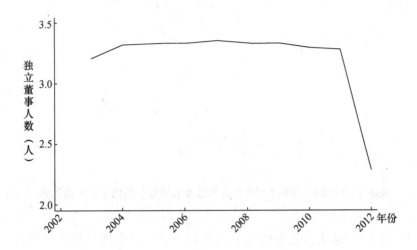

图9－2 2003—2012年独立董事人数的平均值变化

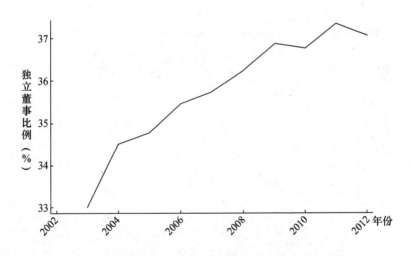

图9－3 2003—2012年独立董事比例的平均值变化

从图9－4可以看到，总经理和董事长两职分离的企业比例在这10年里不断下降。这可能涉及国有上市企业的改革和民营企业上市公司的增加两方面的原因。

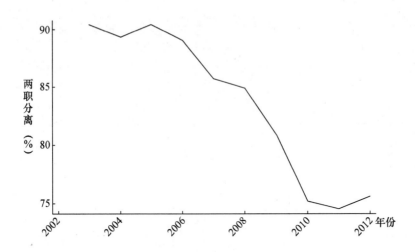

图 9－4　2003—2012 年总经理和董事长两职分离的公司比例变化

　　图 9－5 显示，每年的董事会会议次数的波动相对较大，但近年来的次数要显著多于 2002—2005 年。

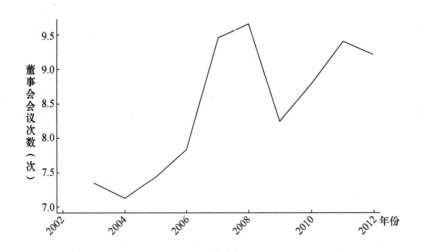

图 9－5　2003—2012 年每年的董事会会议次数的平均值变化

　　从图 9－6 和图 9－7 可以看到，设有审计委员会和薪酬委员会的企业比例都在这 10 年间直线上升。由于两个比例的变化趋势非常类似，因此可以推断，很多企业会同时设置这两个委员会。

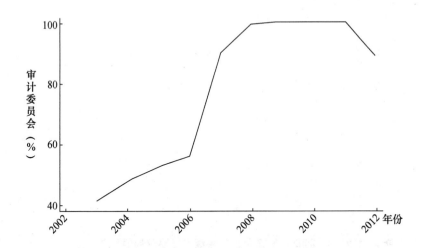

图 9 - 6 2003—2012 年设有审计委员会的公司比例变化

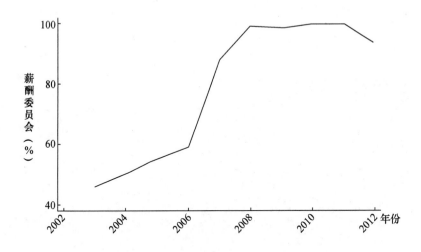

图 9 - 7 2003—2012 年设有薪酬委员会的公司比例变化

图 9 - 8 至图 9 - 10 显示，前三名董事和前三名高层管理者报酬独立董事津贴都在直线上升。企业高层管理者收入的直线上升固然与中国实体经济近年来的飞速发展息息相关，但对于股民来说，这也许并不是一个好消息。

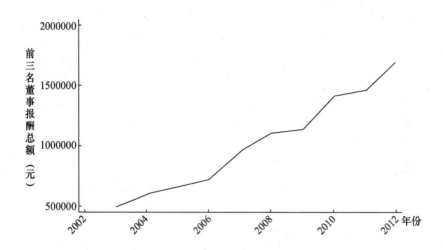

图 9 - 8　2003—2012 年前三名董事报酬总额的平均值变化

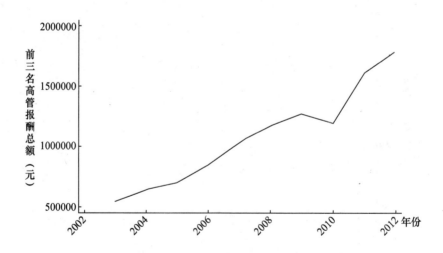

图 9 - 9　2003—2012 年前三名高层管理者报酬总额的平均值变化

　　图 9 - 11 显示，除了 2012 年，董事会持股比例一直处于上升态势。其原因在于中国越来越多的民营企业上市，而这些民营企业的董事会往往被作为大股东的创业者及其家人所把持。

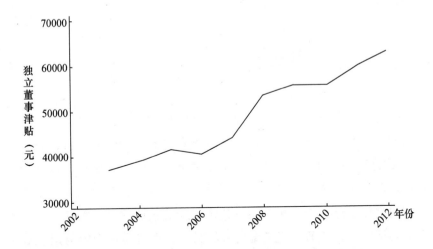

图 9 – 10　2003—2012 年独立董事津贴的平均值变化

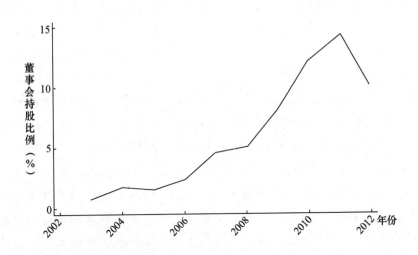

图 9 – 11　2003—2012 年董事会持股比例的平均值变化

　　从图 9 – 1 至图 9 – 11 来看，2012 年似乎是一个特殊的年份，很多董事会特征发生了很大的变化。从数据来看，中国上市公司的董事会治理在不断与国际趋势靠拢。但是，高层管理者薪酬的"靠拢"是否也是合理的呢？普通股民更希望的是，中国的董事会治理不仅仅只是形式上的"靠拢"，而是在功能上的"靠拢"。

第三节 总结与展望

从现有研究的总体来看，董事会治理的实证研究的对象主要集中于美国的上市大企业，其实证结果缺乏有力的理论研究支持，而理论研究则缺乏统一的理论框架。由于诞生于 20 世纪 80 年代，董事会治理的经济研究至今仍然是青壮年期。从研究成果的数量来看，董事会治理研究要远远少于公司金融、公司治理的其他领域。因此，一方面董事会治理的经济研究充满了挑战，另一方面也是一个容易出现成果的领域。事实上，董事会治理研究正吸引着越来越多的学者，特别是年轻的学者去挑战这一年轻的未知领域。几位年轻的学者都将董事会治理作为自己的博士学位论文选题，并且取得了非常卓越的成绩，例如，Maug（1997）是学者 Ernst Maug 在伦敦经济大学提交的博士论文的一部分，Raheja（2005）是学者 Charu G. Raheja 在范德堡大学提交的博士学位论文的一部分，亚当斯和费雷拉（2007）是根据学者亚当斯在芝加哥大学提交的博士学位论文的一部分加工而成的（Friendly board 的思想在学者亚当斯的博士学位论文中已经形成）。

本书从企业重组行为、企业投资效率、财务报告质量、企业风险、企业业绩波动性等方面对董事会治理、CEO 职业生涯关注与企业投资行为进行了实证研究。在研究的过程中，笔者感觉仍然有很多课题可以继续下去。但是，由于个人能力和数据缺乏，这些内容在短时间内无法攻克。在这里，笔者将这些想法总结出来，希望能够给读者一定的启示。

（1）董事会结构的理论研究至今仍然缺乏统一的理论范式，这给理论和实证研究的发展带来障碍。由于企业特征内涵很广，如何侧重于某一特征，如何用数理变量代理对模型的建立显得非常重要。而由于董事会与 CEO 的特殊委托—代理关系（作为代理人的 CEO 却对委托人的董事会具有影响力），如何将这种相互影响的动态关系导入模型也是模型成败的一个关键性因素。

（2）在董事会治理的理论分析中，需要进一步考虑董事的个人效用特征，例如，风险回避度、折现因子等。正如霍姆斯特龙（1999）对法马（1980）的理论补充一样，这些个人效用特征会显著影响个人的最终决策。另外，由于董事会的成员会随着时间的变化而变化，因此董事会的效用函数和偏好也会随着时间发生变化，这种动态的变化是否能用模型捕捉？

（3）关于董事会的模式和企业绩效的研究主要基于理论分析，对于两种模式的优势和劣势仍然各持其说，而笔者还没有发现相关的实证研究。所以，对不同模式下的企业进行实证比较研究是非常必要的，而且实证研究的结果会进一步提供理论研究的方向。

（4）关于董事会的规模和企业绩效的研究主要是基于实证分析，但实证研究的结论却至今没有得到统一。相信更多具有不同特征（如不同国家、不同产业、不同时期）的企业的分析会给出更多的启发。

（5）关于董事会的结构和企业绩效的研究也是主要基于实证分析，对于外部董事的监督效果还存在一些争论。通过对外部董事的进一步分类（如在其他企业兼职的外部董事，来自政府的外部董事）会给出更多的启发。

（6）关于董事会与 CEO 的离职的研究在实证结果上基本达到了统一。自愿的离职与非自愿的离职（即解聘）的进一步区分会给出更加准确的实证结果。这方面的理论研究仍然缺乏。为什么一定程度上受制于 CEO 的董事会会解雇 CEO，在什么条件下这种终极的惩罚机制会发生，这些问题都有待于理论研究的进一步探讨。

（7）关于董事会与 CEO 的薪酬的研究在实证结果上基本达到了统一。由于关于 CEO 薪酬的相关研究也非常多，实证研究的突破点相对较少。不过，关于董事会与 CEO 的薪酬的理论研究非常少。董事会如何制定 CEO 的薪酬，CEO 如何影响董事会的决策，这些都是理论研究有待解决的问题。

（8）近年来，行为公司金融学的发展越来越快（如贝克等，2007；谢夫林，2007）。但是，在董事会治理的研究中，还没有见到行为金融学的影子。由于董事会成员会存在心理偏差，从而导致非理性行为，因此必然会影响治理效率。如何借用行为金融学的理论模型到董事会治理中来也许会是一个有意义的研究方向。

（9）现有研究大多数集中于美国企业（特别是美国上市大企业）。随着发展中国家的崛起，以及新兴市场上市公司的财务报告质量的完善，基于发展中国家的研究无疑会丰富现有的实证研究。另外，基于大样本的多国数据比较分析也非常有意义。

（10）现有的研究几乎都集中于一般的生产性企业。由于金融企业和公用事业企业会更多受到来自政府的管制，它们的董事会结构与一般的生产性企业存在差异。因此，现有的实证研究都将这部分数据剔除掉了。然而，针对这部分特殊企业的实证研究无疑会进一步丰富董事会治理研究。例如，布斯等（Booth et al.，2002）研究了行业管制是否能够成为金融企业和公用企业董事会治理的替代治理机制，而埃登伯格等（2004）分析了不同股权结构的医院董事会治理的效率差异问题。

参考文献

一　英文

1. Abe, N. , and S. Shimizutani, 2007, Employment Policy and Corporate Governance: An Empirical Comparison of the Stakeholder and the Profit – Maximization Model, *Journal of Comparative Economics*, 35, pp. 346 – 368.

2. Acemoglu, D. , P. Aghion, and F. Zilibotti, 2006, Distance to Frontier, Selection, and Economic Growth, *Journal of the European Economic Association* 4, pp. 37 – 74.

3. Adams, R. B. , 2001, The Dual Role of Corporate Boards as Advisors and Monitors of Management: Theory and Evidence, Ph. D Dissertation, University of Chicago.

4. Adams, R. B. , H. Almeida, and D. Ferreira, 2005, Powerful CEOs and Their Impact on Corporate Performance, *Review of Financial Studies* 18, pp. 1403 – 1432.

5. Adams, R. B. , H. Almeida, and D. Ferreira, 2009, Understanding the Relationship Between Founder – CEOs and Firm Performance, *Journal of Empirical Finance* 16, pp. 136 – 150.

6. Adams, R. B. , and D. Ferreira, 2005, A Theory of Friendly Boards, Working Paper, European Corporate Governance Institute (ECGI) .

7. Adams, R. B. , and D. Ferreira, 2007, A Theory of Friendly Boards, *Journal of Finance* 62, pp. 217 – 250.

8. Adams, R. B. , and D. Ferreira, 2008, Do Directors Perform for Pay? *Journal of Accounting and Economics* 46, pp. 154 – 171.

9. Adams, R. B., and D. Ferreira, 2009, Women in the Boardroom and Their Impact on Governance and Performance, *Journal of Financial Economics* 94, pp. 291 – 309.

10. Adams, R. B., B. E. Hermalin, and M. S. Weisbach, 2010, The Role of Boards of Directors in Corporate Governance: A Conceptual Framework and Survey, *Journal of Economic Literature* 48, pp. 58 – 107.

11. Agrawal, A., C. Knoeber, and T. Tsoulouhas, 2006, Are Outsiders Handicapped in CEO Successions? *Journal of Corporate Finance* 12, pp. 619 – 644.

12. Ajinkya, B., S. Bhojraj, and P. Sengupta, 2005, The Association Between Outside Directors, Institutional Investors and the Properties of Management Earnings Forecasts, *Journal of Accounting Research* 43, pp. 343 – 376.

13. Allen, F., and D. Gale, 2000, Corporate Governance and Competition, in X. Vives (eds.), *Corporate Governance: Theoretical and Empirical Perspectives*, Cambridge University Press, pp. 23 – 94.

14. Allen, F., J. Qian, and M. Qian, 2005, Law, Finance, and Economic Growth in China, *Journal of Financial Economics* 77, pp. 57 – 116.

15. Aman, H., 2011, Firm – Specific Volatility of Stock Returns, the Credibility of Management Forecasts, and Media Coverage: Evidence From Japanese Firms, *Japan and the World Economy* 23, pp. 28 – 39.

16. Andrade, G., M. Mitchell, and E. Stafford, 2001, New Evidence and Perspectives on Mergers, *Journal of Economic Perspectives* 15, pp. 103 – 120.

17. Antia, M., C. Pantzalis, and J. C. Park, 2010, CEO Decision Horizon and Firm Performance: An Empirical Investigation, *Journal of Corporate Finance* 16, pp. 288 – 301.

18. Aoki, M., 1990, Toward an Economic Model of the Japanese Firm,

Journal of Economic Literature 28, pp. 1 – 27.

19. Arena, M. P. , and M. V. Braga – Alves, 2013, The Discretionary Effect of CEOs and Board Chairs on Corporate Governance Structures, *Journal of Empirical Finance* 21, pp. 121 – 131.

20. Armstrong, C. S. , J. E. Core, and W. R. Guay, 2014, Do Independent Directors Cause Improvements in Firm Transparency? *Journal of Financial Economics* 113, pp. 383 – 403.

21. Arthur, N. , 2001, Board Composition as The Outcome of an Internal Bargaining Process: Empirical Evidence, *Journal of Corporate Finance* 7, pp. 307 – 340.

22. Ashbaugh – Skaife, H. , D. W. Collins, W. R. Kinney, and R. LaFond, 2008, The Effect of SOX Internal Control Deficiencies and Their Remediation on Accrual Quality, *Accounting Review* 83, pp. 217 – 250.

23. Ashbaugh – Skaife, H. , D. W. Collins, and R. Lafond, 2009, The Effect of SOX Internal Control Deficiencies on Firm Risk and Cost of Equity, *Journal of Accounting Research* 47, pp. 1 – 43.

24. Ashbaugh – Skaife, H. , J. Gassen, and R. Lafond, 2006, Does Stock Price Synchronicity Represent Firm – Specific Information? The International Evidence, MIT Sloan Research Paper, No. 4551 – 05.

25. Avery, C. , and J. Chevalier, 1999, Herding Over the Career, *Economics Letters* 63, pp. 327 – 333.

26. Bai, C. , and L. Xu, 2005, Incentives for CEOs With Multitasks: Evidence From Chinese State – Owned Enterprises, *Journal of Comparative Economics* 33, pp. 517 – 539.

27. Baliga, B. , R. C. Moyer, and R. S. Rao, 1996, CEO Duality and Firm Performance: What's the Fuss? *Strategic Management Journal* 17, pp. 41 – 53.

28. Bamber, L. S. , J. Jiang, and I. Y. Wang, 2010, What's my Style? The Influence of Top Managers on Voluntary Corporate Financial Disclosure, *Accounting Review* 85, pp. 1131 – 1162.

29. Basu, S. , L. Hwang, T. Mitsudome, and J. Weintrop, 2007, Corporate Governance, Top Executive Compensation and Firm Performance in Japan, *Pacific – Basin Finance Journal* 15, pp. 56 – 79.

30. Baker, M. , and P. A. Gompers, 2003, The Determinants of Board Structure at the Initial Public Offering, *Journal of Law and Economics* 46, pp. 569 – 598.

31. Baker, M. , R. S. Ruback, and J. Wurgler, 2007, Behavioral Corporate Finance: A Survey, in E. Eckbo (eds.), *Handbook in Corporate Finance: Empirical Corporate Finance*, North – Holland, pp. 145 – 186.

32. Baldenius, T. , N. Melumad, and X. Meng, 2014, Board Composition and CEO Power, *Journal of Financial Economics* 112, pp. 53 – 68.

33. Bartram, S. M. , G. Brown, and R. M. Stulz, 2012, Why are US Stocks More Volatile? *Journal of Finance* 67, pp. 1329 – 1370.

34. Bates, T. W. , D. A. Becher, and M. L. Lemmon, 2008, Board Classification and Managerial Entrenchment: Evidence From the Market for Corporate Control, *Journal of Financial Economics* 87, pp. 656 – 677.

35. Bebchuk, L. A. , J. Coates, and G. Subramanian, 2002, Managerial Power and Rent Extraction in the Design of Executive Compensation, *University of Chicago Law Review* 69, pp. 751 – 846.

36. Bebchuk, L. A. , and A. Cohen, 2005, The Costs of Entrenched Boards, *Journal of Financial Economics* 78, pp. 409 – 433.

37. Bebchuk, L. A. , and J. Fried, 2003, Executive Compensation as an Agency Problem, *Journal of Economic Perspectives* 17, pp. 71 – 92.

38. Bebchuk, L. A. , and L. A. Stole, 1993, Do Short – term Objectives Lead to Under or Overinvestment in Long – term Projects? *Journal of Finance* 48, pp. 719 – 729.

39. Becht, M. , B. Patrick, and A. Roell, 2003, Corporate Governance and Control, in G. Constantinides, M. Harris, and R. Stulz (eds.), *Handbook of the Economics of Finance*, North – Holland, pp. 1 – 109.

40. Belot, F. , E. Ginglinger, M. B. Slovin, and M. E. Sushka, 2014,

Freedom of Choice Between Unitary and Two – tier Boards: An Empirical Analysis, *Journal of Financial Economics* 112, pp. 364 – 385.

41. Berger, P., and E. Ofek, 1995, Diversification's Effect on Firm Value, *Journal of Financial Economics* 37, pp. 39 – 65.

42. Berle, A. A., and G. C. Means, 1932, *The Modern Corporation and Private Property*, Chicago: Commerce Clearing House.

43. Bernile, G., V. Bhagwat, and P. R. Rau, 2016, What doesn't Kill You Will Only Make You More Risk – loving: Early – life Disasters and CEO Behavior, *Journal of Finance*, Forthcoming.

44. Bertrand, M., and S. Mullainathan, 2001, Are Executives Paid for Luck? The Ones Without Principals are, *Quarterly Journal of Economics* 116, pp. 901 – 934.

45. Bertrand, M., and A. Schoar, 2003, Managing With Style: The Effects of Managers on Firm Policies, *Quarterly Journal of Economics* 118, pp. 1169 – 1208.

46. Beyer, A., I. Guttman, and I. Marinovic, 2014, Optimal Contracts With Performance Manipulation, *Journal of Accounting Research* 52, pp. 817 – 847.

47. Bhagat, S., and B. S. Black, 2001, The Non – Correlation Between Board Independence and Long – term Firm Performance, *Journal of Corporation Law* 27, pp. 231 – 274.

48. Bhagat, S., and R. H. Jefferis Jr., 2005, *The Econometrics of Corporate Governance Studies*, MIT Press.

49. Bizjak, J. M., M. L. Lemmon, and L. Naveen, 2008, Does the Use of Peer Groups Contribute to Higher Pay and Less Efficient Compensation? *Journal of Financial Economics* 90, pp. 152 – 168.

50. Black, B., and W. Kim, 2012, The Effect of Board Structure on Firm Value: A Multiple Identification Strategies Approach Using Korean Data, *Journal of Financial Economics* 104, pp. 203 – 226.

51. Boone, A. L., L. C. Field, J. M. Karpoff, and C. G. Raheja, 2007,

The Determinants of Corporate Board Size and Composition: An Empirical Analysis, *Journal of Financial Economics* 85, pp. 66 – 101.

52. Booth, J. R., M. M. Cornett, and H. Tehranian, 2002, Boards of Directors, Ownership, and Regulation, *Journal of Banking & Finance* 26, pp. 1973 – 1996.

53. Borokhovich, K. A., R. Parrino, and T. Trapani, 1996, Outside Directors and CEO Selection, *Journal of Financial and Quantitative Analysis* 31, pp. 337 – 355.

54. Brandt, L., and H. Li, 2003, Bank Discrimination in Transition Economies: Ideology, Information or Incentives? *Journal of Comparative Economics* 31, pp. 387 – 413.

55. Brandt, M., A. Brav, and A. Graham, 2010, The Idiosyncratic Volatility Puzzle: Time Trend or Speculative Episodes? *Review of Financial Studies* 23, pp. 863 – 899.

56. Brealey, R. A., S. C. Myers, and F. Allen, 2006, *Principles of Corporate Finance* (8th Edition), McGraw – Hill Companies, Inc..

57. Brick, I. E., and N. K. Chidambaran, 2010, Board Meetings, Committee Structure, and Firm Value, *Journal of Corporate Finance* 16, pp. 533 – 553.

58. Brick, I. E., O. Palmon, and J. K. Wald, 2006, CEO Compensation, Director Compensation, and Firm Performance: Evidence of Cronyism? *Journal of Corporate Finance* 12, pp. 403 – 423.

59. Brickley, J. A., J. S. Linck, and J. L. Coles, 1999, What Happens to CEOs After They Retire? New Evidence on Career Concerns, Horizon Problems, and CEO Incentives, *Journal of Financial Economics* 52, pp. 341 – 377.

60. Brickley, J. A., and J. L. Zimmerman, 2010, Corporate Governance Myths: Comments on Armstrong, Guay, and Weber, *Journal of Accounting and Economics* 50, pp. 235 – 245.

61. Brown, K., W. Harlow, and L. Starks, Of Tournaments and Tempta-

tions: An Analysis of Managerial Incentives in the Mutual Fund Industry, *Journal of Finance* 51, pp. 85 – 110.

62. Brown, G. , and N. Kapadia, 2007, Firm – specific Risk and Equity Market Development, *Journal of Financial Economics* 84, pp. 358 – 388.

63. Bushman, R. , Z. Dai, and X. Wang, 2010, Risk and CEO Turnover, *Journal of Financial Economics* 96, pp. 381 – 398.

64. Campbell, J. Y. , M. Lettau, and B. G. Malkiel, 2001, Have Individual Stocks Become More Volatile? An Empirical Exploration of Idiosyncratic Risk, *Journal of Finance* 56, pp. 1 – 43.

65. Cao, C. , T. Simin, and J. Zhao, 2008, Can Growth Options Explain the Trend in Idiosyncratic Risk? *Review of Financial Studies* 21, pp. 2599 – 2633.

66. Cassell, C. A. , S. X. Huang, and J. M. Sanchez, 2013, Forecasting Without Consequence? Evidence on the Properties of Retiring CEOs' Forecasts of Future Earnings, *Accounting Review* 88, pp. 1909 – 1937.

67. Cassell, C. A. , S. X. Huang, J. M. Sanchez, and M. D. Stuart, 2012, Seeking Safety: The Relation Between CEO Inside Debt Holdings and the Riskiness of Firm Investment and Financial Policies, *Journal of Financial Economics* 103, pp. 588 – 610.

68. Chan, K. , and A. Hameed, 2006, Stock Price Synchronicity and Analyst Coverage in Emerging Markets, *Journal of Financial Economics* 80, pp. 115 – 147.

69. Chen, S. , Z. Sun, S. Tang, and D. Wu, 2011a, Government Intervention and Investment Efficiency: Evidence From China, *Journal of Corporate Finance* 17, pp. 259 – 271.

70. Chen, C. , Z. Li , X. Su, and Z. Sun, 2011b, Rent – seeking Incentives, Corporate Political Connections, and the Control Structure of Private Firms: Chinese Evidence, *Journal of Corporate Finance* 17, pp. 229 – 243.

71. Cheng, S. , 2008, Board Size and the Variability of Corporate Per-

formance, *Journal of Financial Economics* 87, pp. 157 – 176.

72. Cheung, Y. L. , P. Jiang, P. Limpaphayom, and T. Lu, 2008, Does Corporate Governance Matter in China? *China Economic Review* 19, pp. 460 – 479.

73. Chevalier, J. , and G. Ellison, 1995, Risk Taking by Mutual Funds as a Response to Incentives, NBER Working Paper, No. W5234.

74. Chevalier, J. , and G. Ellison, 1999, Career Concerns of Mutual Fund Managers, *Quarterly Journal of Economics* 114, pp. 389 – 432.

75. Claessens, S. , S. Djankov, and T. Nenova, 2001, Corporate Risk Around the World, World Bank Policy Research Working Paper, No. 2271.

76. Cleary, S. , 1999, The Relationship Between Firm Investment and Financial Status, *Journal of Finance* 54, pp. 673 – 692.

77. Coles, J. , N. Daniel, and L. Naveen, 2006, Managerial Incentives and Risk – Taking, *Journal of Financial Economics* 79, pp. 431 – 469.

78. Coles, J. , N. Daniel and L. Naveen, 2008, Boards: Does one Size Fit All, *Journal of Financial Economics* 87, pp. 329 – 356.

79. Conheady, B. , P. McIlkenny, K. K. Opong, and I. Pignatel, 2015, Board Effectiveness and Firm Performance of Canadian Listed Firms, *British Accounting Review* 47, pp. 290 – 303.

80. Core, J. E. , R. W. Holthausen, and D. F. Larcker, 1999, Corporate Governance, Chief Executive Officer Compensation, and Firm Performance, *Journal of Financial Economics* 51, pp. 371 – 406.

81. Core, J. E. , W. Guay, and D. Larcker, 2003, Executive Equity Compensation and Incentives: A Survey, *FRBNY Economic Policy Review* 9, pp. 27 – 50.

82. Crawford, V. P. , and J. Sobel, 1982, Strategic Information Transmission, *Econometrica* 50, pp. 1431 – 1451.

83. Cronqvist, H. , A. K. Makhija, and S. E. Yonker, 2012, Behavioral Consistency in Corporate Finance: CEO Personal and Corporate Lever-

age, *Journal of Financial Economics* 103, pp. 20 – 40.

84. Custodio, C., and D. Metzger, 2014, Financial Expert CEOs:
CEO's Work Experience and Firm's Financial Policies, *Journal of Financial Economics* 114, pp. 125 – 154.

85. Dahya, J., O. Dimitrov, and J. J. McConnell, 2008, Dominant
Shareholders, Corporate Boards, and Corporate Value: A Cross –
country Analysis, *Journal of Financial Economics* 87, pp. 73 – 100.

86. Dai, Z., L. Markoczy, S. Radhakrishnan, and W. N. Zhang, 2013,
Are Young and Female CEOs More Forthcoming With Earnings Forecasts? SSRN Working Paper, No. 2210121.

87. Dalton, D. R., and C. M. Dalton, 2010, Women and Corporate
Boards of Directors: The Promise of Increased, and Substantive, Participation in the Post Sarbanes – Oxley era, *Business Horizons* 53,
pp. 257 – 268.

88. Danis, D. J., and D. K. Danis, 1995, Performance Changes Following
Top – Management Dismissals, *Journal of Finance* 50, pp. 1029 – 1055.

89. Danis, D. J., and A. Sarin, 1999, Ownership and Board Structure in
Publicly Traded Corporations, *Journal of Financial Economics* 52,
pp. 187 – 224.

90. Dasgupta, S., J. Gan, and N. Gao, 2010, Transparency, Price Informativeness, and Stock Return Synchronicity: Theory and Evidence,
Journal of Financial and Quantitative Analysis 45, pp. 1189 – 1220.

91. Davidson Ⅲ, W. N., B. Xie, W. Xu, and Y. Ning, 2007, The Influence of Executive Age, Career Horizon and Incentives on Pre – turnover Earnings Management, *Journal of Management and Governance*
11, pp. 45 – 60.

92. Dechow, P. M., and I. D. Dichev, 2002, The Quality of Accruals
and Earnings: The Role of Accrual Estimation Errors, *Accounting Review* 77, pp. 35 – 59.

93. Dechow, P. M., and D. J. Skinner, 2000, Earnings Management:

Reconciling the Views of Accounting Academics, Practitioners, and Regulators, *Accounting Horizons* 14, pp. 235 – 250.

94. Dechow, P. M. , R. G. Sloan, and A. P. Sweeney, 1995, Detecting Earnings Management, *Accounting Review*, pp. 193 – 225.

95. Degroot, M. H. , 1970, *Optimal Statistical Decisions*, New York: McGraw – Hill.

96. Dehejia, R. H. , and S. Wahba, 2002, Propensity Score – matching Methods for Nonexperimental Causal Studies, *Review of Economics and Statistics* 84, pp. 151 – 161.

97. Demers, E. , and C. Wang, 2010, The Impact of CEO Career Concerns on Accruals Based and Real Earnings Management, Working Paper, INSEAD.

98. Duchin, R. , J. G. Matsusaka, and O. Ozbas, 2010, When are Outside Directors Effective? *Journal of Financial Economics* 96, pp. 195 – 214.

99. Duchin, R. , and B. Schmidt, 2011, Riding the Merger Wave: Uncertainty, Reduced Monitoring, and Bad Acquisitions, *Journal of Financial Economics* 107, pp. 69 – 88.

100. Durnev, A. , R. Morck, and B. Yeung, 2003, Does Greater Firm – specific Return Variation Mean More or Less Informed Stock Pricing? *Journal of Accounting Research* 41, pp. 797 – 836.

101. Ecker, F. , J. Francis, P. Olsson, and K. Schipper, 2005, Comparing Total and Current Accruals Quality, Working Paper, Duke University.

102. Eisenberg, T. , S. Sundgren, and M. T. Wells, 1998, Larger Board Size and Decreasing Firm Value in Small Firms, *Journal of Financial Economics* 48, pp. 35 – 54.

103. Eldenburg, L. , B. E. Hermalin, M. S. Weisbach, and M. Wosinska, 2004, Governance, Performance Objectives and Organizational Form: Evidence From Hospitals, *Journal of Corporate Finance* 10, pp. 527 – 548.

104. Elsilä, A., J. P. Kallunki, H. Nilsson, and P. Sahlström, 2013, CEO Personal Wealth, Equity Incentives and Firm Performance, *Corporate Governance: An International Review* 21, pp. 26 – 41.

105. Faccio, M., M. T. Marchica, and R. Mura, 2011, Large Shareholder Diversification and Corporate Risk – taking, *Review of Financial Studies* 24, pp. 3601 – 3641.

106. Faleye, O., 2007, Classified Boards, Firm Value, and Managerial Entrenchment, *Journal of Financial Economics* 83, pp. 501 – 529.

107. Faleye O., R. Hoitash, and U. Hoitash, 2011, The Costs of Intense Board Monitoring, *Journal of Financial Economics* 101, pp. 160 – 181.

108. Fama, E. F., 1980, Agency Problems and the Theory of the Firm, *Journal of Political Economy* 88, pp. 288 – 307.

109. Fama, E. F., and M. Jensen, 1983a, The Separation of Ownership and Control, *Journal of Law and Economics* 26, pp. 301 – 325.

110. Fama, E. F., and M. Jensen, 1983b, Agency Problems and Residual Claims, *Journal of Law and Economics* 26, pp. 327 – 349.

111. Fan, J. P. H., and T. J. Wong, 2002, Corporate Ownership Structure and the Informativeness of Accounting Earnings in East Asia, *Journal of Accounting and Economics* 33, pp. 401 – 425.

112. Farrell, K. A., G. C. Friesen, and P. L. Hersch, 2008, How do Firms Adjust Director Compensation? *Journal of Corporate Finance* 14, pp. 153 – 162.

113. Farrell, K. A., and P. L. Hersch, 2005, Additions to Corporate Boards: The Effect of Gender, *Journal of Corporate Finance* 11, pp. 85 – 106.

114. Farrell, K. A., and D. A. Whidbee, 2002, Monitoring by the Financial Press and Forced CEO Turnover, *Journal of Banking & Finance* 26, pp. 2249 – 2276.

115. Farrell, K. A., and D. A. Whidbee, 2003, Impact of Firm Performance Expectations on CEO Turnover and Replacement Decisions,

Journal of Accounting and Economics 36, pp. 165 – 196.

116. Feng, M. , W. Ge, S. Luo, and T. Shevlin, 2011, Why do CFOs Become Involved in Material Accounting Manipulations? *Journal of Accounting and Economics* 51, pp. 21 – 36.

117. Ferreira, D. , M. A. Ferreira, and C. C. Raposo, 2011, Board Structure and Price Informativeness, *Journal of Financial Economics* 99, pp. 523 – 545.

118. Fich, E. M. , and A. Shivdasani, 2006, Are Busy Boards Effective Monitors? *Journal of Finance* 61, pp. 689 – 724.

119. Fink, J. , K. E. Fink, G. Grullon, and J. P. Weston, 2010, What Drove the Increase in Idiosyncratic Volatility During the Internet Boom? *Journal of Financial and Quantitative Analysis* 45, pp. 1253 – 1278.

120. Forbes, D. , 2005, Are Some Entrepreneurs More Overconfident Than Others? *Journal of Business Venturing* 20, pp. 623 – 640.

121. Francis, J. , A. H. Huang, S. Rajgopal, and A. Y. Zhang, 2008, CEO Reputation and Earnings Quality, *Contemporary Accounting Research* 25, pp. 109 – 147.

122. Francis, J. , R. LaFond, P. Olsson, and K. Schipper, 2005, The Market Pricing of Accruals Quality, *Journal of Accounting and Economics* 39, pp. 295 – 327.

123. Francis, J. R. , and D. Wang, 2008, The Joint Effect of Investor Protection and Big 4 Audits on Earnings Quality Around the World, *Contemporary Accounting Research* 25, pp. 157 – 191.

124. Frankel, R. M. , M. F. Johnson, and K. K. Nelson, 2002, The Relation Between Auditors' Fees for Nonaudit Services and Earnings Management, *Accounting Review* 77, pp. 71 – 105.

125. Glejser, H. , 1969, A New Test for Heteroskedasticity, *Journal of the American Statistical Association* 64, pp. 316 – 323.

126. Gibbons, R. , and K. J. Murphy, 1992, Optimal Incentive Contracts in the Presence of Career Concerns: Theory and Evidence, *Journal of*

Political Economy 100, pp. 468 – 505.

127. Gillette, A. B. , T. H. Noe, and M. J. Rebello, 2008, Board Structures Around the World: An Experimental Investigation, *Review of Finance* 12, pp. 93 – 140.

128. Gilson, S. C. , 1990, Bankruptcy, Boards, Banks, and Blockholders: Evidence on Changes in Corporate Ownership and Control When Firms Default, *Journal of Financial Economics* 27, pp. 355 – 387.

129. Ginglinger, E. , W. Megginson, and T. Waxin, 2011, Employee Ownership, Board Representation, and Corporate Financial Policies, *Journal of Corporate Finance* 17, pp. 868 – 887.

130. Graham, J. R. , C. R. Harvey, and M. Puri, 2013, Managerial Attitudes and Corporate Actions, *Journal of Financial Economics* 109, pp. 103 – 121.

131. Graham, J. R. , C. R. Harvey, and S. Rajgopal, 2005, The Economic Implications of Corporate Financial Reporting, *Journal of Accounting and Economics* 40, pp. 3 – 73.

132. Gudell, S. M. , 2011, Serial CEOs and Their Career Concerns, Ph. D Dissertation, University of Rochester.

133. Guest, P. M. , 2008, The Determinants of Board Size and Composition: Evidence From the UK, *Journal of Corporate Finance* 14, pp. 51 – 72.

134. Gul, F. A. , L. Cheng, and T. Y. Leung, 2011, Perks and the Informativeness of Stock Prices in the Chinese Market, *Journal of Corporate Finance* 17, pp. 1410 – 1429.

135. Gul, F. A. , J. B. Kim, and A. A. Qiu, 2010, Ownership Concentration, Foreign Shareholding, Audit Quality, and Stock Price Synchronicity: Evidence from China, *Journal of Financial Economics* 95, pp. 425 – 442.

136. Hallock, K. F. , 1997, Reciprocally Interlocking Boards of Directors and Executive Compensation, *Journal of Financial and Quantitative A-*

nalysis 32, pp. 331 – 344.

137. Hambrick, D. C., 2007, Upper Echelons Theory: An Update, *Academy of Management Review* 32, pp. 334 – 343.

138. Hambrick, D. C., and P. A. Mason, 1984, Upper Echelons: The Organization as a Reflection of Its Top Managers, *Academy of Management Review* 9, pp. 193 – 206.

139. Hanlon, M., S. Rajgopal, and T. J. Shevlin, 2004, Large Sample Evidence on the Relation Between Stock Option Compensation and Risk Taking, SSRN Working Paper, No. 427260.

140. Harford, J., 1999, Corporate Cash Reserves and Acquisitions, *Journal of Finance* 54, pp. 1969 – 1997.

141. Harris, M., and B. Holmstrom, 1982, A Theory of Wage Dynamics, *Review of Economic Studies* 49, pp. 315 – 333.

142. Harris, M., and A. Raviv, 2005, Allocation of Decision – making Authority, *Review of Finance* 9, pp. 353 – 383.

143. Harris, M., and A. Raviv, 2008, A Theory of Board Control and Size, *Review of Financial Studies* 21, pp. 1797 – 1832.

144. Hausman, J., B. H. Hall, and Z. Griliches, 1984, Econometric Models for Count Data With an Application to the Patents – R&D Relationship, *Econometrica* 52, pp. 909 – 938.

145. Hellwig, M., 2000, On the Economics and Politics of Corporate Finance and Control, in X. Vives (eds.), *Corporate Governance: Theoretical and Empirical Perspectives*, Cambridge University Press, pp. 95 – 136.

146. Henderson, A. D., D. Miller, and D. C. Hambrick, 2006, How Quickly do CEOs Become Obsolete? Industry Dynamism, CEO Tenure, and Company Performance, *Strategic Management Journal* 27, pp. 447 – 460.

147. Hermalin, B. E., 2005, Trends in Corporate Governance, *Journal of Finance* 60, pp. 2351 – 2384.

148. Hermalin, B. E., and M. S. Weisbach, 1988, The Determinants of Board Composition, *RAND Journal of Economics* 19, pp. 589 – 606.

149. Hermalin, B. E., and M. S. Weisbach, 1991, The Effects of Board Composition and Direct Incentives on Firm Performance, *Financial Management* 20, pp. 101 – 112.

150. Hermalin, B. E., and M. S. Weisbach, 1998, Endogenously Chosen Boards of Directors and Their Monitoring of the CEO, *American Economic Review* 88, pp. 96 – 118.

151. Hermalin, B. E., and M. S. Weisbach, 2003, Boards of Directors as an Endogenously Determined Institution: A Survey of the Economic Literature, *Economic Policy Review* 9, pp. 7 – 26.

152. Hirshleifer, D., and A. V. Thakor, 1992, Managerial Conservatism, Project Choice, and Debt, *Review of Financial Studies* 5, pp. 437 – 470.

153. Hirshleifer, D., and A. V. Thakor, 1994, Managerial Performance, Boards of Directors and Takeover Bidding, *Journal of Corporate Finance* 1, pp. 63 – 90.

154. Hitt, M., and B. Tyler, 1991, Strategic Decision Models: Integrating Different Perspectives, *Strategic Management Journal* 12, pp. 327 – 351.

155. Ho, S., A. Li, K. Tam, and F. Zhang, 2015, CEO Gender, Ethical Leadership, and Accounting Conservatism, *Journal of Business Ethics* 127, pp. 351 – 370.

156. Holderness, C., and D. Sheehan, 1988, The Role of Majority Shareholders in Publicly Held Corporations: An Exploratory Analysis, *Journal of Financial Economics* 20, pp. 317 – 346.

157. Holmstrom, B., 1982, Moral Hazard in Teams, *Bell Journal of Economics* 13, pp. 324 – 340.

158. Holmstrom, B., 1999, Managerial Incentive Problems: A Dynamic Perspective, *Review of Economic Studies* 66, pp. 169 – 182.

159. Hong, H. , J. Kubik, and A. Solomon, 2000, Security Analysts' Career Concerns and Herding of Earnings Forecasts, *Rand Journal of Economics* 31, pp. 121 – 144.

160. Hopt, K. J. , and P. C. Leyens, 2004, Board Models in Europe – Recent Developments of Internal Corporate Governance Structures in Germany, the United Kingdom, France, and Italy, Working Paper, European Corporate Governance Institute (ECGI) .

161. Hoshi, T. , A. Kashyap, and D. Scharfstein, 1991, Corporate Structure, Liquidity, and Investment: Evidence From Japanese Industrial Groups, *Quarterly Journal of Economics* 106, pp. 33 – 60.

162. Huang, H. , E. Rose – Green, and C. C. Lee, 2012, CEO Age and Financial Reporting Quality, *Accounting Horizons* 26, pp. 725 – 740.

163. Huang, J. , and D. J. Kisgen, 2013, Gender and Corporate Finance: Are Male Executives Overconfident Relative to Female Executives? *Journal of Financial Economics* 108, pp. 822 – 839.

164. Huang, Y. S. , and C. J. Wang, 2015, Corporate Governance and Risk – taking of Chinese Firms: The Role of Board size, *International Review of Economics & Finance* 37, pp. 96 – 113.

165. Huson, M. R. , R. Parrino, and L. T. Starks, 2001, Internal Monitoring and CEO Turnover: A Long – term Perspective, *Journal of Finance* 56, pp. 2265 – 2297.

166. Hutton, A. P. , A. J. Marcus, and H. Tehranian, 2009, Opaque Financial Reports, R^2, and Crash Risk, *Journal of Financial Economics* 94, pp. 67 – 86.

167. Institute of Directors in Southern Africa, 1994, King Report on Corporate Governance, Technicalreport.

168. Irvine, P. , and J. Pontiff, 2009, Ldiosyncratic Return Volatility, Cash Flows, and Product Market Competition, *Review of Financial Studies* 22, pp. 1149 – 1177.

169. Iwasaki, I. , 2008, The Determinants of Board Composition in a

Transforming Economy: Evidence From Russia, *Journal of Corporate Finance 14*, pp. 532 – 549.

170. Jensen, M., 1986, Agency Costs of Free Cash Flow, Corporate Finance, and Takeovers, *American Economic Review 76*, pp. 323 – 329.

171. Jensen, M., 1993, The Modern Industrial Revolution, Exit, and the Failure of Internal Control Systems, *Journal of Finance 48*, pp. 831 – 880.

172. Jensen, M., and W. Meckling, 1976, Theory of the Firm: Managerial Behavior, Agency Costs and Ownership Structure, *Journal of Financial Economics 3*, pp. 305 – 360.

173. Jensen, M., and K. J. Murphy, 1990, Performance Pay and Top – Management Incentives, *Journal of Political Economy 98*, pp. 225 – 264.

174. Jenter, D., and F. Kanaan, 2015, CEO Turnover and Relative Performance Evaluation, *Journal of Finance 70*, pp. 2155 – 2184.

175. Jermias, J., and L. Gani, 2014, The Impact of Board Capital and Board Characteristics on Firm Performance, *British Accounting Review 46*, pp. 135 – 153.

176. Jiang, F. X., J. Huang, and K. A. Kim, 2013, Appointments of Outsiders as CEOs, State – owned Enterprises, and Firm Performance: Evidence From China, *Pacific – Basin Finance Journal 23*, pp. 49 – 64.

177. Jin, L. and S. Myers, 2006, R – squared Around the World: New Theory and New Tests, *Journal of Financial and Economics 79*, pp. 257 – 292.

178. John, K., L. Litov, and B. Yeung, 2008, Corporate Governance and Risk – taking, *Journal of Finance 63*, pp. 1679 – 1728.

179. Kahneman, D., and A. Tversky, 1979, Prospect Theory: An Analysis of Decision Under Risk, *Econometrica 47*, pp. 263 – 291.

180. Kang, E., D. K. Ding, and C. Charoenwong, 2010, Investor Reaction to Women Directors, *Journal of Business Research 63*, pp. 888 –

894.

181. Kang, J. K., and A. Shivdasani, 1995, Firm Performance, Corporate Governance, and Top Executive Turnover in Japan, *Journal of Financial Economics* 38, pp. 29 – 58.

182. Kaplan, S. N., 1994, Top Executive Rewards and Firm Performance: A Comparison of Japan and the United States, *Journal of Political Economy* 102, pp. 510 – 546.

183. Kaplan, S. N., and B. A. Minton, 1994, Appointments of Outsiders to Japanese Boards Determinants and Implications for Managers, *Journal of Financial Economics* 36, pp. 225 – 258.

184. Kaplan, S. N., and D. Reishus, 1990, Outside Directorships and Corporate Performance, *Journal of Financial Economics* 27, pp. 389 – 410.

185. Kato, T., and C. Long, 2006a, CEO Turnover, Firm Performance, and Enterprise Reform in China: Evidence From Micro Data, *Journal of Comparative Economics* 34, pp. 796 – 817.

186. Kato, T., and C. Long, 2006b, Executive Turnover and Firm Performance in China, *American Economic Review* 96, pp. 363 – 367.

187. Kelly, P. J., 2005, Information Efficiency and Firm – specific Return Variation, Working Paper, Arizona State University.

188. Khan, W., and J. P. Vieito, 2013, CEO Gender and Firm Performance, *Journal of Economics and Business* 67, pp. 59 – 66.

189. Kim, K., E. Mauldin, and S. Patro, 2014, Outside Directors and Board Advising and Monitoring Performance, *Journal of Accounting and Economics* 57, pp. 110 – 131.

190. King, B. F., 1966, Market and Industry Factors in Stock Price Behavior, *Journal of Business* 39, pp. 139 – 190.

191. Kini, O., W. Kracaw, and S. Mian, 1995, Corporate Takeovers, Firm Performance, and Board Composition, *Journal of Corporate Finance* 1, pp. 383 – 412.

192. Kini, O., and R. Williams, 2012, Tournament Incentives, Firm

Risk, and Corporate Policies, *Journal of Financial Economics* 103, pp. 350 – 376.

193. Klein, A., 1998, Firm Performance and Board Committee Structure, *Journal of Law and Economics* 41, pp. 275 – 304.

194. Klein, A., 2002, Audit Committee, Board of Director Characteristics, and Earnings Management, *Journal of Accounting and Economics* 33, pp. 375 – 400.

195. Korn/Ferry International, 1998, European Boards of Directors Study.

196. Kothari, S. P., A. J. Leone, and C. E. Wasley, 2005, Performance Matched Discretionary Accrual Measures, *Journal of Accounting and Economics* 39, pp. 163 – 197.

197. Kroszner, R. S., and P. E. Strahan, 2001, Bankers on Boards: Monitoring, Conflicts of Interest, and Lender Liability, *Journal of Financial Economics* 62, pp. 415 – 452.

198. LaFond, R., and S. Roychowdhury, 2008, Managerial Ownership and Accounting Conservatism, *Journal of Accounting Research* 46, pp. 101 – 135.

199. Lamont, O., 2002, Macroeconomic Forecasts and Microeconomic Forecasters, *Journal of Economic Behavior & Organization* 48, pp. 265 – 280.

200. Lang, L., and R. Stulz, 1994, Tobin's Q, Corporate Diversification, and Firm Performance, *Journal of Political Economy* 102, pp. 1248 – 1280.

201. Lazear, E. P., and S. Rosen, 1981, Rank – order Tournaments as Optimum Labor Contracts, *Journal of Political Economy* 89, pp. 841 – 864.

202. Lee, D. W., and M. H. Liu, 2011, Does More Information in Stock price Lead to Greater or Smaller Idiosyncratic Return Volatility? *Journal of Banking & Finance* 35, pp. 1563 – 1580.

203. Lehn, K., S. Patro, and M. Zhao, 2009, Determinants of the Size

and Composition of US Corporate Boards: 1935 – 2000, *Financial Management 38*, *pp. 747 – 780*.

204. Leuz, C. , D. Nanda, and P. D. Wysocki, 2003, Earnings Management and Investor Protection: An International Comparison, *Journal of Financial Economics* 69, pp. 505 – 527.

205. Leung, S. , G. Richardson, and B. Jaggi, 2014, Corporate Board and Board Committee Independence, Firm Performance, And Family Ownership Concentration: An Analysis Based on Hong Kong Firms, *Journal of Contemporary Accounting & Economics* 10, pp. 16 – 31.

206. Li, H. , and L. A. Zhou, 2005, Political Turnover and Economic Performance: The Incentive Role of Personnel Control in China, *Journal of Public Economics* 89, pp. 1743 – 1762.

207. Li, X. , A. Low, and A. K. Makhija, 2011, Career Concerns and the Busy Life of the Young CEO, Working Paper, Ohio State University.

208. Lieberson, S. , and J. O'Connor, 1972, Leadership and Organizational Performance: A Study of Large Corporations, *American Sociological Review* 37, pp. 117 – 130.

209. Lin, Y. C. , Y. C. Wang, J. R. Chiou, and H. W. Huang, 2014, CEO Characteristics and Internal Control Quality, *Corporate Governance: An International Review* 22, pp. 24 – 42.

210. Linck, J. S. , J. M. Netter, and T. Yang, 2008, The Determinants of Board Structure, *Journal of Financial Economics* 87, pp. 308 – 328.

211. Linck, J. S. , J. M. Netter, and T. Yang, 2009, The Effects and Unintended Consequences of the Sarbanes – Oxley Act on the Supply and Demand for Directors, *Review of Financial Studies* 22, pp. 3287 – 3328.

212. Lipton, M. , and J. W. Lorsch, 1992, A Modest Proposal for Improved Corporate Governance, *Business Lawyer* 48, pp. 59 – 77.

213. Liu, Y. , 2014, Outside Options and CEO Turnover: The Network Effect, *Journal of Corporate Finance* 28, pp. 201 – 217.

214. Liu, Y. , and P. Jiraporn, 2010, The Effect of CEO Power on Bond Ratings and Yields, *Journal of Empirical Finance* 17, pp. 744 – 762.

215. Liu, Q. , and Z. Lu, 2007, Corporate Governance and Earnings Management in the Chinese Listed Companies: A Tunneling Perspective, *Journal of Corporate Finance* 13, pp. 881 – 906.

216. Loughran, T. , and A. Vijh, 1997, Do Long – term Shareholders Benefit from Corporate Acquisitions? *Journal of Finance* 52, pp. 1765 – 1790.

217. Lundstrum, L. L. , 2002, Corporate Investment Myopia: A Horserace of the Theories, *Journal of Corporate Finance* 8, pp. 353 – 371.

218. Luo, X. M. , and C. B. Bhattacharya, 2009, The Debate over Doing good: Corporate Social Performance, Strategic Marketing Levers, and firm – idiosyncratic Risk, *Journal of Marketing* 73, pp. 198 – 213.

219. MacAvoy, P. , S. Cantor, J. Dana, and S. Peck, 1983, ALI Proposals for Increased Control of the Corporation by the Board of Directors: An Economic Analysis, in *Statement of the Business Roundtable on the American Law Institute' s Proposed "Principles of Corporate Governance and structure: Restatement and Recommendations"*, New York: Business Roundtable.

220. MacAvoy, P. , and I. M. Millstein, 1999, The Active Board of Directors and its Effect on the Performance of the Large Publicly Traded Corporation, *Journal of Applied Corporate Finance* 11, pp. 8 – 20.

221. Mackey, A. , 2008, The Effect of CEOs on Firm Performance, *Strategic Management Journal* 29, pp. 1357 – 1367.

222. Mak, Y. T. , and Y. Kusanadi, 2005, Size Really Matters: Further Evidence on the Negative Relationship between Board Size and Firm Value, *Pacific – Basin Finance Journal* 13, pp. 301 – 318.

223. Malenko, N. , 2014, Communication and Decision – making in Corporate Boards, *Review of Financial Studies* 27, pp. 1486 – 1532.

224. Malmendier, U. , and S. Nagel, 2011, Depression Babies: Do Macroeconomic Experiences Affect Risk – taking? *Quarterly Journal of*

Economics 126, pp. 373 – 416.

225. Malmendier, U. , and G. Tate, 2005, CEO Overconfidence and Corporate Investment, *Journal of Finance* 60, pp. 2661 – 2700.

226. Malmendier, U. , and G. Tate, 2008, Who Makes Acquisitions? CEO Overconfidence and the Market's Reaction, *Journal of Financial Economics* 89, pp. 20 – 43.

227. Malmendier, U. , and G. Tate, 2009, Superstar CEOs, *Quarterly Journal of Economics* 11, pp. 1593 – 1638.

228. Malmendier, U. , G. Tate, and J. Yan, 2011, Overconfidence and early – life Experiences: The Effect of Managerial Traits on Corporate Financial Policies, *Journal of Finance* 66, pp. 1687 – 1733.

229. Marinovic, I. , 2015, The Credibility of Performance Feedback in Tournaments, *Journal of Economics & Management Strategy* 24, pp. 165 – 188.

230. Masulis, R. , C. Wang, and F. Xie, 2007, Corporate Governance and Acquirer Returns, *Journal of Finance* 62, pp. 1851 – 1889.

231. Maug, E. , 1997, Board of Directors and Capital Structure: Alternative Forms of Corporate Restructuring, *Journal of Corporate Finance* 3, pp. 113 – 139.

232. McCahery, J. A. , and E. P. M. Vermeulen, 2014, Understanding the Board of Directors after the Financial Crisis: Some Lessons for Europe, *Journal of Law and Society* 41, pp. 121 – 151.

233. Mehran, H. , 1995, Executive Compensation Structure, Ownership, and Firm Performance, *Journal of Financial Economics* 38, pp. 163 – 184.

234. Milgrom, P. , and J. Roberts, 1992, *Economics, Organization, and Management*, Prentice Hall.

235. Miller, M. H. , and F. Modigliani, 1961, Dividend Policy, Growth, and the Valuation of Shares, *Journal of Business* 34, pp. 411 – 433.

236. Minnick, K. , and L. Rosenthal, 2014, Stealth Compensation: Do CEOs Increase Their Pay by Influencing Dividend Policy? *Journal of*

Corporate Finance 25, pp. 435 – 454.

237. Misangyi, V. F., and A. G. Acharya, 2014, Substitutes or Complements? A Configurational Examination of Corporate Governance Mechanisms, *Academy of Management Journal* 57, pp. 1681 – 1705.

238. Modigliani, F., and M. H. Miller, 1958, The Cost of Capital, Corporate Finance, and the Theory of Investment, *American Economic Review* 48, pp. 261 – 297.

239. Moeller, S., F. Schlingemann, and R. Stulz, 2004, Firm Size and the Gains from Acquisitions, *Journal of Financial Economics* 73, pp. 201 – 228.

240. Moeller, S., F. Schlingemann, and R. Stulz, 2005, Wealth Destruction on A Massive Scale? A Study of Acquiring – firm Returns in the Recent merger wave, *Journal of Finance* 60, pp. 757 – 782.

241. Morck, R., A. Shleifer, and R. W. Vishny, 1988, Management ownership and Market Valuation: An Empirical Analysis, *Journal of Financial Economics* 20, pp. 293 – 316.

242. Morck, R., B. Yeung, and W. Yu, 2000, The Information Content of Stock Markets: Why do Emerging Markets Have Synchronous Stock Price Movements? *Journal of Financial Economics* 58, pp. 215 – 260.

243. Murphy, K. J., 1985, Corporate Performance and Managerial Remuneration: An Empirical Analysis, *Journal of Accounting and Economics* 7, pp. 11 – 42.

244. Murphy, K. J., 1999, Executive Compensation, in O. Ashenfelter, and D. Card (eds.), *Handbook of Labor Economics* 3, North – Holland, pp. 2485 – 2563.

245. Myers, S., 1977, Determinants of Dorporate Borrowing, *Journal of Financial Economics* 9, pp. 147 – 176.

246. Nakano, M., and P. Nguyen, 2012, Board Size and Corporate Risk taking: Further Evidence from Japan, *Corporate Governance: An In-*

ternational Review 20, pp. 369 – 387.

247. Narayanan, M. P. , 1985, Managerial Incentives for Short – term Results, *Journal of Finance* 52, pp. 737 – 783.

248. Nelson, J. , 2005, Corporate Governance Practices, CEO Characteristics and Firm Performance, *Journal of Corporate Finance* 11, pp. 197 – 228.

249. Newman, H. A. , and H. A. Mozes, 1999, Does the Composition of the Compensation Committee Influence CEO Compensation Practices? *Financial Management* 28, pp. 41 – 53.

250. OECD, 2001, Corporate Governance in Asia: A Comparative Perspective.

251. Ohlson, J. A. , 2014, Accruals: An Overview, *China Journal of Accounting Research* 7, pp. 65 – 80.

252. Oyer, P. , 2004, Why do Firms Use Incentives That Have No Incentive effects? *Journal of Finance* 59, pp. 1619 – 1649.

253. Papadakis, V. M. , and P. Barwise, 2002, How Much do CEOs and top Managers Matter in Strategic Decision – making? *British Journal of Management* 13, pp. 83 – 95.

254. Pástor, L. , and V. Pietro, 2003, Stock Valuation and Learning about Profitability, *Journal of Finance* 58, pp. 1749 – 1790.

255. Pelucio – Grecco, M. C. , C. M. S. Geron, G. B. Grecco, and J. P. C. Lima, 2014, The Effect of IFRS on Earnings Management in Brazilian Non – financial Public Companies, *Emerging Markets Review* 21, pp. 42 – 66.

256. Perry, T. , 2000, Incentive Compensation for Outside Directors and CEO Turnover, Working Paper, Arizona State University.

257. Piotroski, J. D. , and D. T. Roulstone, 2004, The Influence of Analysts, Institutional Investors, and Insiders on the Incorporation of Market, Industry, and Firm – specific Information into Stock Prices, *Accounting Review* 79, pp. 1119 – 1151.

258. Porta, R. L. , F. Lopez – de – Silanes, A. Shleifer, and R. W. Vishny, 2000, Investor Protection and Corporate Governance, *Journal of Financial Economics* 58, pp. 3 – 27.

259. Prendergast, C. , and L. Stole, 1996, Impetuous Youngsters and Jaded old – timers: Acquiring a Reputation for Learning, *Journal of Political Economy* 104, pp. 1105 – 1134.

260. Raheja, C. G. , 2005, Determinants of Board size and Composition: A theory of Corporate Boards, *Journal of Financial and Quantitative Analysis* 40, pp. 283 – 306.

261. Rajgopal, S. , and M. Venkatachalam, 2011, Financial Reporting Quality and Idiosyncratic Return Volatility, *Journal of Accounting and Economics* 51, pp. 1 – 20.

262. Richardson, S. A. , R. G. Sloan, and M. T. Soliman, 2005, Accrual Reliability, Earnings Persistence and Stock Prices, *Journal of Accounting and Economics* 39, pp. 437 – 485.

263. Rosenbaum, P. R. , and D. B. Rubin, 1983, The Central Role of the Propensity Score in Observational Studies for Causal Effects, *Biometrika* 70, pp. 41 – 55.

264. Rosenstein, S. , and J. G. Wyatt, 1990, Outside Directors, Board Independence, and Shareholder Wealth, *Journal of Financial Economics* 26, pp. 175 – 191.

265. Rosenstein, S. , and J. G. Wyatt, 1997, Inside Directors, Board Effectiveness, and Shareholder Wealth, *Journal of Financial Economics* 44, pp. 229 – 248.

266. Santos, J. A. C. , and A. S. Rumble, 2006, The American Keiretsu and Universal Banks: Investing, Voting and Sitting on Nonfinancials' Corporate Boards, *Journal of Financial Economics* 80, pp. 419 – 454.

267. Scharfstein, D. S. , and J. C. Stein, 1990, Herd Behavior and Investment, *American Economic Review* 80, pp. 465 – 479.

268. Schlingemann, F. , R. Stulz, and R. Walkling, 2002, Divestitures

and the Liquidity of the Market for Corporate Assets, *Journal of Financial Economics* 64, pp. 117 – 144.

269. Schrand, C. M. , and S. L. Zechman, 2012, Executive Overconfidence and the Slippery Slope to Financial Misreporting, *Journal of Accounting and Economics* 53, pp. 311 – 329.

270. Schwert, G. W. , 2000, Hostility in Takeovers: In the Eyes of the Beholder? *Journal of Finance* 55, pp. 2599 – 2640.

271. Schwartz – Ziv, Miriam, and M. S. Weisbach, 2013, What do Boards Really do? Evidence from Minutes of Board Meetings, *Journal of Financial Economics* 108, pp. 349 – 366.

272. Serfling, M. A. , 2014, CEO Age and the Riskiness of Corporate Policies, *Journal of Corporate Finance* 25, pp. 251 – 273.

273. Servaes, H. , 1996, The Value of Diversification During the Conglomerate Merger Wave, *Journal of Finance* 51, pp. 1201 – 1225.

274. Shefrin, H. , 2007, *Behavioral Corporate Finance*, McGraw – Hill/Irwin.

275. Shivdasani, A. , and D. Yermack, 1999, CEO Involvement in the Selection of New Board Members: An Empirical Analysis, *Journal of Finance* 54, pp. 1829 – 1853.

276. Shleifer, A. , and R. Vishny, 1997, A Survey of Corporate Governance, *Journal of Finance* 52, pp. 737 – 783.

277. Simsek, Z. , 2007, CEO Tenure and Organizational Performance: An Intervening Model, *Strategic Management Journal* 28, pp. 653 – 662.

278. Song, F. , and A. Thakor, 2006, Information Control, Career Concerns, and Corporate Governance, *Journal of Finance* 61, pp. 1845 – 1896.

279. Srensen, J. B. , 2002, The Strength of Corporate Culture and the Reliability of Firm Performance, *Administrative Science Quarterly* 47, pp. 70 – 91.

280. Stein, J. C. , 1989, Efficient Capital Markets, Inefficient Firms: A

Model of Myopic Corporate Behavior, *Quarterly Journal of Economics* 104, pp. 655 – 669.

281. Tate, G., and L. Yang, 2015, Female Leadership and Gender Equity: Evidence from Plant Closure, *Journal of Financial Economics* 117, pp. 77 – 97.

282. Tenev, S., Zhang, C., and L. Brefort, 2002, *Corporate Governance and Enterprise Reform in China: Building the Institutions of Modern Markets*, World Bank Publications.

283. Teoh, S. H., Y. Yang, and Y. Zhang, 2009, R – square and Market Efficiency, SSRN Working Paper, No. 926948.

284. Tirole, J., 2001, Corporate Governance, *Econometrica* 69, pp. 1 – 35.

285. Tirole, J., 2006, *The Theory of Corporate Finance*, Princeton University Press.

286. Triana, M., T. L. Miller, and T. M. Trzebiatowski, 2014, The Double – edged Nature of Board Gender Diversity: Diversity, Firm Performance, and the Power of Women Directors as Predictors of Strategic Change, *Organization Science* 25, pp. 609 – 632.

287. Upadhyay, A. D., R. Bhargava, and S. D. Faircloth, 2014, Board Structure and Role of Monitoring Committees, *Journal of Business Research* 67, pp. 1486 – 1492.

288. Vafeas, N., 1999, Board Meeting Frequency and Firm Performance, *Journal of Financial Economics* 53, pp. 113 – 142.

289. Vafeas, N., 2005, Audit Committees, Boards, and the Quality of Reported Earnings, *Contemporary Accounting Research* 22, pp. 1093 – 1122.

290. Vozlyublennaia, N., 2013, Do Firm Characteristics Matter for the Dynamics of Idiosyncratic Risk? *Journal of International Financial Markets, Institutions & Money* 27, pp. 35 – 46.

291. Waldman, M., 2013, Classic Promotion Tournaments Versus

Market – based Tournaments, *International Journal of Industrial Organization 31*, *pp. 198 – 210*.

292. Wales, W. J. , P. C. Patel, and G. T. Lumpkin, 2013, In Pursuit of Greatness: CEO Narcissism, Entrepreneurial Orientation, and Firm Performance Variance, *Journal of Management Studies 50*, pp. 1041 – 1069.

293. Warner, J. B. , R. L. Watts, and K. H. Wruck, 1988, Stock Prices and Top Management Changes, *Journal of Financial Economics 20*, pp. 461 – 492.

294. Warther, V. A. , 1998, Board Effectiveness and Board Dissent: A Model of the Board's Relationship to Management and Shareholders, *Journal of Corporate Finance 4*, pp. 53 – 70.

295. Wei, S. X. , and C. Zhang, 2006, Why Did Individual Stocks become more Volatile? *Journal of Business 79*, pp. 259 – 292.

296. Weinstein, D. E. , and Y. Yafeh, 1998, On the Costs of a Bank – centered Financial System: Evidence from the Changing Main Bank Relations in Japan, *Journal of Finance 53*, pp. 635 – 672.

297. Weisbach, M. , 1988, Outside Directors and CEO Turnover, *Journal of Financial Economics 20*, pp. 431 – 460.

298. Weisbach, M. , 1995, CEO Turnover and the firm's Investment Decisions, *Journal of Financial Economics 37*, pp. 159 – 188.

299. West, K. , 1988, Dividend Innovations and Stock Price Volatility, *Econometrica 56*, pp. 37 – 61.

300. Williamson, O. E. , 1987, Corporate Finance and Corporate Governance, *Journal of Finance 43*, pp. 567 – 591.

301. Wintoki, M. B. , J. S. Linck, and J. M. Netter, 2012, Endogeneity and the Dynamics of Internal Corporate Governance, *Journal of Financial Economics 105*, pp. 581 – 606.

302. World Bank and International Monetary Fund, 2001 – 2002, Report on the Observance Ofstandards and Codes, Technical Report.

303. Wu, Y. , 2004, The Impact of Public Opinion on Board Structure Changes, Director Career Progression, and CEO Turnover: Evidence from CalPERS' Corporate Governance Program, *Journal of Corporate Finance* 10, pp. 199 – 227.

304. Xie, B. , W. N. Davidson III, and P. J. DaDalt, 2003, Earnings Management and Corporate Governance: The Role of the Board and the Audit Committee, *Journal of Corporate Finance* 9, pp. 295 – 316.

305. Xie, J. , 2015, CEO Career Concerns and Investment Efficiency: Evidence from China, *Emerging Markets Review* 24, pp. 149 – 159.

306. Xie, J. , and Y. Fukumoto, 2013, A new Finding for Board Size effects: Evidence from Japan, *Singapore Economic Review* 58, No. 4, 1350031, pp. 1 – 12.

307. Xu, Y. , and B. G. Malkiel, 2003, Investigating the Behavior of Idiosyncratic Volatility, *Journal of Business* 76, pp. 613 – 645.

308. Yermack, D. , 1996, Higher Market Valuation of Companies with a Small board of directors, *Journal of Financial Economics* 40, pp. 185 – 211.

309. Yim, S. , 2013, The Acquisitiveness of Youth: CEO Age and Acquisition Behavior, *Journal of Financial Economics* 108, pp. 250 – 273.

310. Zhang, W. , 2015, R&D Investment and Distress Risk, *Journal of Empirical Finance* 32, pp. 94 – 114.

311. Zhang, T. , S. P. Ferris, N. Jayaraman, and S. Sabherwal, 2015, The Young and the Restless: A Study of Age and Acquisition Propensity of CEOs of U. K. Firms, Available at Financial Management Association International (FMA) Website: http: //www. fma. org/Venice/Papers/CEOAgeUK16Nov2014. pdf.

312. Zwiebel, J. , 1995, Corporate Conservatism and Relative Compensation, *Journal of Political Economy* 103, pp. 1 – 25.

二　中文

1. 薄仙慧、吴联生：《国有控股与机构投资者的治理效应：盈余管理视角》，《经济研究》2009 年第 2 期。

2. 蔡春、朱荣、和辉、谢柳芳：《盈余管理方式选择、行为隐性化与濒死企业状况改善——来自 A 股特别处理公司的经验证据》，《会计研究》2012 年第 9 期。

3. 蔡志岳、吴世农：《董事会特征影响上市公司违规行为的实证研究》，《南开管理评论》2007 年第 10 期。

4. 陈德球、雷光勇、肖童姝：《CEO 任期、终极产权与会计盈余质量》，《经济科学》2011 年第 2 期。

5. 陈冬华、梁上坤、蒋德权：《不同市场化进程中高层管理者激励契约的成本与选择：货币薪酬与在职消费》，《会计研究》2010 年第 11 期。

6. 陈军、刘莉：《上市公司董事会特征与公司绩效关系研究》，《中国软科学》2006 年第 11 期。

7. 陈梦根、毛小元：《股价信息含量与市场交易活跃程度》，《金融研究》2007 年第 3 期。

8. 陈凤、吴俊杰：《管理者过度自信董事会结构与企业投融资风险——基于上市公司的经验证据》，《中国软科学》2014 年第 6 期。

9. 陈莹、武志伟：《上市公司董事会规模与构成的影响因素》，《证券市场导报》2008 年第 4 期。

10. 邓建平、曾勇、何佳：《改制模式影响董事会特征吗?》，《会计研究》2006 年第 6 期。

11. 樊纲：《走进风险的世界》，《经济导刊》1996 年第 4 期。

12. 方军雄：《我国上市公司高层管理者的薪酬存在粘性吗?》，《经济研究》2009 年第 3 期。

13. 方军雄：《高层管理者权力与企业薪酬变动的非对称性》，《经济研究》2011 年第 4 期。

14. 方军雄：《高层管理者超额薪酬与公司治理决策》，《管理世界》2012 年第 11 期。

15. 冯根福、吴林江：《我国上市公司并购绩效的实证研究》，《经济研究》2001 年第 1 期。

16. 冯用富、董艳、袁泽波：《基于 R^2 的中国股市私有信息套利分析》，《经济研究》2009 年第 8 期。

17. 高雷、宋顺林：《公司治理与公司透明度》，《金融研究》2007 年第 11 期。

18. 何威风、刘启亮、刘永丽：《管理者过度自信与企业盈余管理行为研究》，《投资研究》2011 年第 11 期。

19. 何威风、刘启亮：《我国上市公司高层管理者背景特征与财务重述行为研究》，《管理世界》2010 年第 7 期。

20. 胡晓阳、李少斌、冯科：《我国上市公司董事会行为与公司绩效变化的实证分析》，《中国软科学》2005 年第 6 期。

21. 胡奕明、唐松莲：《独立董事与上市公司盈余信息质量》，《管理世界》2008 年第 9 期。

22. 洪剑峭、皮建屏：《国际会计准则与中国会计准则的有用性比较》，《证券市场导报》2001 年第 11 期。

23. 黄张凯、徐信忠、岳云霞：《中国上市公司董事会结构分析》，《管理世界》2006 年第 11 期。

24. 侯宇、叶冬艳：《机构投资者、知情人交易和市场效率——来自中国资本市场的实证证据》，《金融研究》2008 年第 4 期。

25. 姜付秀、伊志宏、苏飞、黄磊：《管理者背景特征与企业过度投资行为》，《管理世界》2009 年第 1 期。

26. 姜付秀、张敏、陆正飞：《管理者过度自信，企业扩张与财务困境》，《经济研究》2009 年第 1 期。

27. 蒋海、张博、王湛春：《公司治理机制与股价波动同步性研究》，《价格月刊》2010 年第 4 期。

28. 金智：《新会计准则、会计信息质量与股价同步性》，《会计研究》2010 年第 7 期。

29. 李常青、赖建清：《董事会特征影响公司绩效吗?》，《金融研究》2003 年第 5 期。

30. 李琳、刘凤委、卢文彬：《基于公司业绩波动性的股权制衡治理效应研究》，《管理世界》2009 年第 5 期。

31. 李培功、肖珉：《CEO 任期与企业资本投资》，《金融研究》2012 年第 2 期。

32. 李青原：《会计信息质量与公司资本配置效率——来自我国上市公司的经验证据》，《南开管理评论》2009 年第 2 期。

33. 李青原：《会计信息质量、审计监督与公司投资效率——来自我国上市公司的经验证据》，《审计研究》2009 年第 4 期。

34. 李晓强：《国际会计准则和中国会计准则下的价值相关性比较——来自会计盈余和净资产账面值的证据》，《会计研究》2004 年第 7 期。

35. 李维安、牛建波、宋笑扬：《董事会治理研究的理论根源及研究脉络评析》，《南开管理评论》2009 年第 12 期。

36. 李维安、李建标：《股权、董事会治理与中国上市公司的企业信用》，《管理世界》2003 年第 9 期。

37. 李小荣、刘行：《CEO vs CFO：性别与股价崩盘风险》，《世界经济》2012 年第 12 期。

38. 李小荣、张瑞君：《股权激励影响风险承担：代理成本还是风险规避》，《会计研究》2014 年第 1 期。

39. 李增泉：《所有权结构与股票价格的同步性——来自中国股票市场的证据》，《中国会计与财务研究》2005 年第 3 期。

40. 刘晓华：《中国会计准则国际协调的效果——基于 A、B 股公司净资产差异的分析》，《山西财经大学学报》2007 年第 12 期。

41. 陆瑶、胡江燕：《CEO 与董事间的"老乡"关系对我国上市公司风险水平的影响》，《管理世界》2014 年第 3 期。

42. 陆瑶、沈小力：《股票价格的信息含量与盈余管理——基于中国股市的实证分析》，《金融研究》2011 年第 12 期。

43. 陆正飞、王雄元、张鹏：《国有企业支付了更高的职工工资吗?》，《经济研究》2012 年第 3 期。

44. 罗真、张宗成：《职业忧虑影响基金经理投资行为的经验分析》，

《世界经济》2004 年第 4 期。

45. 毛新述、戴德明：《会计制度改革、盈余稳健性与盈余管理》，《会计研究》2009 年第 12 期。

46. 欧阳凌、欧阳令南、周红霞：《基于职业生涯的企业家投资行为博弈研究》，《哈尔滨工业大学学报》2005 年第 1 期。

47. 潘琰、陈凌云、林丽花：《会计准则的信息含量：中国会计与 IF-RS 之比较》，《会计研究》2003 年第 3 期。

48. 潘琰、辛清泉：《所有权、公司治理结构与会计信息质量——基于契约理论的现实思考》，《会计研究》2004 年第 4 期。

49. 蒲自立、刘芍佳：《公司控制中的董事会领导结构和公司绩效》，《管理世界》2004 年第 9 期。

50. 权小锋、吴世农：《CEO 权力强度、信息披露质量与公司业绩的波动性——基于深交所上市公司的实证研究》，《南开管理评论》2010 年第 4 期。

51. 饶育蕾、王颖、王建新：《CEO 职业生涯关注与短视投资关系的实证研究》，《管理科学》2012 年第 25 期。

52. 孙光国、杨金凤：《财务报告质量评价研究：文献回顾、评述与未来展望》，《会计研究》2012 年第 3 期。

53. 谭劲松、李敏仪、黎文靖、郑珩、吴剑琳、梁羽：《我国上市公司独立董事制度若干特征分析》，《管理世界》2003 年第 9 期。

54. 王斌、汪丽霞：《董事会业绩评价研究》，《会计研究》2005 年第 2 期。

55. 汪昌云、孙艳梅：《代理冲突，公司治理和上市公司财务欺诈的研究》，《管理世界》2010 年第 7 期。

56. 王华、黄之骏：《经营者股权激励、董事会组成与企业价值——基于内生性视角的经验分析》，《管理世界》2006 年第 6 期。

57. 王华、刘晓华：《中国会计准则国际协调效果的实证研究》，《中央财经大学学报》2007 年第 12 期。

58. 王化成、佟岩：《控股股东与盈余质量——基于盈余反应系数的考察》，《会计研究》2006 年第 2 期。

59. 汪丽、茅宁、潘小燕、经朝明：《董事会职能、决策质量和决策承诺在中国情境下的实证研究》，《管理世界》2006 年第 7 期。

60. 王守海、郑伟、张彦国：《内部审计水平与财务报告质量研究——来自中国上市公司的经验证据》，《审计研究》2010 年第 5 期。

61. 王亚平、刘慧龙、吴联生：《信息透明度、机构投资者与股价同步性》，《金融研究》2009 年第 12 期。

62. 王跃堂、赵子夜、魏晓雁：《董事会的独立性是否影响公司绩效》，《经济研究》2006 年第 5 期。

63. 王跃堂、朱林、陈世敏：《董事会独立性、股权制衡与财务信息质量》，《会计研究》2008 年第 1 期。

64. 魏刚、肖泽忠、Nick Travlos、邹宏：《独立董事背景与公司经营绩效》，《经济研究》2007 年第 3 期。

65. 武安华、张博：《公司透明度与股价波动同步性的相关性研究》，《金融理论与实践》2010 年第 1 期。

66. 谢珺、张越月：《基于 CEO 职业生涯关注的中国上市公司重组行为研究》，《山西财经大学学报》2015 年第 6 期。

67. 谢柳芳、朱荣、何苦：《退市制度对创业板上市公司盈余管理行为的影响——基于应计与真实盈余管理的分析》，《审计研究》2013 年第 1 期。

68. 许年行、洪涛、吴世农、徐信忠：《信息传递模式、投资者心理偏差与股价"同涨同跌"现象》，《经济研究》2011 年第 4 期。

69. 杨海燕、韦德洪、孙健：《机构投资者持股能提高上市公司会计信息质量吗？——兼论不同类型机构投资者的差异》，《会计研究》2012 年第 9 期。

70. 杨清香、俞麟、陈娜：《董事会特征与财务舞弊——来自中国上市公司的经验证据》，《会计研究》2009 年第 7 期。

71. 杨清香、张翼、张亮：《董事会特征与盈余管理的实证研究：来自中国上市公司的经验证据》，《中国软科学》2008 年第 11 期。

72. 叶康涛、陆正飞、张志华：《独立董事能否抑制大股东的掏空》，

《经济研究》2007 年第 4 期。

73. 叶康涛、祝继高、陆正飞、张然：《独立董事的独立性：基于董事会投票的证据》，《经济研究》2011 年第 1 期。

74. 叶璋礼：《中国上市公司并购绩效的实证研究》，《统计与决策》2013 年第 7 期。

75. 游家兴、江伟、李斌：《中国上市公司透明度与股价波动同步性的实证分析》，《中大管理研究》2007 年第 1 期。

76. 游家兴、罗胜强：《我国会计化进程会提高盈余信息含量吗？——基于 1996—2008 年的经验证据》，《山西财经大学学报》2011 年第 7 期。

77. 于东智：《董事会、公司治理与绩效——对中国上市公司的经验分析》，《中国社会科学》2003 年第 3 期。

78. 于东智、池国华：《董事会规模、稳定性与公司绩效：理论与经验分析》，《经济研究》2004 年第 4 期。

79. 于富生、张敏、姜付秀、任梦杰：《公司治理影响公司财务风险吗?》，《会计研究》2008 年第 10 期。

80. 余明桂、李文贵、潘红波：《管理者过度自信与企业风险承担》，《金融研究》2013 年第 1 期。

81. 余明桂、潘红波：《政治关系、制度环境与民营企业银行贷款》，《管理世界》2008 年第 8 期。

82. 余明桂、潘红波：《政府干预、法治、金融发展与国有企业银行贷款》，《金融研究》2008 年第 9 期。

83. 余明桂、夏新平、邹振松：《管理者过度自信与企业激进负债行为》，《管理世界》2006 年第 8 期。

84. 袁萍、刘士、余高峰：《关于中国上市公司董事会、监事会与公司业绩的研究》，《金融研究》2006 年第 6 期。

85. 袁知柱、鞠晓峰：《基于面板数据模型的股价非同步性方法测度股价信息含量的有效性检验》，《中国软科学》2009 年第 3 期。

86. 曾颖、陆正飞：《信息披露质量与股权融资成本》，《经济研究》2006 年第 2 期。

87. 张兆国、刘永丽、谈多娇：《管理者背景特征与会计稳健性——来自中国上市公司的经验证据》，《会计研究》2011 年第 7 期。

88. 赵增耀：《董事会的构成与其职能发挥》，《管理世界》2002 年第 3 期。

89. 支晓强、童盼：《盈余管理、控制权转移与独立董事变更——兼论独立董事治理作用的发挥》，《管理世界》2005 年第 11 期。

90. 朱红军、何贤杰、陶林：《中国证券分析师能提高资本市场效率吗？——基于股价同步性和股价信息含量的经验证据》，《金融研究》2007 年第 2 期。

致　谢

　　和其他作者的学术作品一样，本书的完成同样离不开作者身边无数人的关怀。当我得知本书即将出版时，我真心希望对每个曾经给予我帮助的人说声："谢谢！"在他们的人生轨迹中，我或许只是一个小小的顿号，但他们的支持却在我的人生历程中打下了一个个坚定的逗号，指引我前行的方向，给予我无穷的力量。

　　首先，我要感谢我的老师们。感谢武汉大学经济与管理学院潘敏老师，外国语言文学学院曾丹老师、刘大兰老师和张姮老师。感谢神户大学经济学研究科滝川好夫老师、羽森茂之老师，人间发达环境学研究科太田和宏老师、鲍良老师和王楠老师。没有这些老师的指导与鼓励，我可能不会选择研究者的这条人生道路。

　　其次，我要感谢那些在留日攻读博士学位期间曾经和我并肩战斗的同学们。感谢神户大学经济学研究科的王金波、吴志星、谢余庆、毕朝晖、陈贵富、刘媛媛、溝渕健一和福本幸男，人间发达环境学研究科的陈晓娟、王珍珍、杨导核和横山哲朗。有这些中国同学的陪伴让我在异国他乡深深感受到了同胞的亲切与珍贵，而有这些日本同学的关怀则令我感受到了日本人的严谨与热情。

　　再次，我要感谢那些在留日攻读博士学位期间曾经给予我帮助的日本友人。感谢寺泽秀文様、江川正幸様、松山惠様一家，以及房东斗内久子様一家给我在生活上的帮助，让我很快地适应了在日本的生活，并时刻感受到来自异国他乡亲人的关怀。感谢六甲山 Skyvilla 度假村的武田科长，森光様、丁様、滨田様和山本様，感谢他们在我勤工助学时给予的照顾，没有他们的照顾，我不可能在日本坚持五年留学。

最后，我要特别感谢我的亲人们。感谢我的父母，是他们让我来到这个世界，让我可以用自己的眼睛去观察，用自己的耳朵去聆听，用自己的心灵去感应生命的美好。感谢我的岳父母，感谢他们培养了一个好女儿，感谢他们对我和孩子们的无限关怀。在本书出版时，我的岳母刚刚去世，我真心希望本书能够告慰她的在天之灵。我最要感谢的是我的妻子，感谢她在我人生的最低谷托起了我的脊梁，感谢她在我的生活与工作中无微不至的关怀。

和绝大多数作者一样，我希望将本书献给我的两个孩子。希望他们在看到这本书时，能够看到父亲曾经的足迹，能够感受到父亲曾经流过的汗水与泪水。也许，这是我能够给他们人生留下的最大财富。

本书为教育部人文社会科学基金"董事会治理、经理人薪酬与企业投资效率研究——基于经理人短视行为的视角"（12YJA790150）和国家自然科学基金国际合作项目"法、金融与经济增长之再考察——中国的变革挑战与英国等国的经验"（71661137003）的阶段性成果，同时感谢中央高校基本科研业务费专项资金和武汉大学经济与管理学院专著出版专项基金的资助。

在本书的完成过程中，中国社会科学出版社卢小生编审给予了非常多的帮助，非常感谢他的辛苦工作。

限于作者能力，本书仍然存在写作上的错误或认知上的误差，请读者见谅。

2017 年 2 月 16 日

湖北武汉